Infiltração Policial:
da tradicional à virtual

Cristiano de Castro Reschke
Emerson Wendt
Mayumi Bezerra Matsubayaci

Infiltração Policial: da tradicional à virtual

Um tour pela teoria, passando pela história e avanços legislativos, abordando aspectos práticos e críticos desta técnica especial aliada da investigação criminal

Considerações especiais sobre a espécie infiltração virtual insculpida no ECA e recentemente autorizada para investigações baseadas na Lei do Crime Organizado

Rio de Janeiro
2021

Copyright© 2021 por Brasport Livros e Multimídia Ltda.

Todos os direitos reservados. Nenhuma parte deste livro poderá ser reproduzida, sob qualquer meio, especialmente em fotocópia (xerox), sem a permissão, por escrito, da Editora.

Editor: Sergio Martins de Oliveira
Gerente de Produção Editorial: Marina dos Anjos Martins de Oliveira
Editoração Eletrônica: Abreu's System
Capa: Use Design
Foto da capa: Martin Barraud/iStock.com

Técnica e muita atenção foram empregadas na produção deste livro. Porém, erros de digitação e/ou impressão podem ocorrer. Qualquer dúvida, inclusive de conceito, solicitamos enviar mensagem para **editorial@brasport.com.br**, para que nossa equipe, juntamente com o autor, possa esclarecer. A Brasport e o(s) autor(es) não assumem qualquer responsabilidade por eventuais danos ou perdas a pessoas ou bens, originados do uso deste livro.

DADOS INTERNACIONAIS DE CATALOGAÇÃO NA PUBLICAÇÃO (CIP)

R431i	Reschke, Cristiano de Castro.
	Infiltração Policial : da tradicional à virtual / Cristiano de Castro Reschke, Emerson Wendt, Mayumi Bezerra Matsubayaci. – Rio de Janeiro: Brasport, 2021.
	224 p. ; 17 x 24 cm.
	Inclui bibliografia.
	ISBN 978-65-88431-22-1
	1. Crimes e internet. 2. Cibercrimes. 3. Investigação criminal. 4. Infiltração virtual. I. Wendt, Emerson. II. Matsubayaci, Mayumi Bezerra. III. Título.
	CDU 343.9:004.738.5

Bibliotecária responsável: Bruna Heller – CRB 10/2348

Índice para catálogo sistemático:
1. Crime, criminologia 343.9
2. Internet 004.738.5

BRASPORT Livros e Multimídia Ltda.
Rua Washington Luís, 9, sobreloja – Centro
20230-900 Rio de Janeiro-RJ
Tels. Fax: (21)2568.1415/3497.2162
e-mails: marketing@brasport.com.br
vendas@brasport.com.br
editorial@brasport.com.br
www.brasport.com.br

Sobre os autores

Mayumi Bezerra Matsubayaci

Graduada em Direito na faculdade UNASP – campus Engenheiro Coelho de SP, estagiou no Cartório de Notas e Registro Civil de Engenheiro Coelho de SP, estagiou na Defensoria Pública de Limeira de SP, atuando em auxílio à área criminal, trabalha como advogada no escritório de advocacia AJS Nogueira. Coautora do artigo "Tráfico de pessoas para fins de exploração sexual: as leis e o consentimento da vítima" (Conidih – Editora Realize), juntamente com Mikaela de Jesus Oliveira, Rebeca Cristina da Costa Bezerra e Leandra Aparecida Zonzini Justino.

Emerson Wendt

Delegado da Polícia Civil do RS, lotado no Conselho Superior de Polícia. Ex-Chefe da Polícia Civil do Rio Grande do Sul e Presidente do Conselho Superior de Polícia da Polícia Civil (2016 a 2018). Foi Diretor do Departamento Estadual de Investigações do Narcotráfico por duas oportunidades (2000 e 2015) e Diretor do Gabinete de Inteligência e Assuntos Estratégicos também por duas oportunidades (2005-2006 e 2011-2014). Foi Vice-Presidente Regional do Conselho Nacional de Chefes de Polícia Civil (CONCPC) de abril de 2016 a abril de 2017, passando a partir daí à Vice-Presidência Nacional do mesmo Conselho, assumindo a Presidência em abril de 2018, deixando o posto em dezembro de 2018. Também foi Secretário-Executivo do referido Conselho no primeiro semestre de 2019. Entre janeiro de 2019 e janeiro de 2020, Diretor do Departamento de Inteligência de Segurança Pública da SSP/RS. Desde de janeiro de 2021, é Secretário de Segurança Pública de Canoas, Rio Grande do Sul. Formado em Direito pela Faculdade de Direito da Universidade Federal de Santa Maria e Pós-graduado em Direito pela URI-Frederico Westphalen. Mestre e Doutorando em Direito pela Universidade La Salle Canoas-RS. Professor da Academia de Polícia Civil nas cadeiras de Inteligência Policial e Investigação Criminal.

VI Infiltração Policial

Também é professor dos cursos de pós-graduação e/ou extensão da UNISINOS (São Leopoldo-RS), SENAC-RS (Passo Fundo-RS), IDC (Porto Alegre-RS), Verbo Jurídico (Porto Alegre-RS), Uniritter (Porto Alegre-RS e Canoas-RS), EPD (São Paulo-SP), IMED (Passo Fundo-RS e Porto Alegre-RS), UNITOLEDO (Porto Alegre-RS), ESMAFE/RS (Porto Alegre-RS), Uninorte (Rio Branco-AC), Unifacs (Salvador-BA), FEMA (Santa Rosa-RS), UNISC/CEISC (Santa Cruz do Sul-RS), FMP (Porto Alegre-RS), AJURIS (Porto Alegre-RS) e URI (Frederico Westphalen-RS). Já ministrou aula nas Academias das Polícia Civis de Pernambuco, Goiás, Paraná, Acre, Alagoas, Sergipe, Rondônia e Piauí. Também é Tutor dos cursos EAD e presenciais da Secretaria Nacional de Segurança Pública, especialmente na atividade de Inteligência de Segurança Pública. Membro da Associação Internacional de Investigação de Crimes de Alta Tecnologia (HTCIA), do PoaSec e do INASIS, além de integrante, em 2019, do Comitê Gestor de Tecnologia da Informação da Secretaria de Segurança Pública do Rio Grande do Sul (GGTIC-SSP/RS), do Comitê Técnico de Tecnologia da Informação e Comunicação (CETIC-RS), da Comissão Mista de Reavaliação de Informações do Rio Grande do Sul (CMRI-RS) e do Conselho Deliberativo do Programa de Proteção a Testemunhas no Rio Grande do Sul (PROTEGE). Autor do livro "Inteligência Cibernética" (Delfos) e coautor dos livros "Crimes Cibernéticos: ameaças e procedimentos de investigação", com Higor Vinícius Nogueira Jorge, "Inteligência Digital", com Alesandro Gonçalves Barreto, "Investigação Digital em Fontes Abertas", com Alesandro Gonçalves Barreto e Guilherme Caselli, "Inteligência e Investigação Criminal em Fontes Abertas", com Alesandro Gonçalves Barreto (Brasport). Autor e organizador dos livros "Investigação Criminal: ensaios sobre a arte de investigar crimes" (Brasport) e "Investigação Criminal: Provas" (Livraria do Advogado), juntamente com Fábio Motta Lopes. Autor do livro "Internet & Direito Penal: Risco e Cultura do Medo" (Livraria do Advogado). Autor do livro "Tecnologia da Informação & Direito", juntamente com Ângela Kretschmann. Autor e organizador do livro "Direito & TI: cibercrimes" (Livraria do Advogado). Autor e organizador do livro "O Direito Vivo", juntamente com Valquiria P. Cirolini Wendt (Brasport). Foi condecorado pelos seguintes órgãos: Exército Brasileiro, Marinha do Brasil, Força Aérea Brasileira, Ministério Público do Rio Grande do Sul, Assembleia Legislativa do Rio Grande do Sul, Ministério da Segurança Pública, Polícia Civil do Pará, Polícia Civil da Bahia, Polícia Civil de Sergipe, dentre outros. Recebeu o título de Cidadão de Porto Alegre e também de Nova Palma-RS.

Cristiano de Castro Reschke

Delegado de Polícia Civil do Rio Grande do Sul, atualmente lotado no Conselho Superior de Polícia. Foi Diretor do Departamento de Inteligência da Secretaria de Segurança Pública do Estado do Rio Grande do Sul. Foi Diretor do Gabinete de Inteligência e Assuntos Estratégicos da Polícia Civil. Atuou como Coordenador da Força Tarefa de Combate às Facções do Crime Organizado. Foi Diretor da Divisão de Homicídios do Departamento Estadual de Homicídios e Proteção à Pessoa. Ex-integrante do Comitê Gestor de Tecnologia da Informação da Secretaria de Segurança Pública do Rio Grande do Sul (CGTIC-SSP/RS). Atuou como Representante da Polícia Civil na Estratégia Nacional de Combate à Corrupção e à Lavagem de Dinheiro – ENCCLA. Formado em Direito pela Faculdade de Direito da Universidade Federal de Santa Maria (UFSM) e Pós-graduado em Direito Processual pela UNISUL (Universidade do Sul de Santa Catarina). Professor da Academia de Polícia Civil nas cadeiras de Inteligência Policial e Investigação Criminal. Também foi professor dos cursos de pós-graduação e extensão do Verbo Jurídico (Porto Alegre-RS). Recebeu do Exército Brasileiro a distinção de Colaborador Emérito e também foi condecorado com a Medalha do Exército Brasileiro. Foi agraciado com reconhecimento da Polícia Nacional do Paraguai. Condecorado com a medalha do Mérito Policial Civil pela Polícia Civil de Sergipe. Também recebeu distinção da Assembleia Legislativa do Estado do Rio Grande do Sul em reconhecimento por operação policial relevante ao Estado.

Apresentação pelos autores

> Devemos tratar igualmente os iguais e desigualmente os desiguais, na medida de sua desigualdade. (Aristóteles)

A presente obra tem como finalidade detalhar os procedimentos e aspectos relativos à infiltração de agentes, voltando-se especialmente à análise das Leis nº 13.441/2017 e nº 12.850/2013 (com acréscimos referentes à Lei nº 13.964/2019), que permitem a atuação do agente policial infiltrado em ambientes virtuais em determinados crimes, como os contra crianças e adolescentes e os relativos à criminalidade organizada, respectivamente, delitos estes que são facilitados pela tecnologia e, para isso, exige-se o cumprimento de alguns comportamentos e limites.

Buscou-se, com o avançar dos estudos e das pesquisas, delinear os esclarecimentos e detalhamentos em cinco capítulos. O primeiro capítulo discorre sobre a infiltração no contexto da evolução social, sobre a arte do disfarce e as mutações da criminalidade no mundo e no Brasil.

No segundo capítulo busca-se analisar os permissivos legais e a evolução normativa brasileira em relação à infiltração policial, focando também na infiltração policial virtual.

No terceiro capítulo busca-se analisar os aspectos operacionais relevantes, os requisitos e limites da infiltração, a atividade relacionada à Polícia Judiciária e sua operacionalização em campo, passando pelas suas fases essenciais até a cessação da atividade. Também analisam-se tópicos importantes como o testemunho do agente infiltrado, suas características e seus direitos.

No último capítulo, abordam-se os desafios inerentes ao tema, os desafios administrativos e estratégicos para as Polícias Judiciárias na utilização da metodologia, seu incremento na persecução criminal de grupos e associações criminosas, as novas necessidades de conhecimentos relativos à infiltração virtual e um novo modelo de contratação de agentes policiais para a atividade de infiltração, especialmente em razão das necessidades de especialidades envolvidas e do planejamento detalhado e necessário, a estrutura existente e fundamental para o trabalho com êxito e seguro dos agentes policiais.

Enfim, o trabalho tem o objetivo de inserir o leitor nessa nova temática que envolve Internet, Direito Processual Penal, Direto Penal, mas essencialmente investigação criminal qualificada.

Boa leitura!

Os autores

Agradecimentos

Ainda que minhas palavras pareçam simples ou clichês, são carregadas dos sentimentos mais puros e sinceros, porque de fato sou imensamente grata pelas oportunidades que a vida tem me proporcionado.

Agradeço imensamente a minha família, pai, Hélio, e mãe, Erotilde, amigos, pessoas especiais, que acreditaram no meu potencial e sempre estiveram do meu lado. À faculdade, e aos estágios, que me ajudaram a criar minhas convicções e igualmente a paixão pelos profissionais do direito, além do meu atual emprego, que me permite ganhar cada vez mais experiências.

Em especial, agradecimento ao Me. Emerson Wendt e ao Delegado Cristiano Reschke, que me proporcionaram a oportunidade de efetivar esse projeto, acreditando em seu potencial e transformando meu trabalho de graduação em algo mais na minha história. Sinto-me honrada e agraciada por esta porta que abriram para mim.

Mayumi Bezerra Matsubayaci

Sempre é tempo de agradecer. Gratidão é o principal motivo de continuarmos a nos relacionar em uma sociedade não tão solidária e, muitas vezes, individualista e complexa.

Grato aos meus amigos, colegas e à minha família. À academia, que me faz melhor a cada dia, provoca e faz crescer, desafia e levanta. Grato ao meu trabalho, do qual gosto muito.

XII Infiltração Policial

Mas a principal gratidão é ter a vida proporcionado conhecer a **Mayumi Bezerra Matsubayaci**, via mídias sociais, e desafiá-la a transformar um estudo seu de graduação em um livro, pois que o assunto é extremamente instigante e tem relação máxima com aquilo que gosto de pesquisar e fazer. O desafio foi posto também ao **Cristiano de Castro Reschke**, ao qual agradeço por ter ampliado o espectro inicial do tema, tornando-o aplicável a outros contextos teórico-práticos.

Obrigado, também, aos meus amores: meu pai, Nilo Egon; minha esposa e meus filhos, Valquíria, Anna e Luiz. Vamos em frente!

Emerson Wendt

Reconhecer aqueles raros seres que te estendem a mão e não pedem nada em troca é fundamental. Agradeço ao meu pai José Carlos (sempre me guardando de onde estiver) e a minha mãe Cecília (uma heroína) pela educação, pelo exemplo de superação e por fazerem sempre eu acreditar em mim, seja para o que for, concedendo sempre a liberdade de escolha. Aos meus irmãos, Eduardo e Jéssica, pelo carinho, cuidado e apoio de sempre e para sempre.

À minha esposa Andrea, sou devedor por me proporcionar um mundo singular, por formar nosso legado para um futuro melhor e por ser uma fortaleza frente aos nossos desafios. Aos meus filhos, Luiza e Gonçalo, não há palavras para dizer o quanto me transformam com sua alegria de viver.

Aos amigos de verdade, aqueles poucos que nos acompanham à medida que a idade avança e a experiência ensina, obrigado pelo incentivo e pelas conversas construtivas. Em especial, ao amigo e mestre Emerson Wendt, expresso a gratidão por mais esta confiança depositada, numa parceria que em muito me emociona e amadurece.

Aos policiais que labutaram junto comigo ao longo destes anos, muito obrigado pelos debates acerca do tema, com certeza tem muito do que foi discutido nesta obra. Por fim, agradeço a Deus pela saúde, paz e tranquilidade de espírito que me proporciona; sem Ele nada seria possível.

Cristiano de Castro Reschke

Prefácio

> A vida líquida é uma vida precária, vivida em condições de incerteza constante.
> (Zygmunt Bauman, 1925-2017)

Envaidecida e honrada pela agradável incumbência em prefaciar a obra "Infiltração Policial: da tradicional à virtual", de autoria dos estimados Doutores Cristiano de Castro Reschke, Emerson Wendt e Mayumi Bezerra Matsubayaci, advirto desde logo que este livro se constitui em um verdadeiro 'divisor de águas' na esfera da atividade policial investigativa. E com efeito, pois, de maneira didática e ao mesmo tempo rigorosamente técnica, traz subsídios teóricos e práticos para a consecução das atividades policiais de investigação mediante o uso de um dos mais importantes meios de obtenção de prova, que se tornou, no mundo moderno, indispensável para a apuração e repressão da criminalidade.

Vem esta obra a público no momento no qual o crime organizado se agiganta e alcança praticamente todas as esferas da nossa sociedade, além de se mostrar dotado de poderio econômico e bélico que faz frente ao Estado quando não o sobrepuja, ignorando fronteiras territoriais inclusive pela utilização dos meios informáticos. Tudo a exigir, assim, dentre outras medidas, a premente e racional atualização do ordenamento jurídico para disciplinar as novas técnicas de investigação policial e, principalmente, a capacitação dos agentes do aparato policial para que melhor desempenhem as suas funções.

Na primeira parte da obra os autores explicitam, com rara profundidade, a evolução histórica do instituto da infiltração e o seu contexto social, expondo o desenvolvimento da figura do agente infiltrado em uma linha do tempo.

XIV Infiltração Policial

Depois, na segunda parte, os autores discorrem com erudição sobre a evolução do instituto no sistema legislativo nacional: o agente infiltrado nasce em 2001, por meio da Lei nº 10.217, que alterou a Lei nº 9.034/96, prevendo a possibilidade de infiltração de agentes de polícia e de inteligência em qualquer fase da persecução criminal, mediante autorização judicial sigilosa para investigar crimes específicos. Desde então, o instituto foi repetidamente disciplinado em outros diplomas legais.

Alertam ainda para a possibilidade de somar tal meio de obtenção de prova à tecnologia, daí surgindo o instituto da infiltração policial por meio virtual, e expõem de forma clara quais os tipos penais que permitem o uso da referida 'ferramenta'.

Depois, com maestria e profundidade, certamente fruto de experiência profissional, os autores ressaltam na terceira parte da obra os aspectos operacionais mais relevantes da infiltração, seus requisitos e limites aplicáveis, esclarecendo a importância da utilização da infiltração virtual como mais uma tecnologia de investigação policial, agora com uso de recursos tecnológicos, afigurando-se como mais um aliado indispensável para o enfrentamento da criminalidade moderna.

Enfim, a obra discorre com erudição sobre a inteligência policial e elenca todos os elementos disponíveis no ordenamento jurídico para a elucidação dos fatos criminosos, apontando o instituto da infiltração tradicional e virtual como valioso instrumento para os agentes da lei na busca da verdade dos fatos narrados como criminosos.

No mundo líquido da informação em que vivemos, se mostrando imperativa a conduta de melhor conhecer para melhor agir, a prevenção e o enfrentamento da criminalidade organizada se mostrarão muito mais eficientes quando, em nítida atividade de inteligência da informação, os paradigmas da investigação criminal clássica forem superados pela adequada utilização de mecanismos de obtenção de provas como a infiltração policial, dentre outros.

Assim, o presente trabalho será de grande utilidade não somente para a Polícia Civil, mas também para os demais profissionais da área jurídica e acadêmicos interessados na elucidação das matérias aqui objeto de estudo. Por isso que estou certa de que a leitura atenta e o estudo dos textos aqui trazidos à lume enriquecerão, sem qualquer dúvida, a nobre atividade da Polícia Judiciária.

Ivana David
Juíza Substituta em 2º Grau

Lista de abreviaturas

ABIN – Agência Brasileira de Inteligência

ART. – Artigo

CF – Constituição Federal

CP – Código Penal

ECA – Estatuto da Criança e do Adolescente

LCO – Lei do Crime Organizado

Sumário

1. **Infiltração no contexto da evolução social** 1
   - 1.1. Considerações iniciais 1
   - 1.2. O tradicional mundo real, o novo mundo virtual e o crime 4
     - 1.2.1. A empresa criminosa mundial 6
   - 1.3. A arte do disfarce e o disfarce na arte 20
   - 1.4. O crime organizado como mutação, a sociedade de riscos como realidade complexa e a infiltração como uma medida 27

2. **Permissivos legais – A evolução brasileira** 35
   - 2.1. A infiltração policial no Brasil – Aspectos históricos 35
   - 2.2. Infiltração policial – Conceito e aspectos procedimentais gerais 41
     - 2.2.1. O conceito 41
     - 2.2.2. Os legitimados 43
     - 2.2.3. O momento 45
     - 2.2.4. Os requisitos 46
     - 2.2.5. A autorização judicial e o alcance da decisão 47
     - 2.2.6. O prazo 49
     - 2.2.7. O relatório circunstanciado 54
     - 2.2.8. O sigilo 55
   - 2.3. Infiltração policial virtual 56
     - 2.3.1. Infiltração no Estatuto da Criança e do Adolescente – ECA 58
     - 2.3.2. Infiltração virtual contra organizações criminosas – Pacote "Anticrime" 92
     - 2.3.3. Infiltração virtual: outros crimes, interpretação extensiva 100
   - 2.4. A infiltração no direito comparado 102

3. **Aspectos operacionais relevantes** 105
   - 3.1. Requisitos e limites da infiltração 105
     - 3.1.1. A proporcionalidade como medida da responsabilidade penal do infiltrado 108

XVIII Infiltração Policial

3.2. A regra de ouro: sigilo do início ao fim 112

3.3. Infiltração: atividade de polícia judiciária 114

3.4. Operacionalização da infiltração policial... 119

    3.4.1. A decisão e a gestão do recurso... 122

    3.4.2. Suporte técnico administrativo e operacional................................... 126

    3.4.3. Necessária integração com a atividade de inteligência 139

    3.4.4. Cessação da infiltração.. 153

    3.4.5. A importância do relatório (bem) circunstanciado.......................... 156

3.5. A possibilidade de testemunho do agente infiltrado 158

3.6. Características intrínsecas para um agente infiltrado 163

3.7. Direitos do agente infiltrado 168

4. Desafios administrativos e estratégicos para as polícias judiciárias.. 174

4.1. Incremento no uso da técnica da infiltração no enfrentamento ao crime organizado com diversificação de tipos penais 174

4.2. As novas necessidades com o advento da infiltração virtual 177

4.3. Um novo modelo de contratação de agentes baseado na especialização prévia.. 180

5. Considerações finais.. 183

Referências.. 187

1. INFILTRAÇÃO NO CONTEXTO DA EVOLUÇÃO SOCIAL

1.1. Considerações iniciais

Técnica muito explorada em filmes e seriados policiais, a infiltração é uma das ferramentas especiais de investigação que mais curiosidade provoca nos alunos recém chegados às Academias de Polícia. Não são raras as manifestações do tipo: "eu quero fazer infiltração"; "acho que não me sentiria desconfortável, fiz aulas de teatro"; "deve ser emocionante ser um infiltrado, preciso desta adrenalina". Mas a curiosidade também vai além das salas de aulas policiais, e os seriados e filmes sobre o tema estão entre os mais assistidos.

Contudo, após a explanação do conteúdo, muitos desistem de sequer tentar passar perto da possibilidade de realizar ação policial de infiltração. O motivo? Simples: são inúmeros os questionamentos e as ponderações a desafiar os interessados na utilização da ferramenta, aflorando medos antes não tão presentes, que muitos desistem e entendem ser melhor deixar o instituto no âmbito da doutrina. Ocorre que a infiltração policial é muito importante para a atividade de investigação, que por óbvio não é de simples execução e não deve ser usada sem os cuidados que uma medida tão complexa exige.

De forma geral, assim como os seriados policiais instigam a curiosidade dos telespectadores, a infiltração tem o condão de prender a atenção do público, sendo técnica bem explorada em obras literárias, cinema e televisão, muitas de consideráveis repercussões.

O objetivo principal da presente obra é explanar sobre o instituto, sua evolução, características peculiares, dificuldades práticas e cuidados que requer, destacando a legislação autorizadora do uso no Brasil, seja no método tradicional (infiltração

2 Infiltração Policial

física), seja no método moderno que acompanha a evolução das relações sociais em ambiente de Internet (infiltração virtual ou cibernética).

O assunto não se esgotará aqui, almejando-se clarear a ferramenta para os leigos e chamar para a reflexão os que a utilizam, necessitam utilizar ou pretendem se valer dela no futuro, especialmente no que tange à eficácia e efetividade da medida, considerado o cenário contemporâneo de criminalidade organizada, difusa, infiltrada no poder público e circulante em ambientes ainda inóspitos para muitos operadores do sistema de justiça criminal, o mundo virtual. Enfim, chamar a atenção que a técnica merece, ampliar e provocar o debate crítico e construtivo é o que se vislumbra.

Para além da visão técnica e procedimental, quer-se na obra provocar o debate crítico sobre a infiltração, amplificando a visão sobre o tema e sua possibilidade, ou necessidade, de uso num contexto mais longínquo que o sempre trilhado mundo das drogas ilícitas. Como um método de obtenção de provas, a infiltração traz o peso da fé pública, inerente aos representantes do Estado, na narrativa do agente que fez parte da história, sentiu o cheiro do crime, viu com os próprios olhos as artimanhas criminosas, percebeu seus atores principais e ouviu confidências verdadeiras dos atores criminosos principais.

Duas visões devem e serão consideradas: (a) a do agente instado a se infiltrar, considerando características, perfil, responsabilidades e direitos; e (b) a do gestor responsável pela escolha da medida como fundamental e imprescindível para a investigação do caso. Ainda será enfrentada a questão do planejamento institucional no trato do tema, viés acadêmico e de investimento.

A execução exitosa de uma missão passa pelo planejamento bem feito. Para planejar alguma ação, deve-se primeiro pensar, obter a consciência e o convencimento de que ela é útil e necessária para alcançar efetivamente o objetivo almejado. Portanto, antes de se tratar de aspectos legislativos, técnicos e procedimentais, será trabalhada a questão da infiltração como meio efetivo e importante no enfrentamento ao crime da forma que se apresenta no nosso meio social contemporâneo.

Por ora, trazemos um breve relato de um agente infiltrado do FBI, para destacar a importância da técnica de infiltração:

> Nesses casos de drogas, trabalhei tanto como lavador de dinheiro como transportador, e foram tarefas bem-sucedidas, com a apreensão de grandes quantidades de drogas e muito dinheiro. O melhor de tudo, nesse trabalho com

traficantes, foi que, embora minha aparência seja inconfundível, eles nunca descobriram quem realmente eu era, porque os cartéis são todos isolados uns dos outros. No fim de um só dia, a Operação Reciprocidade tinha 35 grampos Title III instalados em dez cidades. O alvo dessa operação era a célula da colossal organização de tráfico de drogas nos Estados Unidos dirigida por Amado Carrillo Fuentes. Apreendemos 11 milhões de dólares em dinheiro, quase 7,5 toneladas de cocaína e 1.200 quilos de maconha. Ao todo, foram presas 53 pessoas. A operação prejudicou seriamente a atividade de traficante de Carrillo Fuentes, e foi o que o levou a recorrer à cirurgia plástica para mudar a aparência. Como barão da droga, ele não podia ir aos Estados Unidos para ser operado, então a cirurgia foi feita por médicos mexicanos que não deviam ter a experiência ou treinamento necessários. Amado Carrillo Fuentes, que sobrevivera a numerosas e sangrentas guerras territoriais para chegar ao topo de um poderoso cartel, morreu na mesa de cirurgia. Logo depois, todos os médicos que participaram da cirurgia foram assassinados, e seus corpos foram encontrados em uma estrada de terra.[1]

Essas investigações serviram para interromper temporariamente o fluxo de drogas em Nova York. Com nosso esforço de agentes secretos e os muitos grampos Title III que conseguimos instalar, essa investigação tornou-se um modelo na comunidade policial como método de trabalho com grandes organizações do narcotráfico. Depois, envolvi-me num caso no sul da Flórida, que ajudou a acabar com uma rede de narcóticos ainda mais ampla. Todas essas experiências me prepararam para desempenhar de modo verossímil o papel de um mafioso, quando chegou o momento de eu enfrentar Greg DePalma.[2] (GARCIA, 2009, p. 76-77)

Para além de tratar do instituto infiltração, em termos evolutivos, teóricos e práticos, almeja-se fomentar o conhecimento e o bom debate acerca da utilidade desta técnica investigativa e, em especial, chamar a atenção para aspectos administrativos, operacionais e estratégicos que devem ser (re)avaliados pelos que pensam em a utilizar ou fomentar sua aplicação.

---

[1] **Amado Carrillo Fuentes** (17/12/1956 – 04/07/1997) foi um narcotraficante mexicano que tomou o controle do cartel de Juárez. Amado Carrillo ficou conhecido como "El Señor de Los Cielos" ("O Senhor dos Céus"), por causa da grande frota de jatos que ele costumava usar para transportar drogas. Ele também era conhecido por lavar dinheiro via Colômbia, para financiar essa frota.

[2] **Gregory J. DePalma** (24/04/1932 – 18/11/2009) foi um capo ligado à família mafiosa ítalo-americana Gambino. A Máfia, particularmente a máfia norte-americana, é normalmente dividida em "equipes" distintas e parcialmente independentes lideradas por um "capo" ou líder dos indivíduos.

1.2. O tradicional mundo real, o novo mundo virtual e o crime

Viajar na história do homem através do tempo nos permite buscar conhecimento para melhor compreender a dimensão de problemas que enfrentamos na atualidade e, de certo modo, precaver-nos de desdobramentos que ainda virão.

De tudo que vivemos, cumpre relacionar alguns episódios pelos quais passou a humanidade desde nossa origem como espécie humana. Na pré-história, passamos pela descoberta do fogo e na antiguidade carregamos o legado da invenção da escrita (útil para nossa comunicação); sobrevivemos à queda do Império Romano e a sua divisão em várias comunidades políticas sucessoras na Idade Média e entramos na **idade moderna** com a queda de Constantinopla (1453); inauguramos a **idade contemporânea** com a Revolução Francesa e seus ideais.

Sobrevieram, dentre milhares de eventos, as Guerras Napoleônicas na Europa; a Unificação Italiana (*Risorgimento*); o Congresso de Viena; o canal de Suez e o encurtamento de distância entre Europa e Ásia; a bolsa de Nova Iorque (*New York Stock Exchange*) e uma nova influência nos negócios do mundo surgiu; a Doutrina Monroe (**a América para os Americanos**, literalmente) na América; a revolução industrial; as Guerras do Ópio na Ásia; a Guerra do México; a "independência" do Brasil; a teoria da relatividade, a invenção do avião (e mais uma vez as distâncias são encurtadas); a grande depressão (*crash* da Bolsa de Nova York); Primeira Guerra Mundial, Segunda Guerra Mundial e Guerra Fria; a corrida espacial e o homem na Lua (a capacidade de alcançar longas distâncias é aumentada); veio o computador e enfim a Internet (aí foi criado o portal para as distâncias se tornarem "relativas"); com o 11 de setembro vimos uma nova forma de ataque à soberania de uma nação (usando invenções de outrora em conjunto – aviões, Internet e ódio decorrente de conflitos que sempre tiveram como pano de fundo dinheiro, poder e território) e seguimos com desafios.

O crime também esteve presente em todos esses recortes apresentados, mas também em todos os demais episódios da Humanidade, sempre havendo a presença dos tipos penais mais conhecidos e preocupantes de hoje: homicídio, roubo, extorsão, tráfico de armas, de pessoas e de drogas, corrupção.

Sempre que há um evento transformador no mundo, sendo atribuída a característica de marca evolutiva social, a história nos mostra que há igualmente uma janela de oportunidades para o crime. E eis que o crime se organizou cada vez mais, ou melhor, seus integrantes buscaram melhor organização e adaptação aos novos ditames para sobreviverem com suas empresas criminosas apesar das mudanças políticas, econômicas ou das investidas dos sistemas de justiça criminal dos Estados.

Embora não haja consenso quanto ao surgimento do crime organizado, o que se pode afirmar sem sombra de dúvidas é que a criminalidade organizada ganhou notoriedade mundial principalmente após a globalização da economia e dos meios de comunicação. Portanto, foi nos últimos séculos que ela recrudesceu, expandiu e trouxe o estilo mafioso de ser, em especial na Itália, Estados Unidos, China, Japão e Rússia.

Em todos os momentos da história de nossa humanidade o crime esteve presente e assim será, pois os desvios de conduta são os estipulados pelas próprias sociedades/comunidades. Cumpre aos estados, por meio de seu poder soberano, em especial valendo-se dos seus poderes legislativo e executivo, evoluir e dotar de mecanismos efetivos e eficazes suas instituições policiais judiciárias, seus órgãos de persecução criminal, para minimizar influências do crime organizado na política, na economia, na saúde e na vida das pessoas, evitando ao máximo danos aos bens jurídicos tutelados, fortalecendo dessa forma a paz social e o convívio pacífico dos povos.

Assim, a evolução do crime acompanhou a evolução do mundo e soube incrementar mecanismos de funcionamento, sobrevivência e lucro, infiltrando-se no poder público, nas empresas dos ramos de interesse, na comunidade e, principalmente, no vazio do exercício do Poder de Estado, nas suas vertentes mais básicas (saúde, educação, segurança e assistência social) – onde identificaram o terreno fértil para angariar adeptos, filiados, soldados, clientes e contribuintes, que se submetem aos estatutos impostos por um estado paralelo, numa afronta aos poderes constituídos.

Com o advento e a disseminação da tecnologia, conexões criminosas foram potencializadas e novas modalidades de crimes e novos *modus operandi* para crimes antigos surgiram, desafiando ainda mais o Estado. A Internet e o novo mundo virtual, um ambiente de impensáveis possibilidades, chegaram e colocaram o poder público, que começara a caminhar e já se aventurava a alçar alguns voos rasantes contra o crime organizado, a engatinhar novamente, com entraves conhecidos de outrora: o sistema burocratizado e o atraso tecnológico de muitas instituições de investigação criminal, realidade sempre presente nos países menos desenvolvidos economicamente.

A tecnologia trouxe novas formas de violências, em especial também atingindo o futuro de nossas gerações, nossas crianças e adolescentes. O enfrentamento ao crime organizado não é de fácil realização, pois tem entranhas enraizadas em diversos níveis de poder e permeia a/na sociedade civil, com influência indireta em negócios de grande interesse, o que por si só já dificulta a produção da prova em procedimento de investigação criminal e enfraquece ou aniquila a possibilidade de sucesso no processo penal.

Nesta senda andou bem o legislador pátrio ao prever a infiltração como técnica disponível para ser aplicada na investigação do tráfico de drogas, do crime organizado, da lavagem de dinheiro, do terrorismo, do tráfico de pessoas e na apuração de infrações penais contra a criança e o adolescente. **Infiltração** é então o gênero, da qual consideram-se espécies, na presente obra, a infiltração tradicional (física) e a infiltração virtual (cibernética).

Para resultados excepcionais, deve-se tomar medidas excepcionais, e não é outro o adjetivo para qualificar a "ferramenta" investigativa denominada **infiltração**. Ao lado e associada às medidas como colaboração premiada, captação de sinais ópticos, eletromagnéticos e acústicos, interceptação telefônica e telemática, quebras de sigilo telefônico e de dados bancário, financeiro, fiscal e bursátil, é técnica que traz resultados efetivos e impressões de singular realismo na repressão à criminalidade, em especial à organizada. Contudo, na mesma proporção em que traz dados importantes, ela traz preocupações relevantes na execução, sendo a que mais expõe o principal elemento da investigação: o agente. E o melhor momento para avaliar os riscos é no planejamento da ação, como veremos adiante.

Sua finalidade principal é dar maior efetividade às diligências criminais, discernir e eliminar a formação de macrocriminalidade que ameaçam as instituições democráticas. Porém, esse método de adquirir provas é controverso, para uns "está perto de um herói, ao passo que para outros não está longe de um vilão" (PACHECO *apud* ZANLUCA, 2016, p. 63).

Tem-se nesta obra o entendimento de que "se está perto de um herói". Nessa senda, primeiro, deve-se clarear a compreensão sobre a importância da infiltração e amplificar a visão sobre as oportunidades de uso desta especial técnica investigativa.

1.2.1. A empresa criminosa mundial

Cocaína # 1

O sujeito sentado agora a seu lado no metrô cheirou para acordar hoje de manhã; ou o motorista do ônibus que te leva pra casa porque quer fazer hora extra sem sentir dor na cervical. As pessoas mais próximas de você cheiram. Se não é seu pai ou sua mãe, se não é seu irmão, então é seu filho. Se não é seu filho, é seu chefe. Ou a secretária dele, que só cheira aos sábados pra se divertir. Se não é seu chefe, é a mulher dele que cheira para ir vivendo. Se não é a mulher, é a amante dele, a quem ele dá pó de presente, em vez de brincos e diamantes. Se não são eles, é o caminhoneiro que faz chegar toneladas de café nos bares da sua cidade e que não conseguiria aguentar todas aquelas horas de estrada sem pó. Se não é ele, é a enfermeira que está trocando o cateter do seu avô, para quem o pó deixa tudo mais leve, até mesmo as noites. Se não é ela, é o pintor que está pintando a sala da casa da sua namorada, que começou por curiosidade e depois se viu contraindo dívidas. Quem cheira está ao seu lado. É o policial que está a ponto de te parar, que cheira faz anos, e agora todos se deram conta e escrevem cartas anônimas que mandam a seus superiores esperando que o suspendam antes que faça alguma besteira. Se não é ele, é o cirurgião que está acordando agora para operar sua tia e que graças ao pó consegue abrir até seis pessoas por dia, ou o advogado que você vai consultar para o seu divórcio. É o juiz que se pronunciará sobre sua causa cível e não considera o pó um vício, só uma ajuda para gozar a vida. É a atendente que está te dando o bilhete de loteria que você espera que possa mudar seu destino. É o marceneiro que está fazendo pra você um móvel que te custou o salário de um mês. Se não é ele que cheira, é o montador que veio à sua casa instalar seu armário comprado na Ikea, que você não seria capaz de montar. Se não é ele, é o síndico do seu prédio que vai te interfonar em alguns minutos. É o eletricista, este mesmo que agora está tentando mudar a tomada do quarto de lugar. Ou o cantor que você ouve para relaxar. O padre, que você foi ver para saber se pode se crismar porque precisa batizar o neto e que fica estupefato por você ainda não ter recebido esse sacramento, cheira. Os garçons que te servirão no casamento de sábado, se não dessem um tiro, não conseguiriam ter nas pernas tanta energia por horas a fio. Se não são eles, é o fiscal da prefeitura que acaba de estabelecer novas áreas de pedestre e recebe pó de graça em troca de favores. O manobrista cheira, agora ele só fica alegre assim. O arquiteto que reformou sua casa de veraneio; o carteiro que te entregou uma carta com seu novo cartão de crédito também. Se não ele, a moça do SAC que te responde com voz cristalina e pergunta em que pode ser útil. Aquela alegria, igual em todo telefonema, é efeito do pó branco. Se não ela, o assistente que está sentado agora à direita do professor à espera de te examinar. O pó o deixou nervoso. O fisioterapeuta que está tentando recuperar seu joelho, e ele, ao contrário, fica sociável com pó. O atacante cheira, aquele que marcou um gol arruinando a aposta que poucos minutos antes do fim da partida você estava ganhando. A prostituta que você pega antes de voltar pra casa, quando precisa se desafogar porque não aguenta mais, cheira. Ela usa pó para não ver mais quem está na frente dela, atrás, em cima, embaixo. O garoto de programa, que você se deu de presente para seus cinquenta anos, cheira. Você e ele. O pó dá a ele a sensação de ser o mais macho de todos. O sparring com que você treina no ringue para tentar emagrecer cheira. Se não ele, o instrutor de equitação da sua filha, a psicóloga da sua mulher. O melhor amigo do seu marido, aquele que faz anos te paquera e que nunca te agradou, cheira. Se não ele, o diretor da sua escola. O bedel cheira. O corretor que está fazendo corpo mole justo agora que você conseguiu se liberar para ver o apartamento. Cheira pó o segurança, aquele mesmo que ainda está com o relatório quando todos já arrancam os cabelos por não o terem recebido. Se não ele, o tabelião a cujo escritório você gostaria de não voltar nunca mais, que cheira para não pensar nas pensões devidas às mulheres que deixou. Se não ele, o taxista que xinga o trânsito mas depois fica alegre. Se não ele, o engenheiro que você tem de convidar à sua casa porque quem sabe ele não te ajuda a conseguir uma promoção. O guarda que está te multando e, enquanto fala, sua em bicas, apesar de ser inverno. O lavador de para-brisas de olhos cavos, que só consegue comprar pó com dinheiro emprestado, ou aquele rapaz que enche os carros de folhetos publicitários, cinco de cada vez. O político que te prometeu um alvará de funcionamento, aquele que você enviou ao Parlamento com seus votos e os da sua família, e que está sempre nervoso. O professor que te ferrou num exame, à sua primeira hesitação. Ou o oncologista que você tem consultado, te disseram que é o melhor, e que você espera que possa te salvar. Ele, quando cheira, se sente onipotente. Ou o ginecologista, que se esquece de jogar fora o cigarro antes de entrar na sua casa e examinar sua mulher, que está sentindo as primeiras contrações. Seu cunhado que nunca está alegre, o namorado da sua filha que, ao contrário, sempre está. Se não são eles, então o peixeiro, que arruma lindamente o peixe-espada, ou o frentista que esparrama a gasolina fora do carro. Cheira para se sentir jovem, mas não consegue mais inserir no lugar certo o bico da mangueira. Ou o médico do plano de saúde, que você conhece há anos e que te faz passar na frente sem esperar na fila, porque sabe o que você vai lhe dar de presente de Natal. O porteiro do seu prédio cheira, se não ele, a professora que dá aulas de reforço a seus filhos, o professor de piano do seu neto, a camareira da companhia de teatro a que você vai assistir esta noite, o veterinário que trata do seu gato. O prefeito com quem você foi jantar. O construtor da casa em que você mora, o escritor que você lê antes de dormir, a jornalista que você vai ver no telejornal. Mas se, pensando bem, você acha que nenhuma dessas pessoas cheira cocaína, ou você é incapaz de ver, ou está mentindo. Ou, simplesmente, quem cheira é você. (SAVIANO, 2014, p. 11-13)

O trecho que inaugura o livro de Saviano (2014), obra na qual o autor magistralmente traça o cenário impressionante de como um pó branco liga as principais zonas comerciais do mundo e impõe sobre toda a face da Terra suas tenebrosas regras, códigos

Infiltração no contexto da evolução social **9**

morais e exércitos, traz a reflexão "tapa na cara dos hipócritas" que ainda pensam que o negócio, quase *trilhardário*, das drogas ilícitas não nos atinge em cheio e não contamina todas as esferas sociais, a seu modo, e impacta as relações cotidianas. Do comércio de drogas, partindo de seus lucros aviltantes e vultosos, foi um pulo para o crime organizado permear-se no poder público, contaminar estruturas do Estado e aventurar-se nas mais diversas modalidades "empresariais", lícitas e ilícitas.

A universalização das novas tecnologias conectou continentes, relativizou distâncias, aproximou clientes e fornecedores de todo tipo de comércio, para o bem e para o mal. Entrementes, o crime organizado avançou a passos largos e hoje corresponde a uma parcela significativa do PIB mundial. Calcula-se que o valor estimado de dinheiro lavado anualmente no mundo está entre 2% e 5% do PIB mundial (UNODC, s.d.), ou seja, algo entre US$ 800 bilhões e US$ 2 trilhões (com parcela significativa de dinheiro "sujo" oriunda dos "departamentos" de tráfico de drogas, de armas, corrupção e tráfico de pessoas). Considerando que nem todos os recursos do crime organizado passam por processo de lavagem de dinheiro, vislumbra-se que os valores globais decorrentes de ilícitos sejam ainda mais impactantes. Para enfrentar com inteligência este inimigo, que veio há muito tempo e para ficar, e de certo modo minimizar seus riscos e controlar seus danos, as forças públicas, no caso as polícias judiciárias, federal e estaduais, com suas necessidades infinitas e recursos finitos, necessitam de mecanismos que causem o máximo de impacto num número menor de ações.

Assim, agir com inteligência estratégica e atacar o "pulmão financeiro" do crime organizado é medida que se impõe, aliás, impõe-se deste a época de Al Capone, lá pelos idos de 1930. Chegar ao núcleo financeiro, aos centros de decisão dos rumos da locomotiva do crime organizado, em todas as suas vertentes, passa pelo processo de obtenção de informações fidedignas e relevantes aptas a conduzir trabalhos investigativos eficazes e efetivos. Para tanto, dentre outras ferramentas especiais, anteriormente citadas, ganha importância a **infiltração policial**.

O crime organizado transnacional movimenta fábulas. O tráfico de drogas proibidas movimenta de 3% a 5% do PIB do planeta (JUSTO, 2016; ODILLA; ALEGRETTI, 2019). Com a pedofilia, as máfias faturam, só em vídeos, US$ 280 milhões por ano, e o mercado que a criminalidade chama com brutal vilania de 'carne fresca' (crianças) gera lucro anual de US$ 5 bilhões. O tráfico de lixo prejudicial à saúde enseja lucro de R$ 15 bilhões. Na tabela mafiosa compra-se metade de um rim por US$ 5 mil e revende-se por US$ 200 mil. Uma córnea adquirida por US$ 3 mil é ofertada no mercado mafioso por US$ 45 mil. Tirar a mancha da ilicitude do dinheiro sujo e empregá-lo, em grande parte, em atividades formalmente lícitas tornou-se uma necessidade imprescindível para as organizações criminosas transnacionais (DINO; MAIEROVITCH, 2010, p. 3; JUSTO, 2016).

> "As máfias não têm mais fronteiras. Portanto, é necessário que a resposta também não as tenha. As organizações mafiosas são potências econômicas de primeira grandeza, cada vez mais misturadas à economia legal. É preciso internacionalizar o combate." – Giancarlo Caselli, ex-promotor chefe da Operação Antimáfia em Palermo, na Sicília, Itália. (SGARIONI, 2016)

Em cada canto do mundo, apesar de apresentarem origens históricas, momentos políticos e ideais diversos, organizações criminosas tiveram nomes impulsionados universalmente e que concorrem em popularidade e divulgações midiáticas com grifes famosas. **Tríades** na China, **Máfias** na Itália ou na Turquia, **Yakuza** no Japão, **Cartéis** no México ou na Colômbia, **Bratva** na Rússia e **Facções** no Brasil, para ficar num "G8 do Crime Mundial". Nomes diferentes, mas com alguma coisa em comum: práticas criminosas organizadas, diversificadas e especializadas ao longo do tempo. Eles têm "bandeiras", "estatutos", "hinos", "territórios", "liderança-governo", "símbolos", "ritos internos", "poderes constituídos, que legislam, julgam e executam seus planos", "receitas internas (contribuições) e externas (taxas/extorsões)", "empresas de capital fechado", "povo". São, portanto, e assim se portam, verdadeiro estado paralelo, que se vale da inércia dos estados legítimos no exercício de seus deveres primários para com segurança, educação, saúde e assistência social de uma nação. Usufruem bem das leis de mercado – oferta e procura[3] – e aplicam muito bem uma estratégia de ocupação de espaços vazios deixados pelo Estado.

> [...] o crime organizado providencia produtos e serviços que têm frequentemente grande demanda a despeito das proibições legais. O fato de ele ocorrer em todas as sociedades por grupos de todos os tipos comprova que o mesmo não é estranho e não é uma conspiração contra o tecido social. Ele é, de fato, grande parte deste tecido. (POTTER, 1994, *apud* ALBANESE; DAS; VERMA, 2003, p. 15, tradução de SCHABBACH, 2013)[4]

Algumas atividades ilícitas acompanham o crime organizado há mais de século, outras foram sendo incorporadas ao seu leque de fontes de renda a partir dos movimentos

---

[3] A lei da oferta e da procura (demanda) busca estabilizar a procura e a oferta de um determinado bem ou serviço. Oferta é a quantidade do produto disponível em mercado, enquanto procura é o interesse existente em relação ao produto.

[4] Schabbach (2013) traz outras análises dos autores em questão e sobre o tema.

mercadológicos, políticos e econômicos. Com pequenas diferenças, seja por características regionais, seja pelas oportunidades decorrentes das relações estabelecidas, as organizações mafiosas transitaram ou ainda transitam pelos seguintes comportamentos indesejados e que lhes rendem cifras exponencialmente vultosas: venda de proteção, extorsão, exploração da prostituição, contrabando, comércio ilegal de pedras preciosas, tráfico de drogas; tráfico de armas, tráfico de pessoas, pornografia, usura, exploração de jogos de azar, fraudes com cartão de crédito, pirataria, chantagem corporativa, financiamento de campanhas eleitorais, fraudes em licitações, crimes cibernéticos, corrupção e lavagem de dinheiro. A lista segue, mas são estes os tipos que se replicam nos quatro cantos do mundo.

O Brasil, como bom *player*, marca todos os pontos neste cardápio de opções, com destaque, que há muito tempo se constata, para a exploração de jogos ilícitos e de prostituição, incluindo infantojuvenil, bem como para a forte presença de rede de tráfico de drogas com conexões internacionais sólidas, como é o caso do Primeiro Comando da Capital (PCC), que se ramifica pela América do Sul, em especial no Paraguai (local estratégico no ambiente logístico – modal terrestre – para tráfico de maconha e cocaína)[5] e se conecta com a máfia italiana, fato constatado em operação que investigou a máfia da Calábria – 'Ndrangheta – em 2019. Sobre esta ligação, o desembargador José Laurindo de Souza Netto, professor e supervisor pedagógico na Escola da Magistratura do Paraná e que tem estudos sobre as máfias italianas, adverte que a presença de lideranças da 'Ndrangheta em São Paulo é uma "clara demonstração da atuação em rede das organizações" (ADORNO, 2019).

Para se ter ideia da dimensão que a organização criminosa brasileira denominada PCC tomou, em operação policial ocorrida em agosto de 2020, com alvos em 20 unidades federativas, uma força-tarefa coordenada pela Polícia Federal (PF), com base no Estado de Minas Gerais, identificou cerca de R$ 252 milhões em contas ligadas ao Primeiro Comando da Capital (PCC). A investigação descortinou um sistema onde 220 pessoas, detidas em presídios federais à época da ação policial, recebiam um auxílio mensal da facção por terem alcançado cargos de alto escalão na organização criminosa ou por terem realizado missões, como a execução de servidores públicos. Um membro de facção criminosa que executasse servidor público recebia o triplo da mesada (ZUBA, 2020).

Um aspecto importante, e que merece destaque, é o assistencialismo praticado por organizações criminosas – a atuação com fins sociais na região ou comunidade sob

---

[5] Manso e Dias (2018) exploram muito bem este avanço do PCC sobre o Paraguai.

seu "domínio", ocupando o espaço deixado pelo Estado impotente. Com ações que por vezes beiram a cortesia e o cuidado com o próximo (como a disponibilidade de ambulâncias privadas, remédios, cestas básicas e segurança patrimonial) e outras atividades remuneradas, mas que entregam o que prometem (segurança, gás, luz, TV a cabo, por exemplo), esses grupos ganham o reconhecimento dos moradores que passam a veladamente jogar contra o Estado, pois este é o traidor, o responsável pelo abandono. É a oficiosidade de um **estado paralelo**.

Como consequência prática no espectro da segurança pública, especificamente na atuação de polícia investigativa, quase nada se obtém de informações sobre atividades criminosas desenvolvidas no local onde impera esse estado paralelo. O policial é a personificação do Estado que abandonou o potencial informante/colaborador/denunciante. Os que não colaboravam em razão da lei do silêncio encontram mais uma justificativa para não exercer a cidadania. Não é condenável, pois só quem vive o medo constante e sente a ausência do estado teórico do "bem estar social" pode externar críticas fundamentadas sobre os impactos da lei do silêncio em suas vidas. Assim, dificilmente encontram-se dispostos a auxiliar a polícia no seu mister de combater o crime organizado instalado.

Não bastasse isso, regras internas nos "estatutos do crime" acrescentam medo adicional de um mal maior aos seus integrantes em caso de traições. Não são raros os vídeos e mensagens que circulam em redes sociais "passando o recado" ao X9, dedo-duro, delator, geralmente com conteúdo intimidador ou até mesmo gravações de execuções brutais de outros considerados traidores.

As ações do Estado por meio do seu sistema de justiça criminal encarceraram milhares de indivíduos que se empilham nos – sempre – superlotados presídios (MARTINHO, 2020). No caso brasileiro, quando se verifica o grau de escolaridade dos presos, não surpreende o resultado: apenas 51% tem o ensino fundamental concluído (RIBEIRO et al, 2019). Não se ousa dizer que se prende mal. Se presos estão é porque algo cometeram de ilícito e um processo legal foi conduzido para tanto. **A questão é onde estão os criminosos membros dos núcleos decisórios, dos núcleos financeiros, enfim, onde estão as cabeças que realizam negócios internacionais, que lavam dinheiro de forma sofisticada, que detêm conhecimento de contrainteligência e contrainformação, que conseguem dialogar com parceiros internacionais, com corruptos, enfim, quem é fluente no português?**[6] Enfim, **quem conhece os cami-**

---

[6] Não são raros os textos bem escritos, no português escorreito, quando surgem estatutos do crime, ordens gerais, ou ideias empresariais transnacionais, contrastando com a escolaridade dos presos.

Infiltração no contexto da evolução social **13**

nhos alvissareiros do *business* C2C (*crime to crime*)? Com certeza não estão disputando espaço nos mictórios coletivos ou na fila do pão dormido dentro de galerias do sistema prisional falido ou fazendo revezamento para dormir em meio metro de chão. De forma alguma se está a tecer comentário no sentido de que as polícias não trabalham ou trabalham mal. Pelo contrário, faz-se muito com os recursos materiais que se tem. A questão cinge-se em saber por que não se investe na modernização de estruturas e em metodologias para que haja espaço, tempo, conhecimento e confiança para alcançar não apenas os "soldados", objeto de constante "clonagem" – dada a certeza da substituição eficaz –, mas também atingir o âmago da organização.

Essa percepção acompanhou um diferenciado agente especial, outrora:

> Durante quatro anos Kiki Camarena mapeou a rede dos grandes traficantes de cocaína e maconha do país. Começou a pensar na hipótese de se infiltrar porque as operações de polícia levavam à detenção de campesinos, pequenos traficantes, motoristas, pistoleiros, quando o problema estava em outro lugar. Queria superar o mecanismo das grandes detenções, das detenções espetaculares em números mas insignificantes em importância. Entre 1974 e 1976, quando havia sido instituída uma força-tarefa entre o governo mexicano e a DEA para erradicar a produção de ópio nas montanhas de Sinaloa, houve 4 mil detenções, mas todos eram cultivadores e transportadores. Se não detivessem os chefes do tráfico, se não detivessem quem movia todos os fios, a organização estaria destinada a durar para sempre, a se regenerar continuamente. (SAVIANO, 2014, p. 33)

Não pairam dúvidas quanto à necessidade de canalização de esforços para desmantelamento de núcleos-chave de organizações criminosas; contudo, isso passa por planejamento estratégico e operacional adequado, de médio a longo prazo, com permanência de foco e formação de estrutura qualificada de investigação. Todavia, deve ser presente a compreensão de que é uma tarefa complexa e que não irá destruir ou decretar o fim do crime organizado. Essa premissa deve ser um mantra, até mesmo para evitar frustrações profissionais, pessoais e institucionais, desnecessárias.

O objetivo deve ser neutralizar partes que mais impactem nos resultados, de forma a minimizar resultados nefastos que o crime causa na sociedade e fortalecer, assim, o sentimento de dever cumprido, ainda que parcial. Aliás, parcial e sem impactos não é característica estranha ao que se vê há décadas quando nos ocupamos apenas de tirar do convívio social os executores diretos, a ponta do *iceberg*, numa preocupação imediatista, muitas vezes em razão da pressão política e midiática pela rápida solução

14 Infiltração Policial

de crimes, mas paliativa quanto aos seus efeitos. É necessária uma maior efetividade prática da investigação criminal com a utilização de ferramentas como a lavagem de capitais e a infiltração de agentes, orientando todo o processo de obtenção de provas.

Cumpre aqui, pela lucidez e pelo realismo, citar a fala do juiz Falcone[7] sobre a situação na Itália, proferida dez dias antes daquele 23 de maio de 1992, quando adveio, em Palermo, de um minúsculo movimento para as agulhas do sismógrafo, um abalo histórico para aquele país[8], que já via a fragmentação do Estado:

> A concepção de uma guerra frontal entre a polícia e a máfia não pode ser aplicada ao combate à Cosa Nostra. Podemos dar-nos por satisfeitos se conseguirmos reduzir as ações ilegais da máfia a um nível menos assustador. (SGARIONI, 2016)

Cada ação do Estado traz uma reação por parte dos atores do mundo do crime. A inovação é constante e assim seguirá, pois estarão sempre buscando mecanismos que afastem ou dificultem as investidas das forças policiais, ao tempo em que procuram meios de usufruir livremente seus ganhos. Uma inovação singular, por fugir dos padrões históricos de gênero de membros do crime organizado com funções de liderança, por exemplo, vem dos cartéis mexicanos com o incremento do uso de mulheres na prática de ações criminosas ligadas aos cartéis. Surgem as "sicárias", braço estratégico do crime organizado mexicano com missões diversas, conforme se constata na matéria que segue:

> A morte de María Guadalupe López Esquivel, mais conhecida como "La Catrina" ou "Senhora da Morte", em operação de forças de segurança na semana passada expôs um cenário que se tornou uma tendência entre os cartéis de drogas que operam no México. Um deles, o cartel La Línea, que no começo era apenas o braço armado do poderoso cartel de Juárez, vem prosperando com a utilização de dezenas de mulheres selecionadas especialmente pela beleza. Inicialmente, elas são recrutadas como sicárias (pistoleiras). A beleza ajudaria

---

[7] **Giovanni Falcone** (18/05/1939 – 23/05/1992) foi um juiz italiano especializado em processos contra a máfia siciliana *Cosa Nostra*. Recebeu prêmios no mundo todo por sua imparcialidade e foi assassinado pela *Cosa Nostra* antes da Operação Mãos Limpas, que começou logo depois de sua morte.

[8] "O dia 23 de maio de 1992 é um dia belíssimo: três automóveis blindados, transportando o juiz Giovanni Falcone, sua mulher e seus guarda-costas percorrem a 160 km/hora a rodovia Messina – Palermo, ao longo do litoral. Numa colina ao lado de uma ponte, Brusca e seus cúmplices observam. De repente, os dedos de Brusca puxam uma alavanca: lá embaixo, na estrada, uma formidável explosão projeta o comboio nos ares, fazendo em pedaços Falcone, sua mulher e três jovens policiais". (ZIEGLER, 2003, p. 70)

a se aproximar de rivais, sem levantar suspeitas, e executá-los. Presa no ano passado, Rosalío María Martínez, pistoleira de La Línea, afirmou a existência de comandos exclusivos de mulheres, entre 18 e 30 anos, treinadas para matar. "São bonitas e boas para enganar os rivais", disse Rogelio Amaya, integrante de La Línea preso no ano passado, diante de agentes de segurança, de acordo com o "Vanguardia". O cartel Los Zetas também possui um esquadrão exclusivamente composto por sicárias. O grupo de matadoras, que atua em execuções e sequestros, é conhecido como Las Panteras. Oriundas de classes mais baixas, elas também são escolhidas pela beleza. Elas também são usadas como "relações-públicas", a fim de costurar acordos com autoridades de governo, do Exército e da polícia. Algumas, como María Guadalupe, prosperam e chegam a posições de liderança dentro dos cartéis. Outras lideram grupos de extermínio e têm armamento pesado à sua disposição. O grande número de fuzis apreendidos na operação que resultou na morte de "La Catrina" mostra o poderio dessas mulheres. (MOREIRA, 2020)

No Brasil ainda não se identificou, nestes moldes ao menos, participação de mulheres no crime organizado com núcleos exclusivos formados por mulheres, contudo não parece ser uma realidade distante, pois chama a atenção o incremento de mulheres no sistema prisional nas duas últimas décadas. O Brasil tem uma das maiores populações carcerárias femininas do mundo, e as prisões relacionadas ao tráfico de drogas correspondem à maior parte delas. Um estudo da Diretoria de Análise de Políticas Públicas da Fundação Getúlio Vargas (Dapp/FGV) levantou dados sobre essas prisões e mostrou que, entre 2000 e 2016, a população carcerária feminina aumentou 567%. Se considerados dados atualizados até 2018, o aumento se aproxima de 700%. E, sendo Brasil, sendo sistema prisional, a chance de, num futuro próximo, ser a realidade mexicana a nossa também é muito grande (LISBOA, 2018).

Verifica-se ainda, recentemente, uma especialização e uma compartimentação de tarefas cada vez maior, que para além de dinamizar a empresa criminosa serve para dificultar a compreensão do mecanismo e a atribuição de responsabilidade penal aos líderes. Veja-se um trecho da reportagem da BBC que trata do sistema empresarial implementado pelo Cartel de Sinaloa (México), semelhante ao de uma multinacional:

O Cartel de Sinaloa é um consórcio que produz drogas em grande escala para exportação, como maconha, heroína e anfetaminas. Mas também importa cocaína e drogas sintéticas destinadas principalmente ao mercado americano. O cartel tem **pessoas destinadas a cada uma das fases do tráfico de drogas.** No caso da maconha, por exemplo, **há pessoas responsáveis** pela colheita e depois pelo transporte a locais onde ela é armazenada e empacotada. **Outro grupo** fica encarregado de transportá-la para o norte, onde ela é entregue aos **responsáveis por atravessar** a mercadoria pela fronteira entre México e Estados Unidos. Dali, a maconha é entregue a outras pessoas, geralmente americanos. Estes ficam incumbidos de transportá-la a cidades onde ela é vendida no varejo, conforme documentado pelo jornalista Jesús Esquivel, autor do livro "Los Narcos Gringos" (Os Narcotraficantes Gringos, em tradução livre). Eles operam em cidades como Atlanta, Chicago ou Los Angeles. Em cada uma delas, há uma espécie de **supervisor**, responsável por recolher os lucros e enviá-los de volta para o México. **Essa outra equipe**, também americana, leva o dinheiro para a fronteira com o México. De lá, a área financeira do cartel decide seu destino. Uma parte, explica Islas, é reinvestida na produção de drogas. Outra é usada para pagar os salários dos funcionários. Um terceiro montante é lavado em empresas, como hotéis ou restaurantes. **Uma área importante da estrutura dos cartéis de droga mexicanos fica responsável pelo planejamento do negócio.** (NÁJAR, 2017, destaques nossos).

Como compreender a dinâmica citada, colher elementos probatórios relevantes para descortinar o sistema criminoso e produzir uma resposta efetiva do Estado à organização criminosa sem informação qualificada, confiável e não viciada? Atualmente, existem inúmeros meios tecnológicos a subsidiar a instrução probatória de investigações de polícia judiciária, contudo nem todos esses meios têm o alcance da capacidade cognitiva do ser humano, nem todos esses recursos têm a habilidade de relatar impressões ou formar raciocínios lógicos e entender enredos e tramas pelo simples fato de não se colocarem como observadores, atores, a partir da presença em ambiente operacional.

Há ainda, além dos recursos tecnológicos, recursos legais, verdadeiras ferramentas especiais a serviço da investigação, como a colaboração premiada, a ação controlada e quebras de sigilos[9], dentre outras. Mas aqui também cabem ponderações. Qual seria o interesse do colaborador? O que o move? A ação controlada encontra por vezes limites físicos, riscos de solução de continuidade no acompanhamento do alvo, riscos de descoberta proporcionais à duração da ação. E o tempo de demora para efetivação e alcance das quebras? Na verdade, se está a provocar a compreensão de que nenhuma dessas ações soluciona a contento os interesses de uma investigação de forma isolada – devem sim ser sempre consideradas como complementares.

---

[9] Todas elas previstas normativamente no Brasil.

Nesta esteira do raciocínio é que se insere a figura do agente infiltrado, o executor da ação de infiltração. Os elementos colhidos por quem atua como Estado, com interesse não viciado, detentor das características intrínsecas (vide Capítulo 3) que o capacitam para produção de conteúdo probatório robusto, diferenciado e capaz de descortinar raízes e ramificações importantes de uma organização criminosa, são aptos a causar perdas significativas, relevantes, na empresa criminosa, além de subsidiar bancos de dados do Estado, em especial o de inteligência, com dados fidedignos que auxiliarão trabalhos futuros.

A narrativa a seguir, de um agente infiltrado, dotado de fé pública, é o ingrediente diferenciado desta técnica especial de investigação:

> [ ] eu podia saber, em primeira mão, o que DePalma e seus associados estavam fazendo. Meu disfarce me permitia identificar membros da máfia que ainda estavam para aparecer em alguma das listas dos murais do FBI. Eu podia dizer ao Bureau quem era Capitão e quem era membro da equipe, quem falava com quem e o que diziam. Assim começamos a montar casos contra os mafiosos com quem eu tinha contato e também com aqueles sobre quem eles falavam em suas conversas telefônicas grampeadas. (GARCIA, 2009, p. 168-169)

A infiltração é um método de obtenção de provas de natureza mista, porque, além da busca delas, significa existir um testemunho sobre o fato, advinda do agente, que terá condições de narrar em juízo tudo o que colheu (NUCCI, 2018, p. 721).

A necessidade desse meio extraordinário de investigação explica-se pela ineficácia dos métodos tradicionais, da dimensão internacional desses grupos delitivos e, ainda, frente às dificuldades em saber a fundo a potencialidade lesiva, a estrutura material e o *modus operandi* (PEREIRA, 2017, p. 99).

É uma técnica utilizada por diversos países democráticos e foi, nos Estados Unidos, aplicada principalmente na luta contra o tráfico de drogas que surtiu maior relevância historicamente ao método, a partir dos anos 80 (PEREIRA, 2017, p. 99).

É propriamente desta luta dos EUA contra o tráfico de onde se extrai uma lição aprendida por um agente especial do *Drug Enforcement Administration* (DEA), órgão de repressão às drogas dos Estados Unidos, quando se valeu de um informante para desarticular cartéis da Colômbia. O *Group 93*, como ficou conhecida a força-tarefa, liderado pelo policial especialista em infiltrações Jerry Speziale, infiltrou-se no comércio colombiano de cocaína com a ajuda de um informante brasileiro chamado Paul Lir

Alexander (PAUL LIR, 2014). Os policiais atuaram disfarçados, sendo transportadores de cocaína. Para o sucesso da missão, foram destinados recursos enormes, uma infraestrutura milionária, que compreendia empresas de fachada e pistas de pouso e abastecimento de aviões no meio da selva em diversos países, como Guatemala, Costa Rica e Brasil.

Ao longo de alguns anos de investigação, milhares de quilos de cocaína e milhões de dólares restaram apreendidos. Atribui-se a esta operação, como consequência, as prisões dos principais líderes dos cartéis colombianos, inclusive de Pablo Escobar. Jerry ficou conhecido pelo livro que escreveu relatando o trabalho realizado em parceria com o brasileiro, conhecedor das engrenagens criminosas. O catarinense, criado em Porto Alegre/RS, contudo, foi capaz de causar estragos em todos os lados (nos cartéis colombianos, na polícia brasileira, no DEA e na imagem do país), mas, com sua expertise, pontuou diversos aspectos importantes que se conectam com o assunto desta obra. Paul Lir Alexander, que começara a carreira criminosa em Porto Alegre aplicando golpes como *Valdelir*, nome que abandonou em razão dos seus credores, operou o tráfico internacional de drogas ao mesmo tempo em que atuava como informante de autoridades antidrogas americanas.

> [ ] Naquela época, o crack e a cocaína inundavam as metrópoles americanas, sob o olhar impotente das autoridades. A repressão praticamente se resumia a prender traficantes de esquina ou pequenos distribuidores locais. A polícia e a DEA, agência antinarcóticos americana, percebiam que era necessário atacar a origem do problema: os cartéis colombianos que abasteciam o mercado.
>
> Eles só não sabiam como.
>
> Em 1990, Jerry Speziale, policial que trabalhava infiltrado no submundo, sentia-se perdido na recém-criada força-tarefa da DEA em Nova York. Passava os dias tentando achar uma brecha para chegar aos cartéis, sem sucesso. Numa ocasião, vasculhando os arquivos da agência no computador, deparou com uma referência promissora na ficha de um traficante colombiano: "Negociado com o informante confidencial SGI-2002 em São Paulo, Brasil, em relação a 2 mil quilos de cocaína destinados a Nova York". Ao perguntar sobre o informante para um colega de Miami, ouviu um suspiro profundo do outro lado da linha, antes de receber a resposta:
>
> – Paul Lir Alexander. Um informante incrível, impressionante, com contatos em todos os lugares. Trabalha por muito dinheiro. Fez até serviços de inteligência para o Mossad (serviço secreto israelense)... Mas tem um problema. Ele está na nossa lista negra. Estava fazendo algo para nós no Brasil, onde não só se

envolveu em um escândalo de corrupção, mas também ficou sob suspeita de negociar cocaína enquanto trabalhava como informante. A imprensa brasileira o expôs, e a história saiu do controle.

O agente de Miami explicou que, enquanto trabalhava como informante da DEA, o brasileiro havia orquestrado um esquema de corrupção com a polícia fluminense e, ao mesmo tempo, negociado com os colombianos. Quando o escândalo estourou, fugiu para Miami. Inconfiável, tornara-se inútil.

– Qual é o nome dele, mesmo? – insistiu Speziale.

– Paul Lir Alexander. Mas também Pedro Chamorro, José Oscar Arguello, David Coleman. Ele tem uma dúzia de nomes e pseudônimos diferentes. Você nunca vai achá-lo.

Speziale voou para Miami no começo de 1990 e deixou recados em todos os lugares por onde o brasileiro já havia passado ou poderia passar: "Sou da DEA e quero limpar seu nome". Um mês depois, Paul Lir telefonou.

– Me encontre esta noite no lobby do Sheraton – disse o brasileiro.

"Eles vão farejar você a um quilômetro e te matar"

Então com 35 anos, Paul Lir vestia terno de grife, gravata, suspensórios e sapatos italianos. Carregava uma pasta de couro e tinha um Rolex no pulso. Speziale apareceu de jeans e camiseta de ginástica. O brasileiro embarcou-o em uma limusine. Speziale tagarelou durante todo o trajeto. Paul Lir abriu a boca apenas quando eles se sentaram à mesa de um restaurante.

– Deixe-me explicar algo a você, Jerry. Você age como um policial. Você fala como um policial. Você pensa como um policial. Você cheira como um policial. Se você pensa que vai chegar perto dos cartéis, você está louco. Eles vão farejar você a um quilômetro de distância e então vão te matar.

Paul Lir fez então uma explanação sobre como o tráfico funcionava. Os cartéis, explicou, eram uma complexa associação de traficantes, compartimentada em inúmeras células com especializações distintas. Havia produtores, investidores, transportadores, peritos em lavagem de dinheiro, distribuidores. Os grupos responsáveis por cada uma dessas tarefas mudavam de carregamento para carregamento. A compartimentação garantia que, caso a polícia golpeasse uma etapa do negócio, não conseguiria chegar às demais. Todo o sistema era desenhado para manter o dinheiro separado das drogas, de forma que, se houvesse apreensão de um, o outro não seria localizado. Essa ampla estrutura era controlada por um pequeno grupo de famílias em Cáli.

20 Infiltração Policial

No livro "Without a Badge – Undercover in the World's Deadliest Organization" (Sem Crachá – Infiltrado na Organização Criminosa mais Mortal do Mundo), inédito no Brasil, no qual narra a participação de Paul Lir como informante da DEA, **Speziale relata que só naquele momento entendeu a magnitude e a sofisticação dos cartéis. Percebeu que os relatórios a que tinha acesso eram inúteis e que "a DEA não havia arranhado nem a superfície" do narcotráfico.**

– Como é que a gente rompe tudo isso e pega esses caras? – questionou.

– A única forma de pegar o cartel é se tornar parte dele – rebateu Paul Lir.

[ ] Em 12 de agosto de 1991, o avião com 767 quilos de cocaína pousou na pista construída por Paul Lir no meio da selva guatemalteca para a DEA. A carga valia na época US$ 59 milhões (mais de US$ 100 milhões em valores atualizados). No dia seguinte, foi levada ao aeroporto em três caminhões e embarcou para Nova York em um avião da PanAm. Foi direto para os depósitos da DEA. (PAUL LIR, 2014, com grifos no original e no nosso).

As partes grifadas no texto retratam observações críticas que serão enfrentadas ao longo do livro, ficando por ora a reflexão sobre o que foi colocado por um particular, um informante com interesses ilícitos próprios, acerca da estratégia para combater o crime organizado.

1.3. A arte do disfarce e o disfarce na arte

Quanto à origem da infiltração, não há consenso. Uns atribuem seu surgimento na Europa no período das monarquias absolutistas, sendo a França de Luís XIV a principal referência. Para fortalecer o regime, instituiu-se na França da época o personagem do "delator" – situação em que cidadãos denunciavam os inimigos políticos existentes na sociedade em troca de benefícios concedidos pelo príncipe. O exercício, nesse período, restringia-se a espionar e trazer os fatos para o conhecimento das autoridades, sem qualquer atividade de provocação. Contudo, com o passar do tempo, a tarefa de vigiar os suspeitos não foi capaz de anular a oposição ao regime absolutista, fazendo com que a atividade da mera espionagem passasse para a provocação de condutas consideradas ilícitas (SILVA, 2003, p. 87).

Há uma referência um pouco mais longínqua para a primeira utilização deste recurso investigativo: o Antigo Testamento, mais especificamente o Livro 13, que relata o envio por Moisés de exploradores às terras de Canaã.

13 O Senhor deu a Moisés as seguintes instruções:

2 "Manda homens que espreitem e observem secretamente a terra de Canaã, a terra que vou dar a Israel; manda um dos chefes de cada tribo."

3 Os israelitas estavam nessa altura acampados no deserto de Parã. Moisés fez como o Senhor lhe ordenara e mandou doze líderes de tribos:

4 Samua, filho de Zacur, da tribo de Rúben;

5 Safate, filho de Hori, da tribo de Simeão;

6 Calebe, filho de Jefoné, da tribo de Judá;

7 Igal, filho de José, da tribo de Issacar;

8 Oseias, filho de Num, da tribo de Efraim;

9 Palti, filho de Rafu, da tribo de Benjamim;

10 Gadiel, filho de Sodi, da tribo de Zebulão;

11 Gadi, filho de Susi, da tribo de José, ou seja, da tribo de Manassés;

12 Amiel, filho de Gemali, da tribo de Dan;

13 Setur, filho de Micael, da tribo de Aser;

14 Nabi, filho de Vofsi, da tribo de Naftali;

15 Geuel, filho de Maqui, da tribo de Gad.

16 Foi nessa altura que Moisés mudou o nome de Oseias, da tribo de Efraim, em Josué.

17 Ao enviá-los, para irem explorar a terra de Canaã, Moisés deu-lhe estas instruções: "Subam pelo Negueve e depois vão na direção do norte, até às montanhas.

18 Vejam como é a terra; observem como é a gente que lá vive, se são fortes ou fracos, se são muitos ou poucos;

19 se a terra é fértil ou pobre; como são as cidades, se são fortificadas ou abertas;

20 se a terra é rica ou pobre, se há muitas árvores. Tragam algumas amostras dos frutos da terra que encontrarem." Aquele tempo, aliás, era o das primeiras vindimas.

21 E assim eles partiram para espiar a terra, desde o deserto de Zim até Reobe, até perto de Hamate.

22 Indo na direção do norte, passaram primeiro pelo Negueve e chegaram a Hebrom. Ali viram os aimanitas, os sesaitas, os talmaitas, tudo famílias descendentes de Anaque. Aliás Hebrom era muito antiga, tendo sido fundada sete anos antes de Zoã do Egito.

23 Então chegaram a um sítio que agora é conhecido pelo vale de Escol, onde cortaram um cacho de uvas apenas, mas que era tão grande que foram precisos dois homens para o transportar numa vara ao ombro de cada um! Levaram também romãs e figos.

24 Os Israelitas chamaram àquele lugar o vale de Escol cacho, por causa do cacho de uvas que de lá trouxeram.

O relatório da expedição

25 Quarenta dias mais tarde regressaram.

26 E fizeram um relatório a Moisés, a Aarão e a todo o povo de Israel, ali no deserto de Parã, em Cades, e mostraram-lhes a fruta que tinham trazido.

27 Foi este o relato que fizeram: "chegamos à terra que nos mandaram observar e verificamos que é realmente uma terra magnífica, uma terra que na verdade jorra leite e mel. Esta fruta que de lá trouxemos é a prova disso.

28 Mas o povo que lá vive é muito forte, têm cidades fortificadas muito grandes; mais ainda, vimos ali os gigantes de Anaque!

29 Os amalequitas vivem na região do Negueve, no sul, e nas colinas estão os hititas, os jebuseus e os amorreus; ao longo da costa do mar Mediterrâneo e no vale do Jordão estão os cananeus."

30 Então Calebe tratou de tranquilizar o povo enquanto estavam todos ainda na presença de Moisés: "Vamos e tomemos imediatamente posse da terra, com toda a confiança, porque seremos bem capazes de a conquistar!"

31 "Não, nunca conseguiremos!", diziam por sua vez os outros espias. "É gente muito mais forte do que nós. Esmagavam-nos num instante."

32 Era pois negativo o relatório dos espias: "A terra está cheia de gente guerreira, fortemente defendida.

33 Além disso, até lá vimos alguns dos descendentes do Anaque, a antiga raça de gigantes. Nós parecíamos gafanhotos ao lado deles, tão altos e fortes eles eram!"

Embora não se tratasse obviamente de ação no bojo de uma investigação policial, e que a atividade desenvolvida possa ter mais semelhanças com a atividade de inteligência, caracterizando mais vigilância do que uma infiltração, a missão paga à Moisés retrata bem alguns elementos que a infiltração traz: imersão em "terreno" alheio; o aproximar-se do desconhecido; o medo que a descoberta pode trazer; a adrenalina em cada tarefa; a acuidade na ação de coletar dados e informações relevantes aptas a desencadear uma investida forte contra o alvo; a documentação em relatório de tudo que for relevante; etc.

Assim como as ações na monarquia absolutista francesa, que mais se assemelhavam com intentos políticos do que policiais, as referências históricas servem mais para delimitar um possível marco de onde surge um lapso temporal subsequente de muita evolução prática, teórica e legislativa, com os consectários embates políticos, éticos e jurídicos sobre o tema. Como ressaltado, o objetivo do livro, conforme mencionado alhures, não será se imiscuir de modo profundo nesses embates, mas aproximar o público, em especial operadores policiais, das normativas mais recentes e fomentar o debate crítico sobre a técnica o mais próximo possível do espectro de execução e de sua necessidade no ambiente de uma polícia técnica, moderna e eficiente na repressão ao crime organizado.

Talvez cumpre aqui trazer figura que tenha aplicado a técnica de forma a se destacar inicialmente, como uma marca histórica, com nome e sobrenome. Buscada na França à época do *Ancien Régime* (Antigo Regime – monarquia absolutista): a pessoa é Eugène François Vidocq, o primeiro agente a executar tarefas típicas de infiltração no ano de 1800.

O mestre dos disfarces

Ladrão e falsário, Eugène Vidocq criou a agência de detetives.

[...]

Rocambolesca. Assim foi a vida de Eugène François Vidocq (1775-1857), ladrão, soldado, desertor, falsário, prisioneiro condenado a trabalhos forçados, rei das fugas, espião, chefe de uma brigada especial da polícia de Paris e fundador da primeira agência particular de informações. Suas memórias inspiraram Os Assassinatos da Rua Morgue (1841), de Edgar Allan Poe, e o personagem Vautrin, figura presente em vários relatos da Comédia Humana, de Balzac. Sua vida ainda foi base para os personagens Jean Valjean e Javert de Os Miseráveis (1862), de Victor Hugo, e para uma peça de Alexandre Dumas.

Mas, antes de tanto glamour, Vidocq começou ladrão. E sua primeira vítima foi o pai, um padeiro de Arras que teve 2 mil francos surrupiados do caixa. Tentando disciplinar o espírito belicoso do rapaz, o pai o alistou no Exército. Vidocq não tardou a desertar.

Algumas peripécias mais tarde, o aventureiro se meteu numa briga com um coronel e acabou na cadeia. Lá conheceu Boitel, um homem simples que fora condenado por roubar um pouco de trigo para alimentar os filhos. O absurdo da situação ajudou a forjar em Vidocq uma noção da justiça como princípio moral. Fugiu da prisão e, de quebra, falsificou o documento que permitiu a liberação do infeliz Boitel.

Capturado, fugiu novamente. Reconduzido à cadeia, escapou outra vez, mas foi agarrado. Entre 1800 e 1809 alternou temporadas atrás das grades e fugas espetaculares. Após seis anos cumprindo trabalhos forçados, nos quais conheceu a nata dos criminosos da época, Vidocq se cansou. **Resolveu colaborar com a polícia e ajudou a descobrir um assassino em Lyon.**

Sua eficácia foi reconhecida: em 1811, tornou-se chefe de uma brigada de segurança de Paris, à frente de um pelotão de ex-condenados. Graças à brigada, a polícia prendeu 700 fugitivos na capital francesa em apenas um ano. Vidocq **implantou ainda um serviço de informantes com ramificações em toda a Europa.**

Apreciador de disfarces – certa vez, realizou a proeza de fugir da cadeia com roupas de freira – **Vidocq não hesitava em mudar radicalmente de aspecto para investigar criminosos,** surpreendendo-os vestido de militar ou de vendedora de peixes. Neutralizava os fugitivos com outra inovação: técnicas de boxe, que dominava graças à robusta compleição física.

Adulado pela imprensa, Vidocq virou uma celebridade. Mas um escândalo de enriquecimento ilícito em 1827 o obrigou a sair da polícia. Abriu então uma fábrica de papel à prova de falsificações, inventou uma tinta indelével e uma fechadura inviolável. Publicou suas memórias em 1828 e depois mais dois livros sobre o mundo do crime.

Em 1836, fundou a primeira agência privada de informações, que oferecia serviços a comerciantes preocupados com a idoneidade dos clientes. A polícia não apreciou a concorrência e obteve na Justiça o fechamento da firma. Mas essa agência, aliada às inovações que implantou na brigada policial, serviriam de modelo para agências de inteligência e de detetives no mundo todo. Vidocq deixou Paris em 1843 e morreu na Bélgica 14 anos depois.

> Sua vida também inspirou uma série de TV nos anos 60 e quatro filmes. O mais recente é Vidocq (2000), em que o ator Gérard Depardieu usa seu carisma para recriar o mestre dos disfarces francês. (FERNANDEZ, 2016, grifos nossos)

O breve relato sobre Vidocq – "o mestre dos disfarces" – nos serve para outro propósito a ser explorado na presente obra: o perfil de um policial para ser agente infiltrado. O assunto é de suma importância. É possível formar um infiltrado em bancos acadêmicos? Quais suas qualidades, características e perfil psicológico? As respostas anteriores interferirão no processo seletivo e/ou de contratação de policiais? E o agente infiltrado virtual, seriam as suas as mesmas qualidades e características do agente infiltrado tradicional, ou um novo perfil surge? A reflexão para responder a tais perguntas será construída ao longo da obra e enfrentada em tópico próprio mais ao final.

Trata-se o **agente infiltrado** de uma figura que se desenvolveu ao longo dos anos, adquirindo novas características, técnicas e nomenclaturas, haja vista cada contexto histórico e cada ordenamento jurídico de certa sociedade (PEREIRA, 2009).

Não obstante a dúvida que paira quanto aos primeiros vestígios do uso da técnica da infiltração, o certo é que foi a partir da década de 70 do século XX que o agente infiltrado começou a ganhar destaque em diversos países, especialmente nos Estados Unidos, onde encontrou terreno fértil para auxiliar a polícia em investigações que apuravam delitos praticados por máfias atuantes especialmente em Nova York, dedicadas ao tráfico de drogas.

São raras as ações de infiltração consideradas as infindáveis pilhas de investigações realizadas, mas seus resultados são extremamente positivos. Não cabe expor ações de infiltração realizadas historicamente, por motivos óbvios de reserva, entretanto, há casos relatados em obras literárias, a partir da narrativa dos próprios infiltrados ou explorados pela cinematografia que demonstram e ilustram muito bem sobre o que se está a escrever.

Uma obra literária sobre missões de infiltração policial é o **Infiltrado: o FBI e a máfia**. O livro traz uma história verídica sobre a investigação do FBI feita sobre os Gambino, considerada a primeira família do crime organizado. Joaquin 'Jack' Garcia era um dos agentes mais improváveis do FBI a se dedicar ao trabalho sob disfarce. Usando pseudônimos, ele se infiltrou no crime e, quando surgiu a oportunidade de adentrar o mundo obscuro da *Cosa Nostra*, Jack não a deixou escapar. Pela primeira vez, o FBI criou um 'curso de máfia' para ensinar Jack a comer, falar e pensar como um mafioso (GARCIA, 2009).

Um outro livro que traz uma história acerca de operação de infiltração bem-sucedida é **Donnie Brasco: minha vida clandestina na Máfia**. Sob a identidade de Donnie Brasco, um ladrão de joias, o agente do FBI Joseph Pistone consegue se infiltrar na mais poderosa organização criminosa dos Estados Unidos. Durante seis anos convivendo com mafiosos, Pistone/Brasco desvenda os mais bem guardados segredos da quadrilha ítalo-americana e, mesmo sob ameaças de morte, conta nos tribunais tudo o que descobriu, pondo muitos chefões atrás das grades. Uma trama excitante que chamou a atenção de Hollywood, transformando-se num filme de sucesso estrelado por Al Pacino e Johnny Depp (PISTONE, 1997).

Já o suspense **The Infiltrator**, de 2016, que no Brasil recebeu o título de **"Conexão Escobar"**, é outro que narra a história de um agente federal americano, Robert Mazur, que conseguiu se infiltrar no maior cartel de drogas colombiano usando a identidade de Bob Musella, um empresário especializado em lavagem de dinheiro. Mazur torna-se amigo do homem de confiança do narcotraficante colombiano Pablo Escobar e inicia seu grande plano. O filme conta uma história real que ocorreu no ano de 1986, onde se descobre que é mais eficiente no combate ao tráfico seguir o dinheiro de seu lucro do que meramente apreender carregamentos de drogas.

Encerrando essa lista, apresenta-se o seriado **Narcos: México** como um bom exemplo de operação que desarticulou o poderoso Cartel de Guadalajara[10] a partir de informações qualificadas de um agente infiltrado. O seriado norte-americano explora as origens da guerra às drogas, voltando para um tempo quando o tráfico no México era desorganizado e formado por pequenos produtores de *cannabis* e negociantes. A série mostra a ascensão do Cartel de Guadalajara na década de 1980, como Félix Gallardo (narcotraficante) toma o leme, unificando os traficantes a fim de construir um império. O agente federal da DEA[11] Enrique *Kiki* Camarena aprofundou-se na missão e produziu conhecimento de inteligência que auxiliou eventos posteriores que redundaram em grandes operações policiais contra o Cartel, com significativas apreensões de drogas. Infelizmente, essa missão demonstra o outro lado já mencionado, nada romântico, acerca dos riscos inerentes a uma operação de infiltração: Kiki Camarena é descoberto e, após cerca de quatro anos infiltrado, é torturado e executado. A partir de então, a DEA inicia a Operação *Leyenda* no México para pôr um fim ao Cartel de Guadalajara.

---

[10] Cartel de drogas mexicano formado em 1980 por Rafael Caro Quintero, Miguel Ángel Félix Gallardo e Ernesto Fonseca Carrillo, a fim de enviar cocaína e maconha para os Estados Unidos. Foi um dos primeiros grupos de narcotraficantes mexicanos a trabalhar com os cartéis colombianos e prosperou com o comércio da cocaína.

[11] Agência norte-americana antidrogas.

A descoberta e posterior execução do agente infiltrado Kiki Camarena traz à baila também a questão do tempo de duração de uma ação de infiltração policial. Ao gestor do caso, e ao próprio agente, compete avaliar quando é o momento de cessar a missão. Este ponto será tratado no Capítulo 3.

1.4. O crime organizado como mutação, a sociedade de riscos como realidade complexa e a infiltração como uma medida

No seu livro intitulado "Sociedade de Risco", o filósofo alemão Ulrich Beck (2011) traça uma análise sobre a sociedade em seus diversos momentos históricos, considerando que nela sempre existiram riscos, contudo, com graus e extensões diversas. Inicialmente, havia os riscos pessoais; posteriormente, na modernidade clássica, os riscos se elevaram, vindo a afetar a coletividade, como com o surgimento da proliferação de doenças; com a inovação industrial advinda com a modernidade, os riscos se tornaram mais difusos, com maior extensão, com impactos que comprometem tanto as atuais como as gerações futuras. Para o autor, o mundo moderno que vivemos, a partir do fim do segundo milênio, trouxe uma dimensão diferente para riscos da sociedade, riscos estes que "extrapolam as realidades individuais e até mesmo as fronteiras territoriais e temporais". Nesse contexto, consideramos relevante, dentro dos desafios da investigação criminal, o recrudescimento do crime organizado, em especial pela modernidade global, com a disseminação tecnológica no seio das relações sociais, comerciais e políticas. Esse fenômeno da pós-modernidade trouxe inúmeros avanços e na mesma proporção inúmeras vulnerabilidades, com consequente insegurança social e instabilidade nas escolhas de melhor política criminal para enfrentar o viés criminoso dos novos riscos.

Não é concebível uma sociedade sem riscos, os riscos são inerentes à própria condição humana e à vida em comunidade. Jakobs traz a afirmação "não é possível uma sociedade sem riscos" (CALLEGARI, 2002, p. 25), e tão certo quanto sua assertiva é que, com o passar do tempo, com a evolução social, novos riscos surgem, outros mudam de dimensão e se tornam preocupantes, ao passo que outros são minimizados ou relativizados e aceitos na análise de custos e benefícios, quando se avalia e correlaciona a recompensa em assumi-los. Portanto, riscos estarão sempre presentes. O que se quer chamar a atenção é que certos riscos devem, ou deveriam, provocar uma maior sensibilidade do Estado pelo impacto que produzem, em especial na percepção de segurança pela sociedade. Certos impactos decorrentes da evolução não devem ser tolerados como naturais consequências do mundo pós-moderno, e o Estado, garantidor da segurança de seus indivíduos, não pode ficar inerte e não implementar políticas e estratégias com vista à evolução dos seus meios de enfrentar os provocadores dolosos que se beneficiam e causam riscos indesejáveis.

Portanto, e tendo em vista os objetivos da presente obra, deixados de lado os riscos tolerados, porque adequados socialmente, como os decorrentes de atividades industriais, de transporte aéreo, terrestre, de megaempreendimentos da construção civil, de mercado financeiro, devem-se considerar os riscos que impactam negativamente os bens jurídicos relevantes, os bens jurídicos protegidos. Dentre os riscos indesejados, temos o crime organizado, em especial o que envolve tráfico de drogas, tráfico de pessoas, crimes contra a criança e o adolescente, a corrupção em todas as suas facetas, o terrorismo e os crimes contra a humanidade e o meio ambiente.

E quanto a esse espectro negativo, o Estado está preparado, por meio de seu sistema de justiça criminal, e, em especial, com seus órgãos de polícia judiciária, para enfrentar com respostas eficazes às lesões aos bens jurídicos penalmente tutelados? Da mesma forma que verificamos a incompletude e ineficácia do direito penal, também verificamos que, quando vem a resposta mesmo que tardia de elementos legislativos que impulsionam a investigação com novas previsões de ferramentas especiais para enfrentar a criminalidade, verificam-se lentidão no preparo e no aproveitamento de recursos humanos e tecnológicos e até mesmo falta de planejamento estratégico para uso e disseminação de técnicas modernas investigativas para fazer frente à também modernização do mundo ou submundo do crime, sobretudo em sua faceta tecnológica, virtual e, muitas vezes, infiltrada no poder estatal.

Cinge-se assim a problemática: a sociedade se moderniza e "evolui", os riscos indesejados surgem ou os existentes se potencializam e disseminam pelo rompimento de fronteiras que a tecnologia ocasiona e o Estado se vê frente ao desafio de prevenir e reprimir uma nova ordem de crime organizado.

Nesta mesma toada, constatado que o crime também se apresenta em constante mutação, Wisniewski e Silva Filho (2017) demonstram em sua obra a existência efetiva de uma nova modalidade criminosa, que surge na sociedade pós-industrial, ocidental e contemporânea do risco, com características peculiares de organização e complexidade, que passa a coexistir com o atual modelo de criminalidade convencional. Os autores destacam a dinâmica insuficiente do sistema criminal em oferecer respostas eficientes voltadas à prevenção e repressão das atividades típicas de grupos criminosos organizados, o que demanda uma nova dinâmica, mais eficiente, para o sistema criminal que deixa de oferecer adequada tutela aos bens jurídico-penais constitucionais atacados pela criminalidade organizada, fragilizando a efetividade dos direitos fundamentais.

Partindo da premissa de que a humanidade atravessa um turbulento momento de ruptura com os horizontes consagrados pela modernidade, é imperioso reconhecer o surgimento de fenômenos sociais próprios desse período de transição, dentre os quais, aquele que se convencionou identificar como crime organizado contemporâneo. Esse e outros fenômenos, enquanto objeto de estudo próprio das ciências sociais, passa a ser reconfigurado a partir do progressivo fim do plano desenhado pela sociedade moderna, assumindo contornos diferenciados e esclarecidos pela teoria da "sociedade pós-industrial de risco", consagrada pela obra do sociólogo alemão Ulrich Beck. (WISNIEWSKI; SILVA FILHO, 2017, p. 442-459)

Os avanços tecnológicos, o capitalismo disseminado e a virtualização das relações comerciais do século XXI forjaram um deslocamento da problemática "crime organizado" de um eixo regionalizado para um complexo cenário de ambiente mundial, sem fronteiras e com conexões jamais vistas, sobremaneira quando se constata a atuação das máfias e dos cartéis internacionais. Essa nova dinâmica inclusive é bem abordada por Wisniewski e Silva Filho (2017), ao tratarem do que chamaram de "crime organizado contemporâneo":

> [...] diante da ampla desigualdade (econômica, social, política, democrática, etc.) agravada pelo capitalismo globalizado, cabe o registro de que as megacorporações privadas, geradoras de maiores lucros e maiores riscos, geralmente acumulados em predatória exploração de setores e de recursos sensíveis à sociedade de um modo geral, multiplicam seus escritórios centrais, comumente sediados em países desenvolvidos, ao passo que, de lado outro, terceirizam ou deslocam suas linhas de produção para os países subdesenvolvidos, onde são pagos baixos salários e a fiscalização quanto ao cumprimento dos direitos fundamentais e sociais são mais fragilizados e facilmente corrompidos.

> E é exatamente esse um dos pontos de contato que revela o potencial campo de disseminação dos interesses criminosos organizados contemporâneos, ideologicamente amparados pelo discurso liberal-capitalista e no qual as atividades e organizações criminosas passam a fomentar e a integrar autênticas redes de megacorporações privadas, inclusive transnacionais, voltadas à ilícita acumulação de recursos em detrimento das fragilidades políticas, econômicas, sociais e jurídicas dos Estados, especialmente dos subdesenvolvidos, subjugados que são pelo poder político e econômico que decorrem desses criminosos interesses organizados. (WISNIEWSKI; SILVA FILHO, 2017, p. 442-459).

Sobre a referida sociedade de risco e o crime organizado contemporâneo, vale destacar mais um trecho da obra de Wisniewski e Silva Filho (2017), por ser de extrema clareza e por se coadunar com os fins aqui propostos:

> O crime organizado, desde sempre, almejou a acumulação de capital. Mantém estrutura compatível com a de empresas e organizações. O que difere as organizações criminosas das demais são os meios pelos quais alcançam essa acumulação, nos quais são empregados os mais diversos tipos de ilícitos, seja como instrumento ou como finalidade na consecução dos seus objetivos. São exemplos clássicos de atividade criminosa organizada contemporânea as atividades voltadas à evasão de divisas, lavagem de capitais, exploração predatória de recursos ambientais e a corrupção ativa no setor público. Também são exemplos o tráfico e a escravidão de pessoas e de trabalhadores e a sonegação de impostos, dentre tantos outros exemplos conhecidos.
>
> Considerando as premissas da sociedade de risco, portanto, é inegável que megacorporações privadas são conduzidas, por força dessas circunstâncias, para uma indesejável atuação no mercado ilícito, no qual suas atividades, potencialmente danosas para a sociedade, passam a figurar como mero fator de cálculo a ser considerado na busca de acumulação de capital. Afinal, a impunidade delinquente e a fragilizada resposta criminal dos Estados passam a ser fatores de extrema relevância nessa utilitarista ponderação das atividades organizacionais, que, sob essa ótica, dinamizados pelos discursos liberais, individuais e capitalistas, tornam-se financeiramente compensadores àqueles que desse modo passem a atuar. Noutras palavras, as empresas privadas deixam de avaliar questões voltadas aos riscos, como a destruição do meio ambiente, aos acidentes nucleares, ao rompimento com os direitos sociais ou direitos fundamentais, para avaliar apenas e tão somente as variáveis econômico--financeiras envolvidas nessas questões. E exatamente aí é que se encontra o fértil campo de atuação das organizações criminosas contemporâneas que, sob uma roupagem aparentemente lícita, assumem segmentos logísticos e operacionais organizados e vinculados a essas megacorporações geradoras de riscos cada vez mais crescentes, apostando nos lucros gerados e na deficiência do sistema criminal como um todo, independentemente dos nefastos resultados que essa atividade possa vir a causar em desfavor de si ou da humanidade como um todo. (WISNIEWSKI; SILVA FILHO, 2017, p. 442-459)

Como enfrentar a criminalidade contemporânea sem estar próximo de suas engrenagens? O que se vê é falta de espaço para debate técnico na busca desta resposta. Discutem-se sim, teoricamente, nos bancos das Academias de Polícia, o direito penal e o processo penal, artigos por artigos, preceitos primários e secundários, sem se entrar profundamente no debate, e análise crítica, acerca dos rumos das instituições policiais judiciárias no trato do eficaz enfrentamento da criminalidade organizada por meio da modernização de métodos de investigação e incremento no uso dos métodos já consagrados em eficiência. Não se deve menosprezar o estudo teórico-jurídico, por óbvio, mas a fórmula "faço de conta que ensino e faz de conta que aprende" não resolve um tema composto, que passa por muitas áreas do conhecimento. São parcas as horas destinadas a cursos que apresentem ferramentas especiais de investigação, sobretudo as que miram apuração de lavagem de dinheiro e corrupção, assim como também são parcos os investimentos em recursos materiais e tecnológicos para fomento de investigações "diferenciadas", qualificadas pelas ferramentas mais modernas em uso.

Seja a partir da ideia defendida pelo sociólogo alemão Ulrich Beck ou da análise prática dos acontecimentos globais, com o nome ou teoria de livre escolha por seus autores, o certo é que a verdade posta não é outra que não a da complexidade das relações mundiais, com comportamento social dinâmico que não obstante tenha trazido muita facilidade, trouxe também uma nova ordem criminosa, mais tecnológica, mais silenciosa, que permeia os poderes constituídos e dita e influencia, da sua forma, tendências nos negócios ilícitos e desafia a polícia e o sistema de justiça criminal como um todo. Em defesa da coletividade e na busca de uma desejável paz social, as polícias judiciárias têm um desafio enorme, que passa pela reinvenção da forma de investigar, de saber mesclar antigas técnicas com novas e aprimoradas tecnologias mundiais de forma a entregar um produto qualificado para seus "clientes", os cidadãos, contribuintes de pesados impostos e que percebem a segurança, ou a falta dela, e que com todo o direito cobram o uso adequado dos meios disponíveis para responsabilizar criminosos de toda ordem.

É de clareza solar a compreensão de que as respostas historicamente dadas ao crime organizado em todas as suas vertentes de atuação, em especial, a da macrodelinquência[12] já questionadas quanto à eficiência, não servem para combater as complexas

---

[12] Termo utilizado para se referir à criminalidade que possui, dentre outras, as seguintes características: (a) ilícitos praticados sem violência, mas que atingem toda a coletividade; (b) abuso de poder econômico e político, com acesso a informações privilegiadas; (c) especialização profissional e domínio dos meios tecnológicos; (d) aparente legalidade dos negócios para encobrir os atos ilícitos; (e) mudança dos mecanismos econômicos para dificultar a identificação das operações ilícitas; (f) impunidade dos autores por duas razões: sofisticação dos meios utilizados na prática delitiva e falta de leis penais adequadas; (g) condutas criminosas transnacionais. A macrocriminalidade contribui sobremaneira para a ampliaçao dos desníveis sociais, nas crises econômicas, nos aumentos de preços, nas condições de vida subumanas e, também, na proliferação dos crimes comuns.

32 Infiltração Policial

relações do mundo contemporâneo, ou, ao menos, não isoladamente. Embora tenha evoluído na tutela jurídica, mesmo se consideradas as legislações mais modernas de países desenvolvidos, engatinha-se na cooperação internacional, no acesso ao âmago do crime organizado. Segue-se o rastro do dinheiro com "veículos populares" conquanto o crime o leva em "supermáquinas", valendo-se de um sistema que ainda facilita a blindagem dos negócios, o anonimato de muitas relações e a falta de *expertise* difusa decorrente da escassez de investimento nas forças policiais de repressão especializada ao crime.

Outra questão se apresenta: como descortinar e compreender a teia de conexões criminosas em um universo ainda desconhecido que se conecta a uma velocidade inimaginável e que percorre oceanos transportando riquezas mineradas no medo, no sofrimento e no empobrecimento da população e do próprio Estado enquanto bem estar social, enquanto Estado de Direito?

A árdua tarefa de enfrentar o cotidiano do crime e ainda pensar em desarticular organizações voltadas para o ilícito clama por inovação metodológica e existência de estruturas detentoras de recursos que permitam a viabilidade executória de ferramentas previstas na teoria. Não que não haja esforço digno, comprometido e inteligente por parte dos estados – pelo contrário, muitos esforços são canalizados mundo afora e constatam-se inovações legislativas e formatação de estruturas voltadas ao combate da corrupção, da lavagem de dinheiro, do terrorismo etc.

Sob o prisma legislativo e de movimentos criadores de vontades políticas, cumpre a referência às duas convenções da ONU, importantes e norteadoras de legislações pátrias:

a) **Convenção Contra o Tráfico Ilícito de Entorpecentes e Substâncias Psicotrópicas, 1988**. Essa convenção fornece medidas abrangentes contra o tráfico de drogas, inclusive métodos contra a lavagem de dinheiro e o fortalecimento do controle de percussores químicos. Ela também fornece informações para uma cooperação internacional por meio, por exemplo, da extradição de traficantes de drogas, seu transporte e procedimentos de transferência. Tal convenção foi o primeiro instrumento jurídico internacional a definir como crime a operação de lavagem de dinheiro, obrigando a seus signatários a tipificação da conduta em suas normas penais locais. O Brasil aderiu à convenção no ano de 1991, por meio do Decreto nº 154, de 26 de junho de 1991. (UNODC, s.d., DROGAS...; BRASIL, 1991).

b) **A Convenção das Nações Unidas contra o Crime Organizado Transnacional**, também conhecida como Convenção de Palermo, é o principal instrumento global de combate ao crime organizado transnacional. Aprovada pela Assembleia-Geral da ONU em 15 de novembro de 2000, data em que foi colocada à disposição dos estados-membros para assinatura, entrou em vigor no dia 29 de setembro de 2003, sendo ratificada no Brasil por meio do Decreto nº 5.015, de 12 de março de 2004 (BRASIL, 2004b).

A Convenção é complementada por três protocolos que abordam áreas específicas do crime organizado:

- ➢ o protocolo relativo à prevenção, repressão e punição do tráfico de pessoas, em especial mulheres e crianças;
- ➢ o protocolo relativo ao combate ao tráfico de migrantes por via terrestre, marítima e aérea; e
- ➢ o protocolo contra a fabricação e o tráfico ilícito de armas de fogo, suas peças e componentes e munições.

A Convenção representa um passo importante na luta contra o crime organizado transnacional e significa o reconhecimento por parte dos estados-membros da gravidade do problema, bem como da necessidade de promover e de reforçar a estreita cooperação internacional a fim de enfrentar o crime organizado transnacional. O art. 20 da Convenção menciona as "técnicas especiais de investigação", colocando dentre elas as "operações de infiltração" (BRASIL, 2004b).

Os estados-membros que ratificaram esse instrumento se comprometeram a adotar uma série de medidas contra o crime organizado transnacional, incluindo a tipificação criminal na legislação nacional de atos como a participação em grupos criminosos organizados, lavagem de dinheiro, corrupção e obstrução da justiça. A convenção também prevê que os governos adotem medidas para facilitar processos de extradição, assistência legal mútua e cooperação policial. Adicionalmente, devem ser promovidas atividades de capacitação e aprimoramento de policiais e servidores públicos no sentido de reforçar a capacidade das autoridades nacionais de oferecer uma resposta eficaz ao crime organizado (UNODC, s.d., PREVENÇÃO AO...).

As duas Convenções impactaram nas legislações internas dos países. No Brasil, destacam-se as seguintes leis, diretamente relacionadas ao assunto em questão (BRASIL, 2013; 2006; 1998): Lei das Organizações Criminosas (Lei nº 12.850/2013); Lei de Drogas (Lei nº 11.343/2006); e Lei de Lavagem de Capitais (Lei nº 9.613/1998).

Pode-se afirmar que as leis em questão são modernas, passaram por recentes alterações, visando adequação e evolução, e preveem medidas importantes para uso na persecução criminal. Surgem com elas a possibilidade de ação controlada, quebras de sigilos, captação de sinais (escutas), colaboração premiada e operações de infiltração policial.

De bom grado as previsões legislativas; todavia, passados os festejos que as receberam, carecem as polícias, ainda, de meios para execução de ações controladas, interceptações e quebras de toda ordem, escutas, campanas (vigilâncias, tradicionais ou tecnológicas), infiltrações etc., seja quanto aos recursos tecnológicos e financeiros que viabilizam tais medidas, como também pela insuficiência de treinamento focado e especializado dos recursos humanos, com o fim de trazer eficácia e eficiência, ou seja, para tirar o melhor dessas ferramentas. Sobretudo, ainda há o componente sempre adicional e indesejado: a burocracia e a lentidão processual entre as fases do pedido, passando pelo lapso até deferimento e o cumprimento de cada uma das ações. Não há um culpado apenas, talvez nem haja culpados, mas um sistema que precisa se atualizar e ser mais célere, sensível aos novos tempos.

Mas a pergunta que nunca se cala: **como enfrentar o crime organizado, compreender e desarticular suas estruturas sem fazer parte dele?** A resposta talvez esteja na própria pergunta: fazendo parte dele. Então, chegamos de forma objetiva, novamente, na figura do **agente infiltrado**.

Uma ferramenta que não é nova ganha destaque. Toda a inovação tecnológica advinda nos últimos anos não nos traz, com a mesma riqueza, um componente tão necessário na compreensão da engrenagem do poderoso e nebuloso mundo das organizações criminosas, a realidade das conexões e o alcance de suas estruturas num grau de detalhismo importantíssimo, como o faz a figura do **agente infiltrado**. Contudo, é este um recurso de investigação que requer precisão, preparação, especialização e planejamento.

2. Permissivos legais – A evolução brasileira

Serão trabalhadas a partir deste tópico a evolução histórica das legislações aplicadas no Brasil que autorizam o uso da infiltração em atividades de investigação, bem como a infiltração no direito comparado. Didaticamente, tratar-se-á, inicialmente, de aspectos da infiltração tradicional (física) para então, em seguida, serem apresentadas as normativas legais que regem a aplicação da técnica de infiltração virtual (ou cibernética).

2.1. A infiltração policial no Brasil – Aspectos históricos

A partir da queda da ditadura no Brasil e com o advento da democracia e a promulgação da Carta Magna de 1988, bem como com a abertura das fronteiras e da globalização da economia, das comunicações e da interação digital, percebeu-se um desenvolvimento de uma consciência mais crítica e politizada por parte do cidadão, o qual passou a cobrar mais ações e a participar mais diretamente da vida política do país.

Além disso, a mídia, por sua vez, com a liberdade de imprensa, passou a desempenhar um papel fundamental na história, visto que começou a divulgar com maior profusão as ilegalidades dos líderes e governos.

No Brasil, nas décadas de 80 e 90 do século passado, surgiram organizações criminosas que encontraram nascedouros no sistema penitenciário falido. Duas facções do crime organizado, logo após a criação, destacaram-se nacionalmente pelas barbáries que cometiam: em São Paulo, o Primeiro Comando da Capital (PCC); no Rio de Janeiro, o Comando Vermelho (CV). Rebeliões, sequestros, assassinatos, tráfico de drogas e muitos outros crimes, num cardápio que vem se mantendo até os dias de hoje, com ampliação de tipologias de crime e de áreas de atuação, inclusive rotas dentro e fora do Brasil.

36 Infiltração Policial

A onda crescente de crimes, que incluía os chamados "crimes de colarinho branco", forçava o Estado a tomar iniciativa de forma a contra-atacar, ao menos legislativamente, um problema que ultrapassava fronteiras.

O crime organizado tornou-se cada vez mais complexo. Essa complexidade exige, por parte do Estado, a utilização de medidas especiais para seu enfrentamento, que constitui o chamado "direito penal de criminalidade diferenciada" (GRECO FILHO, 2017b), no sentido de tratar sobre o assunto de maneira mais específica, sem se opor, portanto, aos valores do Estado Democrático de Direito.

Nesse sentido, o então deputado federal Michel Temer propôs o Projeto de Lei nº 3.516 de 1989 (CÂMARA DOS DEPUTADOS, 1989), que tinha o fito de tratar dos meios operacionais para prevenir e reprimir os crimes cometidos pelas organizações criminosas. O projeto de lei, que seria posteriormente convertido na Lei nº 9.034/1995 (BRASIL, 1995), tem como justificativa uma maior proteção à sociedade proporcionando meios eficazes às instituições que atuam no combate ao crime organizado. Vejamos:

> [...] Pelas projeções assumidas e os imensuráveis danos causados à sociedade internacional, à ordem econômico-financeira e instituições públicas e privadas, necessária se faz a utilização diferenciada dos meios de prevenção e repressão das atividades desses grupos que se assemelham, sem exageros, a "empresas multimilionárias" a serviço do crime e da corrupção generalizada. É óbvio que o remédio combativo há que ser diverso daquele empregado na prevenção e repressão às ações individuais, isoladas, tal qual se verifica quando de um atropelamento ou o furto de um botijão de gás, ainda que doloso.
>
> O projeto de lei que ora se defende, e que tem por objeto jurídico a proteção da sociedade, visa a proporcionar meios operacionais mais eficientes às instituições envolvidas no combate ao crime organizado (polícia, Ministério Público e Justiça) dotando-as de permissivos legais controlados, como ocorre nos mais civilizados e democráticos países do mundo, onde os resultados obtidos no combate à ação delituosa são bem melhores que no Brasil.[...]. (CÂMARA DOS DEPUTADOS, 1989)[13].

Com o propósito de oportunizar enfrentamento diferenciado e mais eficaz na repressão ao crime organizado, converteu-se o referido projeto em Lei e passou-se a dispor sobre a utilização de meios operacionais para a prevenção e repressão de ações praticadas por organizações criminosas. Interessante lembrar que o texto originário da Lei nº 9.034/1995, em seu art. 2º, previa a infiltração de agentes como mecanismo probatório, com a seguinte redação:

---

[13] Vide dossiê digitalizado.

> Em qualquer fase de persecução criminal são permitidos, sem prejuízo dos já previstos em lei, os seguintes procedimentos de investigação e formação de provas: I – infiltração por agentes de polícia especializada em quadrilha ou bandos, vedada qualquer coparticipação delituosa, exceção feita ao disposto no art. 288 do Código Penal, de cuja ação se preexclui, no caso, a antijuridicidade. (BRASIL, 1995)

Entretanto, o citado texto foi vetado pelo Presidente da República, por não condicionar a infiltração de agentes policiais à autorização do Poder Judiciário.

A primeira vez que a figura do agente infiltrado foi então mencionada no ordenamento jurídico brasileiro foi na redação originária do art. 2º, inciso I, da Lei nº 9.034/1995, porém com o veto presidencial, sob a justificativa de que o dispositivo, nos termos em que foi aprovado, contrariava o interesse público, porque permitia que o infiltrado pudesse agir sem autorização do Poder Judiciário (ANDREUCCI, 2017, p. 153).

Nessa esteira, a primeira previsão legal válida no ordenamento jurídico pátrio, do ponto de vista cronológico, sobre a infiltração de agentes foi em 2001, quando a Lei nº 10.217, de 11 de abril de 2001 (BRASIL, 2001), alterou a Lei nº 9.034, de 03 de maio de 1995 (BRASIL, 1995).

A lei passou então a prever, em seu art. 2º, inciso V, a possibilidade de infiltrar agentes de polícia ou de inteligência, em qualquer fase da persecução criminal, mediante autorização judicial sigilosa, para investigar crimes decorrentes de ações de quadrilha ou bando ou organizações ou associações criminosas de qualquer tipo. Entretanto, não definiu ou explanou de maneira detalhada sobre tal meio de investigação, ou seja, não previu o procedimento processual e policial correspondente.

Outro aspecto controvertido dessa previsão legal ficou por conta da inclusão de "agentes de inteligência" no contexto das investigações criminais ocultas por infiltração. A expressão causou bastante controvérsia na doutrina e jurisprudência, falava-se inclusive sobre a sua (in)constitucionalidade[14].

---

[14] Nesse sentido, a posição de Flávio Pereira: "Discordamos do legislador brasileiro, ao permitir que agentes de inteligência possam se infiltrar em organizações criminosas para os fins previstos na Lei nº 9.034/1995, vez que estaria sendo desvirtuado o labor daqueles, cujo objetivo precípuo é o de busca de informações tendentes à manutenção da ordem e da segurança nacional no caso do agente da Abin ou outros fins diversos, como no caso de um agente de inteligência da Receita Federal, e não de informações e provas a serem úteis à eventual persecução penal. Não se pode confundir inteligência de Estado com inteligência criminal, vez que os objetivos destes métodos de obtenção de dados e informações são diametralmente opostos" (PEREIRA, 2009, p. 115-116).

38 Infiltração Policial

É salutar, ainda, referir que a já citada Convenção das Nações Unidas contra o Crime Organizado Transnacional em 2000, em Nova York, conhecida também como Convenção de Palermo e promulgada no Brasil com a edição do Decreto nº 5.015, de 12 de março de 2004 (BRASIL, 2004b), dispunha, mesmo que de maneira não detalhada, em seu art. 20, item 1, as operações de infiltração, como uma das técnicas especiais de investigação.

> Artigo 20
>
> Técnicas especiais de investigação
>
> 1. Se os princípios fundamentais do seu ordenamento jurídico nacional o permitirem, cada Estado Parte, tendo em conta as suas possibilidades e em conformidade com as condições prescritas no seu direito interno, adotará as medidas necessárias para permitir o recurso apropriado a entregas vigiadas e, quando o considere adequado, o recurso a outras técnicas especiais de investigação, como a vigilância eletrônica ou outras formas de vigilância e as operações de infiltração, por parte das autoridades competentes no seu território, a fim de combater eficazmente a criminalidade organizada. (BRASIL, 2004b)

Em 2006 foi sancionada a Lei de Drogas (BRASIL, 2006), que trouxe, em seu art. 53, I, a infiltração de agentes de polícia em tarefas de investigação, em qualquer fase da persecução criminal, mediante autorização judicial e ouvido o Ministério Público, como um dos procedimentos investigatórios. No entanto, ela não trouxe maiores detalhes sobre o tema.

> Art. 53. Em qualquer fase da persecução criminal relativa aos crimes previstos nesta Lei, são permitidos, além dos previstos em lei, mediante autorização judicial e ouvido o Ministério Público, os seguintes procedimentos investigatórios:
>
> I – a infiltração por agentes de polícia, em tarefas de investigação, constituída pelos órgãos especializados pertinentes; (BRASIL, 2006)

A festejada Lei de Crime Organizado foi sancionada em 2013 (BRASIL, 2013) e trouxe em seu art. 3º, num rol do que se convencionou chamar de **ferramentas especiais de investigação**, as "técnicas modernas de investigação criminal", especificamente no inciso VII, a infiltração, por **policiais**, em atividade de investigação, em qualquer fase da persecução penal, como meio de obtenção de provas dos crimes nela previstos.

Lei nº 12.850/2013

Art. 3º – Em qualquer fase da persecução penal, serão permitidos, sem prejuízo de outros já previstos em lei, os seguintes **meios de obtenção da prova**:

I – colaboração premiada;

II – captação ambiental de sinais eletromagnéticos, ópticos ou acústicos;

III – ação controlada;

IV – acesso a registros de ligações telefônicas e telemáticas, a dados cadastrais constantes de bancos de dados públicos ou privados e a informações eleitorais ou comerciais;

V – interceptação de comunicações telefônicas e telemáticas, nos termos da legislação específica;

VI – afastamento dos sigilos financeiro, bancário e fiscal, nos termos da legislação específica;

VII – infiltração, por policiais, em atividade de investigação, na forma do art. 11;

VIII – cooperação entre instituições e órgãos federais, distritais, estaduais e municipais na busca de provas e informações de interesse da investigação ou da instrução criminal. (BRASIL, 2013, grifos nossos)

A normativa em comento não se ateve apenas em autorizar o emprego desta ferramenta de investigação, mas também a disciplinou, pela primeira vez no ordenamento jurídico brasileiro, trazendo uma seção somente para o tema, com mais detalhes como legitimidade (art. 10, *caput*), admissibilidade (art. 10, §2º), prazo (art. 10, §3º), entre outras coisas. Nos artigos 10 e 11 encontram-se as normas atinentes aos requisitos e procedimentos desse meio de obtenção de prova. Em seu artigo 12 dispõe sobre o sigilo dos procedimentos; no artigo 13 trata da responsabilidade do infiltrado; e no artigo 14 traz seus direitos. O conteúdo dos artigos citados será enfrentado no deslinde desta obra.

Três anos depois foram sancionadas duas leis nas quais se admite a infiltração como técnica de investigação para obter provas: a Lei nº 13.260/2016 e a Lei nº 13.344/2016 (BRASIL, 2016a; 2016b). Ambas admitem a infiltração policial na forma da Lei nº 12.850/2013 (BRASIL, 2013), que se converteu em pilar procedimental para o instituto.

A Lei nº 13.260/2016 (BRASIL, 2016a) **trata sobre o terrorismo** e foi aprovada convenientemente antes de iniciarem os Jogos Olímpicos de 2016 no Rio de Janeiro

40 Infiltração Policial

– o evento atrai cidadãos de diferentes partes do mundo e já foi alvo de atentados terroristas em outras ocasiões. A referida norma admitiu a aplicação da infiltração policial para fins de investigação, processo e julgamento dos crimes nela previsto, uma vez que faz referência à Lei nº 12.850/2013.

A Lei de Terrorismo prevê, em seu art. 16, que se aplicam as disposições da Lei de Crime Organizado, dentre elas a infiltração, para fins de investigação, processo e julgamento. E a própria Lei de Crime Organizado estabelece, em seu art. 1º, §2º, II, que ela se aplica às organizações terroristas. Sendo assim, admite-se, por exemplo, a infiltração de agentes para investigação dos seguintes crimes: (a) atos de terrorismo (art. 2º, §1º); (b) promoção, constituição, integração ou prestação de auxílio à organização terrorista (art. 3º); (c) atos preparatórios de terrorismo (art. 5º *caput*); (d) auxílio e treinamento de atos terroristas (art. 5º, §1º, incisos I e II); e (e) o financiamento do terrorismo (art. 6º).

Incontinente, a Lei nº 13.344/2016 (BRASIL, 2016b) **dispõe sobre o tráfico de pessoas** cometido no território nacional contra vítima brasileira ou estrangeira e no exterior contra vítima brasileira. Fruto do Protocolo Adicional à Convenção das Nações Unidas contra o Crime Organizado Transnacional Relativo à Prevenção, Repressão e Punição do Tráfico de Pessoas, em Especial Mulheres e Crianças, promulgado por meio do Decreto nº 5.017, de 12 de março de 2004 (BRASIL, 2004c), previu a aplicação subsidiária da lei base procedimental da infiltração de agentes, lei do crime organizado.

No ano de 2017 foi sancionada a Lei nº 13.441 (BRASIL, 2017), considerada um avanço, que prevê a modalidade de infiltração de agentes realizada pela Internet – o conceito da **infiltração policial virtual**. Ela traz a infiltração para investigar crimes contra a dignidade sexual de criança e adolescente, carregando detalhes como, por exemplo, um rol taxativo de crimes que admitem a infiltração (Art. 190-A da Lei nº 8.069/1990), prazo da infiltração (Art. 190-A, III, da Lei nº 8.069/1990), dentre outros (BRASIL, 1990).

Mais recentemente, a Lei nº 13.964/2019, denominada Lei do Pacote Anticrime (BRASIL, 2019), que passa a permitir a admissão da ação de agentes de polícia infiltrados de maneira virtual,

> obedecidos os requisitos do *caput* do art. 10, na internet, com o fim de investigar os crimes previstos na Lei do Crime Organizado e a eles conexos, praticados por organizações criminosas, desde que demonstrada sua necessidade e indicados o alcance das tarefas dos policiais, os nomes ou apelidos das pessoas investi-

gadas e, quando possível, os dados de conexão ou cadastrais que permitam a identificação dessas pessoas. (BRASIL, 2019)

Ampliada, portanto, a possibilidade de infiltração virtual ou cibernética, que passa a ser admitida tanto para apurações de alguns crimes do ECA (BRASIL, 1990) como para investigações amparadas na lei do crime organizado.

A Lei nº 12.850/2013, por ser o diploma que traz dispositivos sobre a infiltração e enfrenta questões importantes do tema, é tida como a **norma procedimental geral da técnica**, o marco normativo procedimental da infiltração de agentes policiais no Brasil. Assim, servem suas disposições para os demais textos legais que preveem o uso de tal ferramenta de investigação, naquilo que forem omissos.

2.2. Infiltração policial – Conceito e aspectos procedimentais gerais

Neste tópico pretende-se avaliar vários aspectos sobre a infiltração policial, partindo do conceito e chegando no relatório circunstanciado e na sigilosidade da técnica investigativa.

2.2.1. O conceito

A infiltração policial, nos termos do já referido artigo 20, item 1, da Convenção das Nações Unidas Contra o Crime Organizado Transnacional (Convenção de Palermo), é técnica especial de investigação (BRASIL, 2004b), sendo medida necessária para o fim de combater eficazmente a criminalidade organizada.

A ONU, na mesma oportunidade, conceituou o que seria um agente infiltrado:

> Um agente infiltrado ou oficial infiltrado é um oficial da lei que finge ser um criminoso para o fim de obter informações, tipicamente pela infiltração em uma organização criminosa. O máximo de cuidado deve ser tomado para avaliar os riscos devido ao enorme perigo e dificuldades inerentes à questão e somente policiais adequadamente treinados deveriam ser empregados para tal finalidade. (UNODC, s.d., PREVENÇÃO AO...)

O ordenamento jurídico pátrio não conceitua a infiltração de agentes e esta tarefa coube à doutrina especializada. Portanto, de maneira genérica pode-se definir esse instrumento como uma **técnica especial, excepcional e subsidiária de investigação criminal, dependente de prévia autorização judicial, sendo marcada pela dissi-**

mulação e sigilosidade, onde o agente de polícia judiciária é inserido no âmago de uma organização criminosa com o objetivo de desarticular sua estrutura, prevenindo a prática de novas infrações penais e viabilizando a identificação de fontes de provas suficientes para legitimar o início de um processo penal.

Sobre o conteúdo, são precisos os ensinamentos de NUCCI (2016, p. 724), ao afirmar que a infiltração de agentes representa uma penetração, em algum lugar ou coisa, de maneira lenta, pouco a pouco, correndo pelos seus meandros. Tal como a infiltração de água, que segue seu caminho pelas pequenas rachaduras de uma laje ou parede, sem ser percebida, o objetivo deste meio de captação de prova tem idêntico perfil.

A infiltração policial é uma técnica de investigação criminal para conseguir provas que não poderiam ser obtidas por outro meio, em que são utilizadas dissimulação e interação para conseguir informações de organizações criminosas (AGUIAR, 2017, p. 17).

A figura do agente infiltrado consiste no policial que, mantendo sua verdadeira identidade e função no anonimato com o uso de identidade fictícia, aproxima-se de suspeitos da atividade criminosa para obter provas de sua ocorrência. Conforme Wolff (2018, p. 218), a diferença entre o agente infiltrado e o à paisana é que o segundo não utiliza identidade fictícia, mantendo uma postura de mera observação, e o primeiro atua ativamente para formar uma relação de confiança que facilita descobrir a prática de crime ou introduzir-se na organização criminosa para compreender seu funcionamento. Utiliza-se de meio ardil, diferente do à paisana.

Com autoridade, leciona também o professor Denilson Feitoza Pacheco (2009, p. 820) que

> infiltração é a introdução de agente público, dissimuladamente quanto à finalidade investigativa (provas e informações) e/ou operacional ("dado negado" ou de difícil acesso) em quadrilha, bando, organização criminosa ou associação criminosa ou, ainda, em determinadas hipóteses (como crimes de drogas), no âmbito social, profissional ou criminoso do suposto autor de crime, a fim de obter provas que possibilitem, eficazmente, prevenir, detectar, reprimir ou, enfim, combater a atividade criminosa deles.

A doutrina de Masson e Marçal aponta três características da infiltração policial: a **dissimulação** do agente infiltrado; o **engano** dos membros da organização criminosa; e a **interação**, ou seja, o contato direto e pessoal do agente infiltrado com os investigados (MASSON; MARÇAL, 2015, p. 208).

2.2.2. Os legitimados

A Lei nº 12.850/2013 reza em seu art. 10 que

> A infiltração de agentes de polícia em tarefas de investigação, representada pelo delegado de polícia ou requerida pelo Ministério Público, após manifestação técnica do delegado de polícia quando solicitada no curso de inquérito policial, será precedida de circunstanciada, motivada e sigilosa autorização judicial, que estabelecerá seus limites. (BRASIL, 2013)

O instituto em estudo preencheu várias lacunas existentes na revogada Lei n° 9.034/1995 e inovou o ordenamento jurídico dispondo de forma minuciosa sobre esse importante meio excepcional de prova.

Conclui-se, portanto, conforme o artigo citado, que a infiltração de agentes de polícia pode ser deflagrada a partir de representação de autoridade policial ou de requerimento do Ministério Público. Não se olvide que, no primeiro caso, o juiz competente, antes de decidir, ouvirá membro do MP – devido a (in)capacidade postulatória daquele. Tal posição guarda conformidade com o sistema acusatório, onde o MP figura como instituição destinatária dos elementos colhidos na fase acusatória.

Ainda nesta seara, é elementar que o Ministério Público se posicione, sob pena de eventual deferimento por parte do juiz macular o sistema vigente entre nós – entende--se que a autorização seria *ex officio*. Portanto, dissentindo o juiz de entendimento externado pelo MP, remeterá os autos à instância superior do *Parquet* para deliberação final, fazendo uso analógico do artigo 28 do Código de Processo Penal (BRASIL, 1941).

Pelo mesmo motivo – mácula do sistema acusatório – o magistrado não pode decretar a infiltração de ofício, pois comprometeria a sua imparcialidade. A atribuição do juiz é no sentido de manter a igualdade processual (paridade de oportunidades e de audiência) das partes. Caso haja determinação do magistrado pela infiltração, estaria ele impedido de seguir analisando eventuais pedidos pertinentes a esta, e muito menos de participar de futura instrução criminal.

Por outro lado, havendo requerimento por parte do Ministério Público, exige-se manifestação da autoridade policial no sentido de disposição de quadro com perfil adequado para tal. Tal exigência reforça que o critério da infiltração é eminentemente policial, deve seguir as técnicas de investigação e levar, primordialmente, em conta a segurança do agente infiltrado.

44 Infiltração Policial

Nesse ponto valem as lições de Roque, Távora e Alencar (2016, p. 626) ao comentar a Lei das Organizações Criminosas:

> (...) andou muito bem o legislador em estabelecer tal requisito, pois, estando o delegado na condução do inquérito e à frente da investigação, tem maiores condições de aquilatar a viabilidade de uma medida desta natureza. Com efeito, de nada adiantaria as boas intenções ministeriais no sentido da autorização judicial se o delegado demonstra, por exemplo, que a possibilidade de o agente vir a ser descoberto é muito grande.

Destaque-se, ainda, que o delegado de polícia, como líder de Polícia Judiciária, é a autoridade com atributo para verificar as qualidades técnicas e estruturais para a realização desse instrumento investigativo.

Ademais, faz-se imperioso ressaltar que o *caput* do artigo 10 da Lei nº 12.850/2013 deixa claro que a infiltração será exercida por "agente de polícia em atividade de investigação", sepultando, portanto, o debate jurídico travado na antiga Lei de Organizações Criminosas sobre a constitucionalidade de se autorizar que agentes de inteligência façam infiltrações, uma vez que a **nova Lei** somente fez menção a agente de polícia, compreendendo dessa forma as civis e a federal (SANTOS; AQUINO, 2019).

Compõem a figura do agente os membros das corporações elencadas no art. 144, inciso I e § 4º, da Constituição Federal, que são os membros da polícia federal ou os da polícia civil (ROSSATO; LÉPORE; CUNHA, 2018, p. 513).

Considerável parte da doutrina já questionava tal entendimento, uma vez que as funções de polícia judiciária não são dadas aos agentes de inteligência e desse modo estes não estariam legitimados a coletar provas voltadas às vindouras utilizações em processo penal. Contudo, nada impede que agentes de inteligência prestem apoio técnico e operacional à operação de infiltração. A previsão legal dessa cooperação pode ser encontrada no artigo 3º da Lei do Crime Organizado (BRASIL, 2013). De outro giro, a infiltração por agentes particulares é vedada, pois, além da ausência de hierarquia funcional, falta de preparo, maior vulnerabilidade, não há permissão legal nesse sentido.

Ainda, embora a lei faça menção aos agentes policiais, é possível que delegados de polícia atuem como infiltrados, como ocorreu na Operação Pesos e Medidas (COUTINHO, 2017)[15].

---

[15] Operação policial ocorrida em Goiás em que o delegado de polícia virou técnico do Inmetro para desmontar quadrilha de fiscais.

2.2.3. O momento

A Lei nº 12.850/2013 trata da infiltração de agentes como "tarefa de investigação", no entanto é silente no que diz respeito à fase judicial. Sendo assim, muito se discute acerca da possibilidade de autorização judicial para a infiltração policial na segunda fase da persecução penal – momento em que certamente não se discutiria a aplicação de princípios e garantias processuais penais por todos os agentes públicos que de alguma forma exercerem sua competência no processo criminal. Para alguns, o meio de prova em estudo seria instrumento apenas da fase investigatória; para outros, ele também poderia ser utilizado durante o processo penal. Vejamos, nas palavras de Lopes Jr. (2016, p. 86):

> [...] a investigação preliminar situa-se na fase pré-processual, sendo o gênero do qual são espécies o inquérito policial, as comissões parlamentares de inquérito, sindicâncias, etc. Constitui o conjunto de atividades desenvolvidas concatenadamente por órgãos do Estado, a partir de uma notícia-crime, com caráter prévio e de natureza preparatória com relação ao processo penal, e que pretende averiguar a autoria e as circunstâncias de um fato aparentemente delituoso, com o fim de justificar o processo ou o não processo.

Ainda nesse sentido:

> [...] embora não haja vedação legal para a infiltração durante a fase judicial, ela, na prática, é absolutamente inviável diante das dificuldades de ser concretizada ao longo do processo-crime. Pior que isso: ela feriria, a nosso ver, os princípios da proporcionalidade (se já há processo em trâmite, a infiltração não seria a *ultima ratio* probatória), bem como da ampla defesa e do contraditório (uma operação em andamento em fase de instrução judicial contraditória não poderia ser ocultada da defesa técnica – diferentemente do que ocorre com as diligências cautelares promovidas na fase investigativa). (ZANELLA, 2016, p. 190)

Nucci (2015) também traz suas ponderações sobre o que pensa ser o momento adequado para a determinação da infiltração policial:

> [...] h) momento para a infiltração: como regra, durante a investigação policial, por sugestão do delegado ou do Ministério Público, autorizada pelo juiz. Porém, nada impede, como a colaboração premiada, que seja realizada igualmente durante a instrução criminal. Afinal, observa-se no art. 10, *caput*, da Lei nº 12.850/2013 que deve haver manifestação técnica prévia do delegado quando

> a diligência for requerida pelo Ministério Público durante o curso do inqué-
> rito; a contrário senso, indicada pelo *Parquet*, durante o curso do processo,
> também é cabível, sem necessidade da referida manifestação da autoridade
> policial. Entretanto, quem a realizará será sempre o agente policial, de modo
> que é preciso estar em perfeita harmonia com a polícia judiciária para que
> haja qualquer sucesso na empreitada. Se requerida durante o processo, deve
> constar de incidente sigiloso, seguindo ao delegado para a viabilização. (NUCCI,
> 2015, p. 60)

Lima (2016) corrobora Nucci (2015), sendo um dos autores que capitaneiam a possibilidade da aplicação da infiltração policial no curso do processo:

> Entretanto, uma vez em curso o processo penal, a autoridade judiciária passa a
> deter poderes inerentes ao próprio exercício da função jurisdicional, razão pela
> qual, nessa fase, é perfeitamente possível que determine a infiltração de ofício,
> seja por força do princípio da busca da verdade, seja pela própria adoção do
> sistema do livre convencimento motivado. Afinal, visualizando a necessidade
> da decretação da medida, não se pode privar o magistrado de importante
> instrumento para assegurar o melhor acertamento dos fatos delituosos sub-
> metidos a julgamento. (LIMA, 2016, p. 584)

A segunda corrente tem aquiescência legal dos arts. 3º, VII, da Lei do Crime Organizado (BRASIL, 2013) e 53, I, da Lei de Drogas (BRASIL, 2006), os quais vislumbram
ser possível a medida de infiltração "em qualquer fase da persecução penal".

2.2.4. Os requisitos

O artigo 11 da Lei do Crime Organizado (BRASIL, 2013) reza que os pedidos feitos
pelos legitimados – representação do delegado de polícia ou representação do membro do Ministério Público – "conterão a demonstração da necessidade da medida, o
alcance das tarefas dos agentes e, quando possível, os nomes ou apelidos das pessoas
investigadas e o local da infiltração". Por sua vez, o artigo 10, em seu § 2º, diz que
"será admitida a infiltração se houver indícios de infração penal de que trata o art.
1º e se a prova não puder ser produzida por outros meios disponíveis".

Analisando tais dispositivos em conjunto extraem-se os seguintes requisitos: (a)
indícios da prática de crime – aqui não se fala em exigência da comprovação da
materialidade delitiva, sendo suficientes os indícios de sua existência; (b) **atendimento ao princípio da proporcionalidade** – da mesma forma que a lei exigiu para as

interceptações telefônicas e telemáticas, também determinou que o delegado ou o membro do Ministério Público devem demonstrar ao juízo que a medida é **necessária**, pois outros meios já foram esgotados, **adequada** para os fins a que se destina; e **proporcional**, no cotejo dos bens jurídicos relevantes confrontados; e (c) **demonstração do alcance das tarefas do agente infiltrado** – aqui encontra mais uma utilidade o plano operacional traçado, pois, além de ser o guia do uso da técnica no caso concreto, servirá para o atendimento da exigência legal com vista ao deferimento para o uso da técnica da infiltração. Nesse sentido, a doutrina de Zanella (2016, p. 196-199).

Os requisitos voltarão a ser objeto de abordagem detalhada quando do trato dos **Aspectos operacionais relevantes**, especificamente no item **3.1. Requisitos e limites da infiltração**.

2.2.5. A autorização judicial e o alcance da decisão

Em linhas gerais, a representação ou o requerimento deverão conter um plano operacional da infiltração que contenha a demonstração da necessidade da medida, o alcance das tarefas de investigação e, quando possível, a identificação dos investigados e o local das diligências.

Sendo a medida representada por delegado de polícia, o magistrado, após vista ao Ministério Público, decidirá em 24 horas. Em razão do silêncio acerca do prazo para manifestação do membro do MP, entende-se que o prazo também deve ser de 24 horas, mantendo coerência com o prazo judicial.

Por conseguinte, e segundo a LCO (BRASIL, 2013), a infiltração policial será precedida de **autorização judicial circunstanciada** (estabelecimento das circunstâncias e particularidades do caso concreto), **motivada** (descrição de argumentos fáticos e jurídicos que justifiquem a adoção do instrumento de inteligência, vide art. 93, IX, da CF, assegurando assim a idoneidade do método de investigação) e **sigilosa** (com fito de preservar o sucesso da operação e a vida do agente infiltrado), estabelecendo assim os **limites da infiltração**.

Destarte, o Juiz observará, em sua decisão, o princípio da proporcionalidade e seus elementos: (a) permitirá a medida se houver indícios das infrações penais que permitem a utilização de tal instrumento; (b) se a prova almejada não puder ser produzida por outros meios disponíveis no ordenamento (necessidade); (c) se a medida é adequada à produção da prova (utilidade); e (d) se as vantagens do fim visado (relevância da prova para a proteção dos bens jurídico-penais envolvidos) superam suas desvanta-

48 Infiltração Policial

gens (choque com os direitos à intimidade e vida privada dos investigados, e o natural risco da operação ao agente infiltrado).

Conclui-se, portanto, que **a infiltração é uma medida extremamente excepcional**, uma vez que a legislação deixa claro que o meio especial de prova será utilizado no âmbito de infrações cometidas por organizações criminosas e sendo imprescindível que não se consiga prova por outro meio. A **imprescindibilidade**, enquanto requisito legal, decorre, em última análise, do fato de ser a medida em tela excessivamente invasiva da intimidade do indivíduo.

Por todo o exposto, resta cristalino que a infiltração de agente deve ser adotada tão somente para casos complexos, que envolvam organizações criminosas estruturadas, e, ainda assim, quando a medida for indispensável para investigar os crimes já praticados, impedir novos crimes ou permitir a desestruturação da organização. Por fim, a estrutura da organização criminosa tem como características a compartimentação e a divisão de tarefas, de forma que somente aos integrantes se torna possível a sua compreensão.

Conforme dispõe o artigo 11 (BRASIL, 2013), na solicitação da medida, deve ser demonstrada sua necessidade, o alcance das tarefas dos agentes que serão responsáveis por sua execução e, quando possível, os nomes ou apelidos das pessoas investigadas e o local da infiltração, na medida das possibilidades.

Nesse sentido, aliás, é recomendável que ao representar pela infiltração, o delegado de polícia também represente para que o magistrado autorize ao agente encoberto (*undercover*) que proceda com a apreensão de documentos de qualquer natureza, realize filmagens ou escutas ambientais – afinal, o dinamismo desta técnica investigativa exige a adoção de tais medidas acautelatórias[16].

De acordo com a lavra de Marcelo Mendroni (2009, p. 111), o mandado judicial de infiltração pode conter autorização extensiva expressa para que o agente, sendo favoráveis as condições e sem risco pessoal, apreenda documentos de qualquer natureza, desde papéis até arquivos magnéticos.

Sendo assim, **é de suma importância que se mencione o alcance da decisão judicial de infiltração**. O juiz deve se pronunciar, desde já, quanto à execução, inclusive, de outros procedimentos investigatórios, bem como aqueles que lhe são vedados. Nesse

---

[16] No mesmo sentido: GOMES; SILVA, 2015, p. 409.

sentido, adverte Zanella (2016, p. 200), que "o simples mandado de infiltração, sem especificar a extensão para outras diligências com reserva de jurisdição, em tese não as autorizará, visto que a ordem judicial não pode ser presumida".

A Estratégia Nacional de Combate à Corrupção e à Lavagem de Dinheiro (ENCCLA), no ano de 2013, por meio da Ação 9, atenta à questão do alcance da decisão judicial e afastamento de nulidades, publicou no bojo do "Manual – Infiltração de Agentes" a seguinte orientação, constante do item 3 – "Uso de equipamentos de filmagem ou captação de conversas": "recomenda-se que a decisão deferitória autorize a realização de gravações realizadas em ambiente privado, nos casos em que essa medida seja possível e necessária, de sorte a evitar alegações de nulidade" (MPF, 2014).

Na obra "Crime Organizado", Masson e Marçal (2015, p. 408) colocam muito bem a questão dos limites da decisão, vejamos:

> Disso resulta que o magistrado – ou o órgão colegiado formado com espeque no art. 1º da Lei nº 12.694/2012 –, ao deferir a medida, deve estabelecer o campo de atuação (limite espacial) do agente infiltrado a fim de legitimar a sua presença enganosa junto à organização criminosa, especificando o prazo (limite temporal) de duração da medida (LCO, art. 10, § 3º), as pessoas ("quando possível" – LCO, art. 11) a serem investigadas e as técnicas especiais de investigação de que poderá se valer o agente no cumprimento de seu mister (limites investigatórios). Estes são alguns dos limites a serem estabelecidos pelo juiz, por imposição do art. 10, *caput*, da Lei nº 12.850/2013. O rompimento desses limites poderá macular os elementos probatórios eventualmente colhidos.

A lei citada por Masson e Marçal (2015), Lei nº 12.694/2012 (BRASIL, 2012), dispõe sobre o processo e o julgamento colegiado em primeiro grau de jurisdição de crimes praticados por organizações criminosas, portanto, de referência pelos juízes em relação aos casos.

2.2.6. O prazo

O tempo de duração de uma ação de infiltração é influenciado sobretudo pelos objetivos almejados. Quanto mais a fundo se pretender se imiscuir numa organização criminosa, maior será o tempo de permanência no seu interior, até mesmo para que se conquiste a confiança necessária para que o acesso a informações sensíveis de sua estrutura e funcionamento seja viável. Contudo, isso é relativo, pois uma ação que não dure tanto tempo quanto outra pode trazer riquezas de detalhes e ser determinante para o desmantelamento de uma célula criminosa importante, enquanto a outra, ainda que mais longínqua, pode não ter atingido um objetivo sequer. Neste ponto cabe a máxima "cada caso é um caso".

De acordo com a doutrina (MASSON; MARÇAL, 2015, p. 318), a infiltração de agentes pode ser classificada em duas modalidades, quanto ao prazo de duração:

a) *Light cover*, ou infiltração leve, é a infiltração mais branda, com duração máxima de seis meses e que exige menos engajamento por parte do agente infiltrado. Ela exige menos planejamento e pode ser até mesmo um único encontro para recolhimento de informações; e

b) *Deep cover* ou infiltração profunda, que se desenvolve por mais de seis meses, exigindo total incursão no bojo da organização criminosa, sendo que na maioria dos casos o agente infiltrado entra numa verdadeira imersão no seio da organização criminosa, assume outra identidade e praticamente não mantém contato com a sua família. Esse tipo de infiltração por si só é obviamente mais perigosa.

Para a **infiltração leve** apresenta-se na doutrina uma subdivisão em seis outras modalidades. São elas (ONETO, 2005, p. 82-83):

➢ a *decoy operation* (ou *operation leurre*), na qual o agente assume o papel de vítima em potencial, para que outros policiais possam efetuar a prisão no momento em que o infiltrado for atacado pelo investigado;

➢ a *pseudo-achat*, na qual o policial se apresenta como comprador dos produtos ilícitos;

➢ a *pseudo-vente*, onde o agente demonstra ser vendedor de tais produtos;

➢ o *flash-roll*, em que o infiltrado exibe quantias de dinheiro a fim de convencer os vendedores da mercadoria ilícita a "fechar o negócio";

➢ a *livraison surveillée*, ou entrega vigiada, que consiste em vigiar o transporte, em determinado território, de mercadoria ilícita, retardando-se a interpelação dos investigados a fim de deter os responsáveis por ela;

➢ a *livraison controlée*, semelhante à *livraison surveillée*, mas na qual os próprios policiais transportam a mercadoria, responsabilizando-se pela entrega.

Considerando a legislação brasileira, constata-se que a modalidade *livraison surveillée*, ou entrega vigiada, como apresentada na classificação citada, não se trata verdadeiramente de infiltração policial, dizendo respeito a outra técnica especial de investigação (nos termos do artigo 20 da Convenção de Palermo), disponível para apuração de crimes: a **ação controlada**, prevista nas leis de crime organizado. Ademais, em todas as modalidades da *light cover* não se visualiza oportunidade de produção probatória robusta ou que possa alcançar núcleos de poder das organizações criminosas com vista a seu enfraquecimento.

Divide-se também a *deep cover*, a infiltração profunda, genericamente, em (ONETO, 2005, p. 83-84):

> ➢ *sting operation* (na qual um agente, sob falsa identidade, monta uma empresa ou um estabelecimento comercial alardeando que compra mercadoria ilícita ou roubada, com o objetivo de atrair para ele os investigados);
> ➢ *honey-pot operation* (em que o infiltrado abre um bar ou outro comércio, com a intenção de transformá-lo em um centro de encontros da criminalidade organizada);
> ➢ *buy-bust oparation* (técnica de infiltração na qual o agente, aos poucos, adquire pequenas quantidades de drogas ou outros produtos ilícitos, sem que seu fornecedor seja detido, para assim efetuar sua inserção no meio criminoso, e efetua a prisão do investigado apenas no momento em que efetua a compra de uma quantidade maior de produtos ilegais); e
> ➢ *infiltration de réseaux* ou *de groupes* (operação de infiltração mais ou menos longa de caráter genérico, em que o agente se infiltra no meio criminoso para assim recolher informações e provas sobre a preparação de crimes ou sua consumação).

Quanto ao prazo legal, a ser definido judicialmente para o caso concreto, reza a LCO, art. 10, § 3º, que: "a infiltração será autorizada pelo prazo de até 6 (seis) meses, sem prejuízo de eventuais renovações, desde que comprovada sua necessidade". O dispositivo estabelece assim um prazo máximo inicial; nada impede, portanto, que o deferimento se dê por um prazo menor. Sabido o legislador da complexidade desse tipo de investigação, previu a renovação do prazo da infiltração dos agentes.

Há ressalva aqui quanto à infiltração virtual – nova modalidade de infiltração de agentes de polícia caracterizada por ser efetuada não no ambiente físico, mas na Internet, prevista na Lei nº 13.441/2017, a qual modificou dispositivos no Estatuto da Criança e do Adolescente[17]. Nesses casos, a previsão é de que a infiltração "não poderá exceder o prazo de 90 (noventa) dias, sem prejuízo de eventuais renovações,

---

[17] Art. 190-A. A infiltração de agentes de polícia na internet com o fim de investigar os crimes previstos nos arts. 240, 241, 241-A, 241-B, 241-C e 241-D desta Lei e nos arts. 154-A, 217-A, 218, 218-A e 218-B do Decreto-Lei nº 2.848, de 7 de dezembro de 1940 (Código Penal), obedecerá às seguintes regras:

52 Infiltração Policial

desde que o total não exceda a 720 (setecentos e vinte) dias e seja demonstrada sua efetiva necessidade, a critério da autoridade judicial". Aqui verifica-se, diferentemente da LCO, um prazo *ad quem*.

I – será precedida de autorização judicial devidamente circunstanciada e fundamentada, que estabelecerá os limites da infiltração para obtenção de prova, ouvido o Ministério Público;

II – dar-se-á mediante requerimento do Ministério Público ou representação de delegado de polícia e conterá a demonstração de sua necessidade, o alcance das tarefas dos policiais, os nomes ou apelidos das pessoas investigadas e, quando possível, os dados de conexão ou cadastrais que permitam a identificação dessas pessoas;

III – não poderá exceder o prazo de 90 (noventa) dias, sem prejuízo de eventuais renovações, desde que o total não exceda a 720 (setecentos e vinte) dias e seja demonstrada sua efetiva necessidade, a critério da autoridade judicial.

§ 1º A autoridade judicial e o Ministério Público poderão requisitar relatórios parciais da operação de infiltração antes do término do prazo de que trata o inciso II do § 1º deste artigo.

§ 2º Para efeitos do disposto no inciso I do § 1º deste artigo, consideram-se:

I – dados de conexão: informações referentes a hora, data, início, término, duração, endereço de Protocolo de Internet (IP) utilizado e terminal de origem da conexão;

II – dados cadastrais: informações referentes a nome e endereço de assinante ou de usuário registrado ou autenticado para a conexão a quem endereço de IP, identificação de usuário ou código de acesso tenha sido atribuído no momento da conexão.

§ 3º A infiltração de agentes de polícia na internet não será admitida se a prova puder ser obtida por outros meios.

Art. 190-B. As informações da operação de infiltração serão encaminhadas diretamente ao juiz responsável pela autorização da medida, que zelará por seu sigilo.

Parágrafo único. Antes da conclusão da operação, o acesso aos autos será reservado ao juiz, ao Ministério Público e ao delegado de polícia responsável pela operação, com o objetivo de garantir o sigilo das investigações.

Art. 190-C. Não comete crime o policial que oculta a sua identidade para, por meio da internet, colher indícios de autoria e materialidade dos crimes previstos nos arts. 240, 241, 241-A, 241-B, 241-C e 241-D desta Lei e nos arts. 154-A, 217-A, 218, 218-A e 218-B do Decreto-Lei nº 2.848, de 7 de dezembro de 1940 (Código Penal).

Parágrafo único. O agente policial infiltrado que deixar de observar a estrita finalidade da investigação responderá pelos excessos praticados.

Art. 190-D. Os órgãos de registro e cadastro público poderão incluir nos bancos de dados próprios, mediante procedimento sigiloso e requisição da autoridade judicial, as informações necessárias à efetividade da identidade fictícia criada.

Parágrafo único. O procedimento sigiloso de que trata esta Seção será numerado e tombado em livro específico.

Art. 190-E. Concluída a investigação, todos os atos eletrônicos praticados durante a operação deverão ser registrados, gravados, armazenados e encaminhados ao juiz e ao Ministério Público, juntamente com relatório circunstanciado.

Parágrafo único. Os atos eletrônicos registrados citados no *caput* deste artigo serão reunidos em autos apartados e apensados ao processo criminal juntamente com o inquérito policial, assegurando-se a preservação da identidade do agente policial infiltrado e a intimidade das crianças e dos adolescentes envolvidos.

Percebe-se, ainda, que a inovação legislativa promovida no ECA também admite as duas formas de infiltração (*light cover* e *deep cover)*. Consigne-se, todavia, que a necessidade da renovação do prazo deve ser devidamente demonstrada pela autoridade que a provocar, cabendo ao juiz decidir fundamentadamente em todos os casos, conforme já estabeleceu a Suprema Corte brasileira em relação às renovações da interceptação telefônica (STF, HC 129.646/SP. Rel. Min. Celso de Mello).

Não menos importante é a alteração promovida pela Lei Anticrime (BRASIL, 2019), que trouxe para o bojo da Lei do Crime Organizado a figura da infiltração virtual. O tempo de duração dessa infiltração virtual será de até seis meses, sem prejuízo de eventuais renovações, mediante ordem judicial fundamentada e desde que o total não exceda a 720 dias e seja comprovada sua necessidade, nos termos do § 4º, Art. 10-A da Lei nº 12.850/2013. Com isso, o prazo poderá ser prorrogado por até três vezes, num total de aproximadamente dois anos.

O período de quase dois anos infiltrado pode parecer longo e suficiente para toda e qualquer situação investigativa. Contudo, não o é. Colocar um prazo máximo para fins de uso de ferramenta investigativa voltada a elucidação de crimes graves traduz certa ingenuidade do legislador. Essa preocupação demasiada com os prazos da instrução probatória caminha na contramão dos ideais de justiça. Nesse sentido, com quem pactuamos pela clareza expositiva, as ponderações de Pereira (2017, p. 111):

> Ora, é cediço dentre aqueles que conhecem o mínimo sobre investigações criminais que cada situação concreta apresenta suas particularidades e nuances, devendo ser lembrada a situação esdrúxula de uma investigação focada em uma estruturada e poderosa rede de pedofilia, portanto, verdadeira organização criminosa transnacional, na qual o órgão de persecução se veja prestes a concluir o trabalho investigativo em data próxima ao prazo limite de 720 (setecentos e vinte) dias.
>
> Nessa hipótese aventada, perder-se-ia todo o trabalho árduo desenvolvido pelo agente infiltrado virtual, em razão de este não ter conseguido concretizar a obtenção da prova dentro do limite fixado por lei.
>
> Basta lembrar que grandes operações de infiltração a nível mundial, que redundaram em desarticulação de poderosas organizações criminosas, perduraram por alguns anos, face à complexidade da obtenção de provas que pudessem incriminar agentes pertencentes a esses grupos delitivos. Cita-se, como exemplo, a operação levada a efeito pelo agente de codinome "lobo" na Espanha, a qual desarticulou nos anos oitenta boa parte da estrutura operacional da organização terrorista conhecida por ETA.

54 Infiltração Policial

Teria sido mais feliz a previsão legal se houvesse repetido o disposto para a infiltração contido na Lei do Crime Organizado (BRASIL, 2013).

2.2.7. O relatório circunstanciado

O relatório circunstanciado será apresentado ao juiz competente, que imediatamente cientificará o Ministério Público, conforme preconiza o § 4º do artigo 10 da LCO. O relatório seria mais um instrumento de controle por parte do juiz e do membro do *Parquet*. No citado documento, (a) a polícia especificará como se deu a apresentação do agente perante a organização criminosa investigada e (b) se foi necessária a prática de algum fato típico e as provas que conseguiu coletar.

O Ministério Público terá vista do relatório circunstanciado pelo fato de ser o responsável pelo exercício do controle externo da atividade policial (artigo 129, VII, da CF), bem como destinatário da prova.

Questão discutida pela doutrina diz respeito ao momento de apresentação do relatório. Seria ele apresentado ao cabo de cada período da infiltração ou tão somente ao fim de toda a operação. Argumenta-se que a necessidade de apresentação de relatórios a cada renovação poderia frustrar a urgência na obtenção da prova e até mesmo a segurança do agente infiltrado.

Assim, deve haver um relatório circunstanciado apenas ao final do período total de uma operação de infiltração. Para fins de renovação, deve a autoridade policial ou o membro do Ministério Público demonstrar a adequação e a necessidade da continuidade da medida, instruindo a representação ou o requerimento, respectivamente, com as circunstâncias que a justificam, não necessitando constar do pedido o relatório circunstanciado da infiltração, fato que colocaria em risco a celeridade que a medida requer e o próprio sigilo pela ampliação da difusão dos conhecimentos sensíveis a cada renovação.

Há outro documento a ser produzido durante a investigação. Ele tem relevância especialmente para o fim de balizar as decisões no curso da execução do plano operacional. Trata-se do **relatório da atividade de infiltração**: "artigo 10, § 5º No curso do inquérito policial, o delegado de polícia poderá determinar aos seus agentes, e o Ministério Público poderá requisitar, a qualquer tempo, relatório da atividade de infiltração" (BRASIL, 2013). O relatório de atividade não deixa de ser um relatório parcial; uma das diferenças é que ele poderá ser determinado (pela autoridade policial) ou requisitado (pelo membro do *Parquet* ou magistrado) a qualquer tempo e será produzido pelo agente infiltrado. Ele é relevante e de suma importância para balizar decisões estratégicas e operacionais no curso da infiltração, inclusive com vista a sua cessação antecipada.

No subtópico 3.4.5 **A importância do relatório (bem) circunstanciado** serão trazidas outras questões atinentes e importantes acerca do assunto.

2.2.8. O sigilo

O sigilo é elemento de natureza fundamental para tal meio de investigação, uma vez que é de sua natureza que o procedimento seja sigiloso, mormente para resguardar a segurança do agente infiltrado.

Os dispositivos referentes ao sigilo podem ser encontrados na LCO (BRASIL, 2013) quanto (a) ao pedido de infiltração (art. 12, *caput*), (b) ao prazo de 24 horas para que o juiz decida sobre a legalidade do pedido da operação (art. 12, § 1º), (c) a possibilidade de sustação da medida em caso de risco ao agente (art. 12, § 3º), (d) a obediência ao princípio da proporcionalidade (art. 13, *caput*) e (e) a previsão de exclusão da culpabilidade pela inexigibilidade de conduta diversa (art. 13, § único).

O artigo 190-B, da Lei nº 13.441/2017 (BRASIL, 2017), prevê que as informações obtidas através da infiltração virtual devem ser encaminhadas ao juiz responsável pela autorização da medida, que zelará pelo seu sigilo. Igualmente, objetivando assegurar a eficácia do procedimento, o **parágrafo único** desse artigo determina o sigilo da investigação até a conclusão das diligências, destacando que apenas o juiz, o Ministério Público e o delegado de polícia responsável pelo caso poderão ter acesso aos autos da infiltração.

Percebe-se que a nova lei não fez qualquer menção à **forma de distribuição do requerimento** ou representação pela infiltração virtual, razão pela qual deve-se aplicar por similitude o artigo 12 da Lei nº 12.850/2013, assegurando-se, portanto, o segredo dessa técnica de investigação desde o seu início, o que é essencial para o sucesso da medida.

O tema, por conta de sua importância, será objeto de nova abordagem no próximo capítulo, no tópico 3.2 **A regra de ouro: sigilo do início ao fim.**

56 Infiltração Policial

2.3. Infiltração policial virtual

Com o advento da Internet e da massificação do uso da tecnologia, as relações de consumo, profissionais, pessoais e o acesso às informações e ao conhecimento de forma ampla passaram a relegar a segundo plano a necessidade do contato físico, valendo-se do leque de possibilidades que o mundo digital/virtual passou a ofertar. Muito disso em razão da relação de **custo x benefício** num processo que encurtou ou pulverizou distâncias, antes inconcebível, e dinamizou e acelerou o mundo dos negócios e da informação.

A Internet trouxe vantagens para o bem comum, encurtou distâncias e minimizou o tempo, mas também viabilizou ganhos para o mal, para as ações danosas no campo digital. As empresas criminosas receberam um ativo excepcional e obtiveram avanços em suas relações operacionais e estratégicas. O certo é que ninguém tem como evitar o ambiente virtual da internet, ou seja, em algum momento ou outro há necessidade de utilizá-lo, tanto para fins pessoais quanto profissionais.

"O homem é o homem e a sua circunstância", ensinou-nos o filósofo Ortega y Gasset (SAN MARTÍN, 2009, p. 245-248)[18]. Para ele, não é possível considerar o ser humano como sujeito ativo sem levar em conta simultaneamente tudo o que o circunda, a começar pelo próprio corpo e chegando até o contexto histórico em que se insere. Ele afirmava que todas as coisas estão em permanente processo de mudança. Então, cumpre ao homem – enquanto sociedade – e ao Estado – enquanto Poder – adaptar-se às circunstâncias do momento em que se vive. Não se pode fechar os olhos ao avanço da tecnologia e tudo que isso representa e impacta nas relações sociais, culturais e econômicas e, no caso, no que representa nas relações criminosas que passam a coexistir neste mundo **real-virtual**, com impactos significativos no mundo **real-real**.

Aliás, essa dicotomia **real-real** e **real-virtual** por vezes nos confunde. Em especial por sermos imigrantes digitais em sua maioria, nascemos sob a égide do sistema analógico. Nossos filhos e netos já são considerados nativos neste mundo de tecnologias digitais que tem a Internet como mais um objeto na brinquedoteca. Adaptações, portanto, são mais doloridas e morosas. Oportunas as reflexões do filósofo, sociólogo, poeta e fotógrafo Jean Baudrillard feita na obra "Simulacros e Simulação" (BAUDRILLARD, 1991). Para ele, sintetizando seu raciocínio, o mundo no espaço virtual é uma simulação de realidade, chegando, às vezes, a um simulacro. A reflexão do filósofo deu-se exatamente sobre a mudança do comportamento ético e moral na modernidade que,

---

[18] O referido filósofo viveu entre 1883-1955.

sendo indispensável em qualquer forma de interação, foi reconstruído por intermédio das relações pessoais.

Baudrillard (1991) desenvolve uma série de teorias que remetem ao estudo dos impactos da comunicação e das mídias na sociedade e na cultura contemporâneas. Partindo do princípio de uma realidade construída (hiper-realidade), o autor discute a estrutura do processo em que a cultura de massa produz esta realidade virtual. Sua obra "Simulacros e Simulação" embasou o filme "Matrix" (BOCAYUVA, 2014), com as ressalvas de Baudrillard quanto à não captação de sua teoria na essência. O objetivo não é nem de longe analisar a obra do filósofo, mas fazer uma ponte com seu raciocínio. Vejamos: para ele o virtual não se opõe ao real, mas marca o fim deste pela anulação das diferenças entre ambos, que não mais se distinguem, isso porque funcionam a partir da mesma forma, ou, fazendo um jogo com as palavras, da mesma fórmula que formula tanto o virtual quanto o real. Essa, aliás, foi a crítica do autor aos roteiristas do filme "Matrix". Em "Matrix" há a distinção entre a "Matrix", que é o mundo real-virtual, e "Sião (Zion)", que é o real-real; com isso **real** e **virtual** continuam mantendo a diferença entre si. O que o autor quer ressaltar é exatamente o apagamento dessa diferença. Para isso ele nos dá o exemplo de um dos filmes que explicita melhor suas ideias: "O Show de Truman – o Show da Vida", de Peter Weir (1998), em que o mundo de Truman não é diferente daquele onde estão os telespectadores.

A partir do filme "O Show de Truman – o Show da Vida", pode-se traçar uma interessante analogia do que é a missão e o desafio de um agente infiltrado no mundo virtual da Internet para investigar criminosos: os inúmeros simulacros e simulações existentes representados por perfis falsos/fictícios, com realidade aumentada ou construída justamente para despistar rastros, e tudo num ambiente controlado por aqueles que arquitetam as ações da organização criminosa, *crackers* agindo ou assessorando as ações do submundo da rede mundial de computadores – são ingredientes que tornam o policial **um ser quase alienígena** que não raras vezes ingressa na missão como foi feito com Truman: é colocado no palco do teatro de operações cinematográficas ao nascer.

Assim sentem-se os policiais, em sua maioria, quando instados a ingressar no ambiente real-virtual com perfis *fakes* para atuar com disfarces na busca de elementos probatórios quando na verdade foram talhados para buscar elementos no mundo real-real, no mundo que assistiram nos filmes de Sherlock Holmes ou nos seriados estilo CSI. Neófitos num assunto que não é tão recente – assim podem-se definir os agentes aptos a infiltrar no formato de investigação tradicional (física) quando intrometidos no mundo real-virtual. Por outro lado, o crime navega muito bem e com conhecimento no mar de oportunidades da Internet. A boa notícia é que mesmo ali

58 Infiltração Policial

deixam rastros, relacionam-se com possíveis colaboradores com graus de vulnerabilidades diversas – sim, apresentam vulnerabilidades – só que num outro prisma, numa outra "realidade", a virtual.

Para enfrentarmos esse mundo não tão novo é preciso, assim como Truman, romper amarras, entrar no jogo de cena e entender as regras que ali circundam para construir estratégias que nos elevem a um grau de especialidade tal qual temos na execução de tarefas do lado de cá, o real, se é que existe essa diferença entre real-real e real-virtual.

Independentemente da construção analógica e da reflexão que se procurou estabelecer, tem-se que o ambiente real-virtual da Internet é terreno fértil, que veio para ficar e já se colocou em item de necessidade básica do ser humano em todas as suas relações.

Como polícia judiciária, investigativa, não se pode olvidar que a modernização das estruturas de convívio social e, por conseguinte, das estruturas criminosas clama por igual especialização em métodos de investigação e inteligência para se fazer frente aos desafios impostos pelo crime. Não basta legislação apenas, sendo imperiosa a dotação de conhecimento tecnológico suficiente aos seus agentes para viver neste modal de circulação desenfreada de informações, que serve para também conectar criminosos e eliminar fronteiras do crime, que se agiganta sem as burocracias que enfrentamos na atividade persecutória penal. Além dos aspectos relativos ao principal capital, o humano, tratar-se-á do aparato tecnológico necessário para que o desfecho positivo seja potencialmente elevado nas missões de infiltração em ambiente de Internet, sobretudo quando o assunto é o crime organizado.

O maior legado que um povo deixa para o futuro de seu país são seus filhos, educados para serem ainda melhores enquanto cidadãos. Portanto, nada mais justo e adequado que começar a abordagem da infiltração virtual pelo estudo do aparato legislativo que temos à disposição para contingenciar e buscar proteger o futuro de um país, as crianças e adolescentes, de crimes e para responsabilizar os algozes dos sonhos mais puros e inocentes.

2.3.1. Infiltração no Estatuto da Criança e do Adolescente – ECA

Neste subtópico buscar-se-á analisar não só o histórico da proteção infanto-juvenil no Brasil, mas passar pelas inovações da Lei nº 13.441/2017 e, especialmente, analisar os delitos específicos da técnica de infiltração policial virtual, com base no ECA (BRASIL, 1990), analisando ainda o perfil do assediador no contexto da rede mundial de computadores.

2.3.1.1. Histórico da proteção infanto-juvenil no Brasil

O Brasil colônia não regulamentava proteções direcionadas à criança ou a adolescentes. Para satisfazer os interesses da Coroa Portuguesa, era feita a catequização das crianças segundo seus costumes, para que estabelecesse a compreensão da nova ordem (OLIVEIRA, 2013, p. 345).

A autoridade era parental, o pai tinha o direito de castigar o filho como método de educação, excluindo a ilicitude se na prática desse ato viesse a falecer ou sofrer lesões (AMIN; CONDACK, 2018, p. 51).

Durante esse período, meninas órfãs eram trazidas de Portugal para o Brasil, para serem casadas com membros da Coroa que aqui residiam. Na trajetória até o seu destino, em embarcações, eram abusadas sexualmente pelos marujos violentamente e, em caso de naufrágio, eram abandonadas, além de serem transportadas em péssimas condições, sendo que muitas viajavam trancadas para não serem violentadas. Tinham como desculpa para os abusos não terem mulheres (OLIVEIRA, 2013, p. 345).

> No Brasil-Colônia e Império, o atendimento e a legislação eram voltados à criança abandonada, geralmente com o atendimento por instituições privadas, voltadas para a igreja, imperando a fase filantrópica assistencial, com modelos herdados de Portugal, calcados nas Santas Casas de Misericórdia (dotadas do sistema de rodas de expostos) ou, a partir de 1726, com as casas de expostos. Nessa época não havia preocupação jurídica com o assunto. Na época, o maior interessado era o econômico, inclusive predominando, em grande parte do período, a escravidão. (SILVA; ROSSATO; LÉPORE; CUNHA, 2013, p. 19-20)

Ao final do século XIX, era evidente que crianças e adolescentes ou eram enjeitados ou ocultados com a consciência do Estado, ou recebiam pena tão rigorosa quanto às dos adultos na possibilidade de praticarem atos ilícitos (SILVA; ROSSATO; LÉPORE; CUNHA, 2013, p. 82).

O Decreto nº 5.083 de 1926, primeiro Código de Menores do Brasil, passou a amparar os infantes expostos e menores abandonados, sendo substituído em 1927 pelo Decreto nº 17.943-A, conhecido como **Código de Mello Mattos**, em que constava que a família, independentemente da situação econômica, deveria zelar pelas necessidades básicas dos menores, de acordo com o modelo do Estado (AMIN; CONDACK, 2018, p. 53).

> Art. 1º O menor, de um ou outro sexo, abandonado ou delinquente, que tiver menos de 18 annos de idade, será submettido pela autoridade competente ás medidas de assistencia e protecção contidas neste Codigo. (Decreto 17.943-A de 1927)

O nome deste Código era em homenagem ao primeiro juiz que comandou o Primeiro Juizado de Menores do Brasil e que possuía um anexo em que funcionava um abrigo, onde ficavam crianças e adolescentes que precisavam de maior observação do Estado. O juiz comandava o futuro dos jovens com um notório ideal de amparo e assistência em que pouca referência fazia aos direitos deles como sujeitos de atenção especial do Estado (SILVA; ROSSATO; LÉPORE; CUNHA, 2013, p. 82).

Foi com a Constituição de 1937 que houve uma proteção social à infância e juventude, determinando que seria de competência da União o dever de amparar por legislação a defesa e proteção da saúde e da criança, e ainda seriam objetos de cuidados e garantias especiais por parte do Estado e dos munícipios (OLIVEIRA, 2013, p. 347).

Em 1941 originou-se o Serviço de Assistência ao Menor (SAM), que tinha como função semelhante a penitenciária voltada aos menores de idade, com divisão entre adolescentes infracionais, encaminhados para reformatórios ou casas de correção, e o menor abandonado, mandado para aprender algum ofício (OLIVEIRA, 2013, p. 348).

Em 1960 ocorreram diversas críticas ao SAM, que não desempenhava seu real objetivo, ocorrendo desvio de verbas, superlotações, ensino precário e não recuperação dos internos, causando a extinção deste sistema e surgindo a Lei nº 5.513, de 1964, criando a Fundação Nacional do Bem-Estar do Menor (Funabem), conforme Amin (2018, p. 54):

> A atuação da nova entidade era baseada na Política Nacional do Bem-Estar do Menor com gestão centralizadora e verticalizada. Nítida a contradição entre o técnico e a prática. Legalmente, a Funabem apresentava um proposta pedagógica-assistencial progressista. Na prática, era mais um instrumento de controle do regime político autoritário exercido pelos militares. Em nome da segurança nacional, buscava-se reduzir ou anular ameaças ou pressões antagônicas de qualquer origem, mesmo se tratando de menores, elevados, naquele momento histórico, à categoria de "problema de segurança nacional".

Em 1979, surge o Código de Menores com a mesma estrutura e consonância com aquele de 1927, assistencialista e repressivo, que significava que menores de 18 anos se enquadrariam nessas normas quando praticavam atos ilícitos, sofriam maus-tratos familiares ou eram abandonados pela sociedade. Com isso a Política Nacional do Bem-Estar do Menor foi à ruína e os problemas passaram a ser da sociedade também, não apenas do Estado (OLIVEIRA, 2013, p. 349).

Foi na década de 80 que a democracia tomou forma, com a formação da Constituição de 1988, que deu maior relevância à proteção da criança e do adolescente, retirando a total responsabilidade do Estado e distribuindo também à família e à sociedade, expresso no art. 227, *caput* e o §4º, do referido diploma legal (OLIVEIRA, 2013, p. 351).

> Art. 227. É dever da família, da sociedade e do Estado assegurar à criança e ao adolescente, com absoluta prioridade, o direito à vida, à saúde, à alimentação, à educação, ao lazer, à profissionalização, à cultura, à dignidade, ao respeito, à liberdade e à convivência familiar e comunitária, além de colocá-los a salvo de toda forma de negligência, discriminação, exploração, violência, crueldade e opressão.
>
> § 4º A lei punirá severamente o abuso, a violência e a exploração sexual da criança e do adolescente. (BRASIL, 1990)

Para o presente trabalho, ainda é importante destacar a efetivação do Protocolo Facultativo à Convenção sobre os Direitos da Criança sobre a Venda de Crianças, Prostituição Infantil e Pornografia Infantil, aprovado pelo Congresso Nacional Brasileiro por meio do Decreto Legislativo nº 230/2003 (CÂMARA DOS DEPUTADOS, 2003) e promulgado pelo Decreto nº 5.007/2004 (BRASIL, 2004a). Salienta-se que esse Protocolo não diferencia os menores de 18 anos em crianças ou adolescentes, utilizando a expressão genérica "criança" (ROSSATO; LÉPORE; CUNHA, 2018, p. 53).

2.3.1.2. O Estatuto da Criança e do Adolescente

A doutrina da situação irregular, que comandou a fase tutelar, chegou ao fim com o advento do Estatuto da Criança e do Adolescente (ECA), formulado de acordo com o expresso no inciso XV do art. 24 da Constituição Federal de 1988, que determina competir a União, Estados e ao Distrito Federal legislar concorrentemente sobre a proteção à infância e à juventude. (SILVA; ROSSATO; LÉPORE; CUNHA, 2013, p. 84).

Para Rossato, Lépore e Cunha (2018, p. 60) a nomenclatura de "Estatuto" tem como fundamento a inauguração da finalidade de tutelar os direitos das crianças e adolescentes, e não apenas regimentar as relações sociais que façam parte, por isso não sendo correto utilizar "Código". Quando houve a edição desta norma, o Senador Gerson Camata explicou:

62 Infiltração Policial

> Aqui consta o título de Código do Menor, mas as pessoas, os líderes, os prelados, os pastores, as assistentes sociais preferem a palavra "estatuto" – não sou advogado, mas me parece que "código", aqui, no Brasil, tem o sentido de coibir, de colocar proibições, de punir, e "estatuto" representa mais os direitos da criança. Essas entidades já começam a pedir que, em vez de código, se coloque a palavra "estatuto" e se garantam amplos direitos. (Diário do Congresso Nacional, 1990, Seção II, p. 2413)

O ECA (BRASIL, 1990) foi consequência de três vertentes: (a) o movimento social, que teve como função reivindicar e pressionar; (b) os agentes do campo jurídico, que traduziram formalmente as pretensões da sociedade civil ávida por mudança do arcabouço jurídico-institucional das décadas anteriores; e (c) políticas públicas, que, por meio das Casas Legislativas, efetivaram os anseios sociais e a determinação constitucional, envolvidos pela atmosfera favorável a reassunção democrática pós-ditadura militar e efetivação de nova Constituição (AMIN; CONDACK, 2018, p. 56).

> O texto que ora temos a honra de apresentar assenta a raiz do seu sentido e o suporte de sua significação em três vertentes que raras vezes se entrelaçaram com tanta felicidade em nossa história legislativa. Ele emerge do encontro sinérgico de pessoas e de instituições governamentais e não governamentais representativas da prática social mais compromissada com a nossa infância e juventude, do mais sólido conhecimento científico na área e finalmente na luz da melhor e mais consistente doutrina jurídica. (SENADO FEDERAL, 1989, p. 13)

Com todo o exposto, a Doutrina da Situação Irregular foi substituída pela Doutrina da Proteção Integral, com essência de política pública, encontrado no art. 227 da Carta Constitucional, com integração de princípio fundamental da dignidade da pessoa humana (SILVA; ROSSATO; LÉPORE; CUNHA, 2013, p. 86-87).

Como explica Amin (2018, p. 68), essa doutrina tornou-se um dos princípios basilares do ECA, **Princípio da Proteção Integral**, juntamente com o **Princípio da Prioridade Absoluta ou Superior Interesse**. Para doutrinadores como Rossado, Lépore e Cunha (2018, p. 66-67), são considerados como **meta princípios**, por terem caráter axiológico e de conteúdo denso, servindo de interpretação e tornando-se destaque.

O **Princípio da Proteção Integral** significa que, adicionados aos direitos e garantias asseguradas aos adultos, as crianças e adolescentes terão um *plus,* caracterizado com a indisponibilidade da tutela estatal para proporcionar uma vida digna e próspera, ao menos durante seu desenvolvimento (NUCCI, 2018, p. 6). Já o **Princípio da Absoluta**

Prioridade ou do Superior Interesse significa que a criança e o adolescente precisam ser tratados em primeiro lugar na garantia de seus interesses, seja no campo judicial, extrajudicial, administrativo, social ou familiar (NUCCI, 2018, p. 9).

Crianças e adolescentes deixam de ser objetos de amparo assistencial e passam a ser sujeitos de direito subjetivo, e, para certificar, foi constituído um sistema de garantias de direitos, proporcionados também por municípios, que tem o dever de constituir a política de atendimento dos direitos da criança e do adolescente, através do Conselho Municipal de Direito da Criança e do Adolescente (CMDCA), em união com a sociedade civil, para executar (AMIN; CONDACK, 2018, p. 57).

> Este Projeto de ESTATUTO DA CRIANÇA E DO ADOLESCENTE, que regulamenta o novo direito constitucional de mais da metade da população brasileira, significa uma verdadeira "revolução copernicana": ao contrário da legislação ainda vigente, porém já inconstitucional, ele sustenta sobre dois pilares básicos – a concepção da criança e do adolescente como SUJEITO DE DIREITOS e a afirmação de sua CONDIÇÃO PECULIAR DE PESSOA EM DESENVOLVIMENTO. (SENADO FEDERAL, 1989, p. 13)

Esse microssistema de regras e princípios foi formulado, segundo Amin (2018, p. 61), em **três pilares básicos**: primeiro, a criança e o adolescente são sujeitos de direito; segundo, a afirmação de sua situação diferente de pessoa em desenvolvimento, sendo assim, necessitando de legislação especial; e terceiro, a primazia na garantia de seus direitos fundamentais.

O novo modelo universal, democrático e participativo, no qual família, sociedade e Estado são colaboradores e gerenciadores do sistema de garantias, não se limita à infância e juventude pobre, centro da doutrina anterior, mas estende a todas as crianças e adolescentes, pobres ou ricos, que têm seus direitos fundamentais violados (AMIN; CONDACK, 2018, p. 57).

> Assim, ao contrário do quadro legal anterior, a normativa proposta se dirige ao conjunto da população infantil e juvenil, e não apenas para aqueles hoje condenados a subcidadania. De fato, as crianças e jovens da família de baixa renda nas periferias urbanas e nas áreas rurais pauperizadas são verdadeiras "ilhas cercadas de omissão por todos os lados". Sua condição de subcidadão se espelha no subsalário, no desemprego ou no subemprego, na submoradia, na subnutrição, configurando assim o total desatendimento dos seus direitos individuais à vida, à liberdade, ao respeito e à dignidade, bem como dos

> seus direitos coletivos – econômicos, sociais e culturais – cuja garantia, COM ABSOLUTA PRIORIDADE, é agora, por mandato constitucional, "dever da família, da sociedade e do Estado". (SENADO FEDERAL, 1989, p. 14)

A união desses artigos proporcionou importantes ideias: formalizou o desempenho da autoridade administrativa prevista intrincada no artigo 15 do Código de Mello Matos, deixando claro a participação nos moldes apresentados. Conforme a doutrina, possibilitou a afirmativa da função do Ministério Público como curadoria de menores, compromissada com o interesse das crianças e dos adolescentes, de acordo com os artigos 127 e 129 da Constituição Federal, e a autoridade judiciária desenvolveu o caráter tutelar do ato impróprio de jurisdição, na assistência dos temas relacionados a ilicitude dos menores, em harmonia como o art. 228 da Carta Magna (CÂMARA DOS DEPUTADOS, 2015)[19].

> Novos atores entram em cena: a comunidade local, por meio dos Conselhos Municipal e Tutelar; a sociedade civil, através dos organismos não governamentais que integram a rede de atendimento; a família, cumprindo os deveres inerentes ao poder familiar; o Judiciário, exercendo precipuamente a função judicante; o Ministério Público, como um grande agente garantidor de toda a rede, fiscalizando seu funcionamento, exigindo seus resultados, assegurando o respeito prioritário aos direitos fundamentais infanto-juvenis estabelecidos na Lei Maior; sem esquecer a Defensoria Pública, os advogados, os comissários e os serviços auxiliares, através das equipes interprofissionais imprescindíveis ao cotidiano das varas da infância e juventude. (AMIN; CONDACK, 2018, p. 57)

Segundo D'Andrea (2005, p. 23), é caracterizado como direito social por ter como finalidade trazer equilíbrio na sociedade, e, em consonância, Rossato, Lépore e Cunha (2018, p. 62) esclarecem ser, em sentido amplo, amparado pelo art. 6º da Constituição Federal, que anuncia a sua existência e essência, sem expressar detalhamentos.

Para fins desse Estatuto, criança é considerada pessoa com até 12 anos incompletos, e adolescente, aquele que tiver entre 12 e 18 anos, sendo importante a fixação da idade para determinar criança, adolescente e adulto. O critério utilizado é o cronológico absoluto, sem qualquer apontamento a requisitos psíquicos ou biológicos (ROSSATO; LÉPORE; CUNHA, 2018, p. 72).

---

[19] Vide Câmara dos Deputados, Comissão de Constituição e justiça e redação, PL nº 5.172/1990, lote: 66, caixa 193, p. 31.

Em síntese, o Estatuto da Criança e do Adolescente foi criado para dar prioridade às medidas de prevenção e de atendimento em bases socioeducativas, que possam proporcionar direitos garantidores das condições de cidadania aos infantos e juvenis (CASTRO, 2014, p. 28).

2.3.1.3. As inovações da Lei nº 13.441/2017

O projeto da Lei nº 13.441/2017 foi apresentado pelo Senado Federal e elaborado pela Comissão Parlamentar de Inquérito – Pedofilia, que, por vários meses de investigação, determinou ser necessário que o Estado detivesse mais um instrumento de prevenção e repressão à pedofilia: a infiltração de agentes policiais na Internet, que é utilizada para facilitar o aliciamento de crianças e adolescentes[20].

De forma simples, o procedimento foi proposto com o intento de ser direcionado à persecução de crimes relacionados a liberdade sexual de crianças e adolescentes, com o exercício do Ministério Público, receptor das provas colhidas. Preconizou-se o registro de todas as etapas da operação, unificadas em autos apartados e sigilosos.

> Art. 190-A.: A infiltração de agentes de polícia na internet com o fim de investigar os crimes previstos nos arts. 240, 241, 241-A, 241-B, 241-C e 241-D desta Lei e nos arts. 154-A, 217-A, 218, 218-A e 218-B do Decreto-Lei n. 2.848, de 7 de dezembro de 1940 (Código Penal), obedecerá às seguintes regras. (BRASIL, 2017)

Conforme analisado no decorrer deste capítulo, a infiltração de agentes é um método de obtenção de provas, de natureza mista, já prevista na Lei do Crime Organizado (BRASIL, 2013), e, de acordo com o expresso no art. 3º, inciso VII, essa ferramenta representa uma penetração no âmbito criminoso, executado por policiais para reconhecer e captar provas, com a finalidade de fazer cessar o crime e possibilitar a acusação e o processo contra os seus autores (NUCCI, 2018).

Os crimes que podem ser investigados por esse método são os relativos a pornografia que envolva crianças e adolescentes, abordados e tipificados pelo ECA, e de invasão de dispositivos informáticos, estupro de vulneráveis, corrupção de menores, satisfação de lascívia com a presença dos infantes e favorecimento da prostituição ou de outra forma de exploração sexual dos vulneráveis (ROSSATO; LÉPORE; CUNHA, 2018, p. 513).

---

[20] Vide Relatório da Comissão de Constituição e Justiça e de Cidadania, Relatora Deputada Cristiane Brasil, 2015.

> I – será precedida de autorização judicial devidamente circunstanciada e fundamentada, que estabelecerá os limites da infiltração para obtenção de prova, ouvido o Ministério Público; (BRASIL, 2017)

É necessária a autorização judicial para que se tenha controle sobre os infiltrados em atividades criminosas com a finalidade de investigação, por isso são fixadas limitações e condições que devem ser respeitadas para a obtenção de provas. A legislação trouxe um rigor formal da obtenção de prova e da proteção do infiltrado, visando, logicamente, à proteção de crianças e adolescentes.

Nucci (2018, p. 721) alerta que o não respeito dessas regras deve ser tratado como crime, sendo que esses limites estabelecidos pelo magistrado dependem da união de provas amealhadas para justificar a infiltração. Como exemplo, se tem um cenário em que existe o foro por prerrogativa de função (foro privilegiado) em relação a um dos investigados, nesse caso, é imperativo que a permissão para a investigação seja dada pela autoridade competente para o processo.

> II – dar-se-à mediante requerimento do Ministério Público ou representação de delegado de polícia e conterá a demonstração de sua necessidade, o alcance das tarefas dos policiais, os nomes ou apelidos das pessoas investigadas e, quando possível, os dados de conexão ou cadastrais que permitam a identificação dessas pessoas; (BRASIL, 2017)

O juiz não pode deferir de ofício a infiltração, por ser atividade de investigação atribuída à polícia judiciária ou ao Ministério Público, devendo ser mantida a imparcialidade do magistrado. A lei utiliza a correta expressão "requerimento" do MP, por ser futura parte em processo-crime, e ao delegado de polícia, "representação", por não atuar como parte em nenhum momento, sendo assim não lhe cabe requerer, apenas apresentar os fatos, sugerindo providências. É determinada a indicação das informações daqueles que serão investigados; no entanto, por vezes é grande o número de pessoas envolvidas na prática delituosa e a efetuação em diferentes locais, o que inviabiliza a efetivação desses pormenores, o que não impede o deferimento do pedido (ROSSATO; LÉPORE; CUNHA, 2018, p. 515).

> III – não poderá exceder o prazo de 90 (noventa) dias, sem prejuízo de eventuais renovações, desde que o total não exceda a 720 (setecentos e vinte) dias e seja demonstrada sua efetiva necessidade, a critério da autoridade judicial. (BRASIL, 2017)

A investigação deve ser cumprida em 90 dias, porém, esse prazo pode e deve ser considerado apenas um parâmetro inicial, não tendo impedimentos, de acordo com a normativa, que seja estendido nas mesmas proporções que se revelarem necessárias à elucidação dos fatos, desde que não ultrapasse 720 dias.

Para tanto, deve ser demonstrada a necessidade de renovação do prazo da infiltração, como eventuais ramificações da prática criminosa e/ou outras pessoas envolvidas, portanto, dificuldades inerentes a esse tipo de investigação, justificações plausíveis a prorrogação do término das diligências (ROSSATO; LÉPORE; CUNHA, 2018, p. 515).

> § 1º A autoridade judicial e o Ministério Público poderão requisitar relatórios parciais da operação de infiltração antes do término do prazo de que trata o inciso II do § 1º deste artigo. (BRASIL, 2017)

Houve um equívoco nesta redação, pois não existe inciso II do §1º. A menção é referente ao inciso II do *caput*, sendo assim, o Ministério Público ou o juiz, responsáveis pela supervisão da investigação, antes da finalização do prazo de 90 dias ou no decorrer do prazo prorrogado em curso, podem solicitar relatórios parciais (NUCCI, 2018, p. 722).

> Por maior sigilo que deva guardar essa espécie de diligência em razão dos perigos que a cercam, é preciso que um mínimo controle se realize quanto à atividade do agente infiltrado. Esse controle se dará por meio de relatório circunstanciado, no qual o agente infiltrado detalha quais foram as medidas adotadas e os resultados obtidos até aquele momento. (ROSSATO; LÉPORE; CUNHA, 2018, p. 515)

Para Nucci (2018, p. 722), não teria necessidade essa norma, porque a autoridade judiciária, permitindo a infiltração, e o Ministério Público, que recebe as provas para a formação da sua *opinio delicti* com finalidade de futura denúncia, podem solicitar quantos relatórios, até mesmo parciais, acharem conveniente.

> § 2º Para efeitos do disposto no inciso I do § 1º deste artigo, consideram-se:
>
> I – dados de conexão: informações referentes a hora, data, início, término, duração, endereço de Protocolo de Internet (PI) utilizado e terminal de origem da conexão;
>
> II – dados cadastrais: informações referentes a nome e endereço de assinante ou de usuário registrado ou autenticado para a conexão a quem endereço de IP, identificação do usuário ou código de acesso tenha sido atribuído no momento da conexão. (BRASIL, 2017)

O legislador mais uma vez cometeu equívoco, querendo mencionar, na realidade, o inciso II do *caput*; no entanto, não necessita de maiores explicações, pois sua finalidade é discorrer sobre expressões utilizadas no dispositivo remetido (ROSSATO; LÉPORE; CUNHA, 2018, p. 516).

> § 3º A infiltração de agentes de polícia na internet não será admitida se a prova puder ser obtida por outros meios. (BRASIL, 2017)

O método de infiltração não será permitido se a prova dos crimes que trata o *caput* puder ser conseguida por outro método, portanto, se a obtenção de dados de conexão e cadastrais forem suficientes para, ilustrando, descobrir o armazenamento de materiais pornográficos em nome de várias pessoas, não há necessidade dessa forma de investigação, pois as próprias evidências encontradas, por meio de autorização judicial, servem como prova de materialidade do crime, e as informações cadastrais, como indícios de autoria (ROSSATO; LÉPORE; CUNHA, 2018, p. 516).

> Art. 190-B As informações da operação de infiltração serão encaminhadas diretamente ao juiz responsável pela autorização da medida, que zelará por seu sigilo. (BRASIL, 2017)

Em consonância com outros dispositivos que dispõem sobre segredo de justiça para as invasões de privacidade, essenciais à apuração de crimes, em nível de exceção, e não como regra, este dispositivo faz o mesmo. O sigilo deve estar presente em todo o desenrolar da infiltração; do contrário, pode acarretar prejuízos à investigação ou até mesmo riscos ao agente envolvido. (NUCCI, 2018, p. 723; ROSSATO; LÉPORE; CUNHA, 2018, p. 517).

> Parágrafo único. Antes da conclusão da operação, o acesso aos autos será reservado ao juiz, Ministério Público e ao delegado de polícia responsável pela operação, com o objetivo de garantir o sigilo das investigações. (BRASIL, 2017)

Para que a infiltração policial seja permitida judicialmente, pressupõe-se a existência de um inquérito policial instaurado, com provas preexistentes; sendo assim, a lei determina como autoridade incumbida de acessar os autos o delegado, que preside o inquérito, o Ministério Público, que supervisiona e acompanha, e o juiz, que autoriza os limites à violação legal de privacidade, que devem assumir a responsabilidade, caso a prova colhida se torne pública antes da hora (NUCCI, 2018, p. 723).

Ainda que a Lei seja omissa quanto ao acesso da defesa à prova colhida, Rossato, Lépore e Cunha (2018, p. 517) acreditam que exista essa possibilidade, mas apenas após a denúncia do Ministério Público, já que os autos da diligência seguem a peça inicial.

> Art. 190-C. Não comete crime o policial que oculta a sua identidade para, por meio da internet, colher indícios de autoria e materialidade dos crimes previstos nos arts. 240, 241, 241-A, 241-B, 241-C e 241-D desta Lei e nos arts. 154-A, 217-A, 218, 218-A e 218-B do Decreto-Lei n. 2.848, de 7 de dezembro de 1920. (Código Penal)
>
> Parágrafo único. O agente policial infiltrado que deixar de observar a estrita finalidade da investigação responderá pelos excessos praticados. (BRASIL, 2017)

O *caput* desse artigo determina uma causa de atipicidade em favor do agente que encobre sua identidade para que, por meio da internet, extraia indícios de autoria e materialidade dos crimes de que trata o *caput* do art. 190-A (ROSSATO; LÉPORE; CUNHA, 2018, p. 517).

> Entendo necessário, entretanto, apresentar uma emenda para acrescentar ao art. 190-C, incluído ao Estatuto da Criança e do Adolescente pelo presente Projeto de Lei, a atipicidade da conduta do agente policial que comete a ação prevista no art. 154-A do Código Penal. Este artigo, que trata da invasão de dispositivo eletrônico, não existia à época em que o projeto foi encaminhado a esta Casa. (CÂMARA DOS DEPUTADOS, 2011)[21]

Para Nucci (2018, p. 724),

> Há de se ressaltar que a infiltração tem endereço certo, ou seja, tem validade para os tipos penais elencados neste artigo. Pode ocorrer, eventualmente, a descoberta de outro(s) delito(s), quando se apurarem os crimes indicados nesta Lei. Tendo em vista a legalidade da infiltração do agente na Internet, nada impede a colheita de prova para produzir efeito em investigação diversa. A cautela a ser preservada é *apurar indiretamente* a prova pertinente a delito diferente dos enumerados no *caput* deste artigo, vale dizer, é indispensável existir inquérito instaurado para os crimes sexuais (ou violação de dispositivo informático) para, então, poder-se coletar alguma prova de outra infração penal.

---

[21] Vide PL nº 1404-A/2011, Relatora Deputada Cristiane Brasil, p. 7.

É ilícita a captação de prova, por meio de infiltração de agentes pela Internet, para delitos diversos daqueles constantes nos arts. 190-A e 190-E, se for feita de maneira direta, olvidando-se o real objetivo de apuração de infração contra a criança e o adolescente, no cenário da dignidade sexual.

Para que a constituição da identidade seja otimizada, o artigo 190-D proporciona a possibilidade, com requerimento da autoridade judicial, de que os órgãos de registros e cadastros públicos insiram em seus bancos de dados informações indispensáveis à concretização da identidade fictícia (ROSSATO; LÉPORE; CUNHA, 2018, p. 519).

> Art. 190-D. Os órgãos de registro e cadastro público poderão incluir nos bancos de dados próprios, mediante procedimento sigiloso e requisição da autoridade judicial, as informações necessárias à efetividade da identidade fictícia criada.
>
> Parágrafo único. O procedimento sigiloso de que trata esta Seção será numerado e tombado em livro específico. (BRASIL, 2017)

Para Rossato, Lépore e Cunha (2018, p. 519), o parágrafo único não aparenta ter ligação com o *caput*, pois não se refere especificamente de aspecto à identidade fictícia, determinando que todo o procedimento de infiltração deve ser numerado e registrado em livro específico. Porém, pode-se compreender que o procedimento gerador da identidade fictícia permaneça registrado em livro específico e seja sigiloso.

> Art. 190-E. Concluída a investigação, todos os atos eletrônicos praticados durante a operação deverão ser registrados, gravados, armazenados e encaminhados ao juiz e ao Ministério Público, juntamente com relatório circunstanciado.
>
> Parágrafo único. Os atos eletrônicos registrados citados no *caput* deste artigo serão reunidos em autos apartados e apensados ao processo criminal juntamente com o inquérito policial, assegurando-se a preservação da identidade do agente policial infiltrado e a intimidade das crianças e dos adolescentes envolvidos. (BRASIL, 2017)

Ao término da investigação, deve existir um registro da navegação feita pelos agentes, para que seja analisado se houve excesso ou desvio de finalidade específica da diligência. A confidência é muito importante para o agente, e principalmente para a vítima (NUCCI, 2018, p. 725). Caso o juiz e o Ministério Público não compreendam corretamente todo o conteúdo do relatório apresentado, ou seja, atos eletrônicos registrados, é razoável nomear um perito para decifrar em linguagem simples, objetivando a análise de abuso ou excesso por parte do agente.

2.3.1.4. Crimes cibernéticos contra a dignidade sexual infanto-juvenil

2.3.1.4.1. Previsões no Código Penal

Os artigos a seguir foram incluídos no Código Penal pela Lei nº 12.737, de 30 de novembro de 2012, com o objetivo de tipificar a invasão de dispositivos informáticos, sendo um desdobramento lógico da inviolabilidade da intimidade, vida privada, hora e imagem das pessoas, art. 5º, inciso X, da Constituição Federal (WENDT, 2017; CUNHA, 2017).

> Art. 154-A. Invadir dispositivo informático alheio, conectado ou não à rede de computadores, mediante violação indevida de mecanismo de segurança e com o fim de obter, adulterar ou destruir dados ou informações sem autorização expressa ou tácita do titular do dispositivo ou instalar vulnerabilidades para obter vantagem ilícita:
>
> Pena – detenção, de 3 (três) meses a 1 (um) ano, e multa. (BRASIL, 2012)

O núcleo do tipo é composto pelo verbo **invadir**, que significa acessar, violar; o objeto da conduta é o dispositivo informático, que deve ser **alheio**, elemento normativo do tipo, sendo indiferente sua conexão ou não. Figura, também, **instalar vulnerabilidade**, com o objetivo de manter acessível a violação, conseguindo vantagem ilícita (WENDT, 2017; NUCCI, 2014, p. 725).

> Por dispositivo informático entende-se qualquer aparelho (instrumento eletrônico) com capacidade de armazenar e processar automaticamente informações/programas (*notebook, netbook, tablet, iPad, iPhone, smartphone, pen drive* etc.). Importante observar ser indiferente o fato de o dispositivo estar ou não conectado à rede interna ou externa de computadores (intranet ou internet). (CUNHA, 2017, p. 264)

Duas são as modalidades de agir: **o agente quebra os obstáculos de proteção dos dispositivos para ter acesso aos dados sem a permissão do dono**, portanto, se não houver dispositivo de segurança, ou não estiver acionado, a ação é atípica, da mesma forma, se tiver autorização não é cometido o crime, ainda que seja revogado posteriormente; e **o agente instala no dispositivo vulnerabilidades**, para impedir que seja usufruído corretamente o equipamento ou conseguir informações anonimamente (CUNHA, 2014, p. 264-265).

O sujeito passivo e o passivo podem ser qualquer pessoa, o elemento subjetivo é o dolo, os elementos subjetivos específicos são **fim de obter, adulterar ou destruir**

dados ou informações e obtenção de vantagem ilícita, o objeto material é o dispositivo informático, e o jurídico é a inviolabilidade da intimidade e da vida privada das pessoas. É crime comum, formal, de forma livre, comissivo, instantâneo, podendo ser permanente quando a invasão ou instalação de vulnerabilidade se estender no tempo, unissubjetivo, plurissubsistente, admitindo forma tentada (NUCCI, 2014, p. 726-727).

> § 1º Na mesma pena incorre quem produz, oferece, distribui, vende ou difunde dispositivo ou programa de computador com o intuito de permitir a prática da conduta definida no *caput*. (BRASIL, 2012)

Os verbos do tipo são **produzir**, que significa gerar, criar, **oferecer**, é ofertar, **distribuir**, repartir com outras pessoas, **vender**, entregar mediante um preço, e **difundir**, disseminar, propagar, que tem como objeto dispositivo ou programa de computador, portanto, este § busca punir a preparação do crime discorrido no *caput* (GRECO, 2017a, p. 596).

> § 2º Aumenta-se a pena de um sexto a um terço se da invasão resulta prejuízo econômico. (BRASIL, 2012)

Este delito é formal, sendo suficiente a invasão de dispositivo informático ou a instalação de vulnerabilidade para se consumar, mas pode também trazer prejuízos econômicos para a vítima, formando o exaurimento do delito. O critério para o aumento deve ser baseado de acordo com o prejuízo (NUCCI, 2014, p. 728).

> § 3º Se da invasão resultar a obtenção de conteúdo de comunicações eletrônicas privadas, segredos comerciais ou industriais, informações sigilosas, assim definidas em lei, ou o controle remoto não autorizado do dispositivo invadido:
>
> Pena – reclusão, de 6 (seis) meses a 2 (dois) anos, e multa, se a conduta não constitui crime mais grave. (BRASIL, 2012)

Quando o agente consegue informações eletrônicas privadas, segredos comerciais ou industriais, ou informações sigilosas, definidas em Lei, enquadra-se nessa qualificadora. A segunda parte desse § descreve a ação em que o agente, além de conseguir dados particulares alheios, mantém controle remoto do dispositivo invadido (GRECO, 2017a, p. 594-595).

> § 4º Na hipótese do § 3º, aumenta-se a pena de um a dois terços se houver divulgação, comercialização ou transmissão a terceiro, a qualquer título, dos dados ou informações obtidas. (BRASIL, 2012).

Nesse caso, determina que, se da invasão adquirir informações eletrônicas privadas, segredos comerciais, informações secretas, definidas em lei, ou houver controle remoto não autorizado, a pena será aumentada, de acordo com o § em análise, caso o agente divulgue ou comercialize os dados obtidos (GRECO, 2017a, p. 597).

> § 5º Aumenta-se a pena de um terço à metade se o crime for praticado contra:
>
> I – Presidente da República, governadores e prefeitos;
>
> II – Presidente do Supremo Tribunal Federal;
>
> III – Presidente da Câmara dos Deputados, do Senado Federal, de Assembleia Legislativa de Estado, da Câmara Legislativa do Distrito Federal ou de Câmara Municipal; ou
>
> IV – dirigente máximo da administração direta e indireta federal, estadual, municipal ou do Distrito Federal. (BRASIL, 2012)

A violação de informações desses sujeitos numerados neste § representa maior gravidade, por ter como alvo interesse de governantes, afetando indiretamente a sociedade, podendo ser informações sigilosas; sendo assim, a ação é pública incondicionada (NUCCI, 2014, p. 729).

Nucci (2014, p. 729) explica de forma resumida:

> A preocupação legislativa em face da violação da intimidade, da vida privada, dos segredos comerciais e outros dados sigilosos foi manifestada em quatro níveis: a) a singela invasão de dispositivo informático, com o fim de obter dados ou informações, mesmo que não as consiga, já é delito (figura do *caput*); b) caso essa invasão provoque algum prejuízo econômico à vítima, aumenta-se a pena de um sexto a um terço (§ 2º); c) se a invasão permitir a obtenção de dados vindos de comunicações eletrônicas privadas, segredos comerciais ou industriais, informes sigilosos ou controle remoto, qualifica-se o crime (§ 3º); d) se os referidos dados privados, secretos ou sigilosos forem divulgados (espalhados a terceiros), comercializados (objetos de alienação por certo preço) ou transmitidos a outros (passados ao conhecimento alheio), configura-se o máximo exaurimento, elevando-se a pena de um a dois terços (§ 4º).

A seguir, serão apresentados e discorridos os artigos acrescentados ao Código Penal pela Lei nº 12.015 (BRASIL, 2009), fruto de anteprojetos apresentados pela Comissão Parlamentar Mista de Inquérito e um grupo de estudos de análise legislativa[22].

---

[22] Vide DIÁRIO DO SENADO FEDERAL, 2004, p. 29238.

74 Infiltração Policial

> Art. 217-A. Ter conjunção carnal ou praticar outro ato libidinoso com menor de 14 (catorze) anos:
>
> Pena – reclusão, de 8 (oito) a 15 (quinze) anos.
>
> § 1º Incorre na mesma pena quem pratica as ações descritas no *caput* com alguém que, por enfermidade ou deficiência mental, não tem o necessário discernimento para a prática do ato, ou que, por qualquer outra causa, não pode oferecer resistência.
>
> *§ 2º (Vetado.)*
>
> § 3º Se da conduta resulta lesão corporal de natureza grave:
>
> Pena – reclusão, de 10 (dez) a 20 (vinte) anos.
>
> § 4º Se da conduta resulta morte:
>
> Pena – reclusão, de 12 (doze) a 30 (trinta) anos. (BRASIL, 2009)

O crime em comento está no rol dos caracterizados como hediondos, ainda que não ocorra violência ou grave ameaça. Ocorre contra vítima menor de 14 anos de idade, vulnerável, dando fim à discussão sobre presunção de violência (CUNHA, 2017, p. 495; GRECO, 2017a, p. 145). Também, para Nucci (2014, p. 938), o legislador poderia ter igualado os conceitos com o Estatuto da Criança e do Adolescente, determinado como criança os menores de 12 anos e adolescentes os maiores de 12 anos, eliminando a idade de 14 anos. Portanto, a tutela deveria ser absoluta em se tratando de crimes sexuais contra a criança, mas relativa contra adolescentes.

O núcleo do tipo **ter**, previsto no artigo analisado, ao contrário do verbo **constranger**, não exige que o ato seja cometido com violência ou grave ameaça, sendo apenas necessário que o agente tenha conjunção carnal ou ato libidinoso, podendo ter até mesmo o consentido da vítima (GRECO, 2017a, p. 147). O alvo do agente é o vulnerável, composto pelo menor de 14 anos, *caput,* ou enfermos, doentes mentais ou privados de resistência, elencados no § 1º do art. 217-A. O tipo é misto alternativo, em que, ao cometer ato libidinoso e conjunção carnal contra a mesma vítima, no mesmo local e hora, responderá apenas por um delito (NUCCI, 2012, p. 941).

O sujeito ativo é qualquer pessoa, ao passo que o sujeito passivo é a pessoa vulnerável, sendo o elemento subjetivo o dolo, não existindo, portanto, a forma culposa. Ainda, o tipo penal em comento tem como elemento subjetivo específico a busca da satisfação da lascívia, sendo objeto-matéria a pessoa vulnerável, e o objeto-jurídico, a liberdade sexual. É crime comum, material, de forma livre, comissivo, instantâneo, de dano, unissubjetivo, plurissujetivo, admitindo tentativa (CUNHA, 2017, p. 496-501).

Ressalta-se que, para que ocorra o delito em comento, o agente deve saber que a vítima tem 14 anos, pois, do contrário, caracteriza como erro de tipo, podendo até mesmo ser considerado fato atípico ou sua desclassificação para o delito de estupro, conforme Greco (2017a, p. 148).

Quanto aos §§ 3º e 4º do art. 217-A, estes deixam claro que a lesão corporal ou morte deve ser resultado da conduta do agente com finalidade a praticar o estupro ou ato libidinoso, tendo de, necessariamente, o crime ser preterdoloso (GRECO, 2017a, p. 154).

> Art. 218 Induzir alguém menor de 14 (catorze) anos a satisfazer a lascívia de outrem:
>
> Pena – reclusão, de 2 (dois) a 5 (cinco) anos.
>
> Parágrafo único. (*Vetado.*) (BRASIL, 2009)

O núcleo do tipo **induzir** significa instigar ou sugerir algo, tendo como objetivo o menor de 14 anos. A finalidade é satisfazer a lascívia de outra pessoa, portanto uma intercessão de vulnerável para suprir a lascívia de outrem, tendo ou não vantagem econômica (NUCCI, 2014, p. 944).

Greco (2017a, p. 163) observa que **satisfazer a lascívia** deve ser entendido como o comportamento que não compele a vítima conjunção carnal ou ato libidinoso, caso contrário estaria o agente enquadrado no delito de estupro de vulnerável, em razão do art. 29 do Código Penal. No entanto, Nucci (2014, p. 944) discorda, afirmando que é uma modalidade de exceção pluralística à teoria monística, que impede a punição do coautor de estupro de vulnerável pela pena do art. 217-A, quando se der na modalidade de induzimento.

O sujeito ativo é qualquer pessoa e o sujeito passivo é o menor de 14 anos, sendo o elemento subjetivo o dolo, não existindo a forma culposa. O elemento subjetivo específico é a vontade de levar o menor a satisfazer a lascívia alheia. O objeto-material é o menor de 14 anos, e o objeto-jurídico é a proteção da liberdade sexual, crime comum, material, de forma livre, comissivo, instantâneo, unissubjetivo, plurissubjetivo, admite tentativa (NUCCI, 2014, p. 944).

> Art. 218-A. Praticar, na presença de alguém menor de 14 (catorze) anos, ou induzi-lo a presenciar, conjunção carnal ou outro ato libidinoso, a fim de satisfazer lascívia própria ou de outrem:
>
> Pena – reclusão, de 2 (dois) a 4 (quatro) anos. (BRASIL, 2009)

O núcleo deste tipo previsto no art. 218-A é composto por **praticar**, que significa realizar; **induzir**, que quer dizer instigar; e **presenciar**, que significar ver algo. O objeto é o menor de 14 anos, sendo o tipo misto alternativo, ou seja, a prática de mais de uma conduta deste artigo, nas mesmas circunstâncias, contra a mesma vítima, forma apenas um delito (NUCCI, 2014, p. 945).

Segundo Greco (2017a, p. 172), este artigo pode ser dividido em dois: **praticar à vista de menor de 14 anos conjunção carnal ou ato libidinoso**, que pode ser entendido que o agente sabia que o menor estava presenciando a cena, permitindo; e **induzir menor de 14 anos a presenciar conjunção carnal ou ato libidinoso**, em que o agente convence a vítima a assistir as cenas sem participar.

> Não é exigível a presença física no mesmo espaço onde se realize a conjunção carnal ou outro ato libidinoso. Basta que a relação sexual seja realizada à vista do menor. Este, no entanto, pode estar distante, visualizando tudo por meio de equipamentos eletrônicos (câmera e vídeo). O contrário também é viável. O menor está ao lado do agente, que lhe exibe filmes pornográficos, contendo cenas de conjunção carnal ou outro ato libidinoso. De toda forma, o menor está *presenciando* libidinagem alheia. (NUCCI, 2014, p. 945)

O sujeito ativo pode ser qualquer pessoa e o sujeito passivo é o menor de 14 anos, sendo o elemento subjetivo o dolo, não se admitindo a forma culposa. Tem como elemento subjetivo específico a vontade de satisfazer prazer sexual próprio ou alheio, o objeto-material é o menor de 14 anos e o objeto-jurídico é a liberdade sexual. É crime comum, formal, de forma livre, comissivo, instantâneo, unissubjetivo, plurissubsistente, admite a forma tentada (GRECO, 2017a, p. 173-174).

> Art. 218-B Submeter, induzir ou atrair à prostituição ou outra forma de exploração sexual alguém menor de 18 (dezoito) anos ou que, por enfermidade ou deficiência mental, não tem o necessário discernimento para a prática do ato, facilitá-la, impedir ou dificultar que a abandone:
>
> Pena – reclusão, de 4 (quatro) a 10 (dez) anos.

§ 1º Se o crime é praticado com o fim de obter vantagem econômica, aplica--se também multa.

§ 2º Incorre nas mesmas penas:

I – quem pratica conjunção carnal ou outro ato libidinoso com alguém menor de 18 (dezoito) e maior de 14 (catorze) anos na situação descrita no *caput* deste artigo;

II – o proprietário, o gerente ou o responsável pelo local em que se verifiquem as práticas referidas no *caput* deste artigo.

§ 3º Na hipótese do inciso II do § 2º, constitui efeito obrigatório da condenação a cassação da licença de localização e de funcionamento do estabelecimento. (BRASIL, 2009)

O núcleo do tipo penal do 218-B é composto, na primeira parte, por (a) **submeter**, o que significa que a vítima foi subjugada pelo agente, sujeitando-se à prostituição ou outro método de exploração sexual; (b) **induzir**, em que o menor de 18 anos é convencido à prostituição ou outro ato de exploração sexual; e (c) **atrair**, em que o agente estimula a prática da venda do corpo ou outra exploração sexual (GRECO, 2017a, p. 181).

Na segunda parte, o tipo penal é composto por (a) **facilitá-la**, quando o agente auxilia e facilita que a vítima se mantenha na prostituição ou outra exploração sexual; (b) **impedir**, significando que o agente intervém para que o menor de 18 anos não abandone a prostituição ou exploração sexual, e, por fim, (c) **dificultar**, desestimulando a vítima a abandonar as práticas mencionadas (GRECO, 2017a, p. 182).

A exploração sexual, de acordo com o primoroso estudo de Eva Faleiros, pode ser definida como uma dominação e abuso do corpo de crianças, adolescentes e adultos (oferta), por exploradores sexuais (mercadores), organizados, muitas vezes, em rede de comercialização local *e* global (mercado), ou por pais ou responsáveis, *e* por consumidores de serviços sexuais pagos (demanda), admitindo quatro modalidades:

a) *prostituição* – atividade na qual atos sexuais são negociados em troca de pagamento, não apenas monetário;

b) *turismo sexual* – é o comércio sexual, bem articulado, em cidades turísticas, envolvendo turistas nacionais e estrangeiros e principalmente mulheres jovens, de setores excluídos de países de Terceiro Mundo;

78 Infiltração Policial

c) *pornografia* – produção, exibição, distribuição, venda, compra, posse e utilização de material pornográfico, presente também na literatura, cinema, propaganda etc.; e

d) *tráfico para fins sexuais* – movimento clandestino e ilícito de pessoas através de fronteiras nacionais, com o objetivo de forçar mulheres e adolescentes a entrar em situações sexualmente opressoras e exploradoras, para lucro dos aliciadores, traficantes. (CUNHA, 2017, p. 507-508)

Sobre o § 1º do art. 218-B, o autor Nucci (2014, p. 948) comenta que a imersão na prostituição gera vantagens econômicas para quem agencia e para quem pratica. Nessa possibilidade, a pena pecuniária soma-se à pena privativa de liberdade, no entanto, se a exploração sexual não envolve dinheiro, não deve ser aplicada a multa.

O inciso I do § 2º do art. 218-B determina a punição, nas mesmas penas que o *caput,* do agente que pratica atos libidinosos ou conjunção carnal com a vítima, ou seja, os clientes que serão, na essência, partícipes, com a finalidade de evitar a prática desses atos com menores de 18 anos, os acometidos por enfermidade ou deficientes mentais (GRECO, 2017a, p. 186).

Da mesma forma, segundo o inciso II do § 2º do art. 218-B, pune-se o proprietário, gerente ou responsável pelo local onde ocorrem as práticas descritas no *caput*. No entanto, salienta-se que é necessário que esses sujeitos saibam dos atos; do contrário, ausente estará o dolo (NUCCI, 2014, p. 948).

Com relação ao § 3º do art. 218-B, ainda que seja consequência obrigatória da decisão, o juiz deve mencionar na sentença, portanto não é automático. Seu silêncio quanto a isso poderá ser suprido por embargos de declaração, conforme Greco (2017a, p. 188).

O sujeito ativo do delito em comento é qualquer pessoa, e o sujeito passivo é o menor de 18 anos, pessoa enferma ou deficiente mental. O elemento subjetivo do tipo é o dolo, não se punindo a forma culposa, existindo o elemento específico apenas no § 1º. O objeto-material é o menor de 18 anos, pessoa enferma ou deficiente mental, e o objeto-jurídico é a proteção à liberdade sexual do vulnerável. É crime comum, material, de forma livre, comissivo, instantâneo, unissubjetivo, plurissubjetivo, admitindo forma tentada nas formas **impedir** e **dificultar** (NUCCI, 2014, p. 946-947).

2.3.1.4.2. Previsões no ECA

Em razão dos trabalhos da Comissão Parlamentar de Inquérito – Pedofilia, que demonstraram que a violência sexual contra criança constitui uma doença na sociedade, tendo aumento das denúncias destes atos, causando espanto pela quantidade e crueldade em relação a execução, foi criada a Lei nº 11.829/2008 (BRASIL, 2008), com alteração de tipos penais e inclusão de outros tipos considerados importantes para enfrentamento dos abusos infantojuvenis no Brasil. Vejamos os tipos em questão:

> Art. 240 Produzir, reproduzir, dirigir, fotografar, filmar ou registrar, por qualquer meio, cena de sexo explícito ou pornográfica, envolvendo criança ou adolescente:
>
> Pena – reclusão, de 4 (quatro) a 8 (oito) anos, e multa. (BRASIL, 2008)

Com a evolução da Internet e fácil acesso de crianças e jovens, os pedófilos encontraram nesse campo a possibilidade de abordagem, aliciamento e prática das suas atividades criminosas, utilizando *sites*, como salas de bate-papo, redes sociais e outros sistemas de interação. A pedofilia se caracteriza como um distúrbio psicossexual, formado por acentuado desejo de manter práticas sexuais, reais ou fantasiosas com crianças e adolescentes (NUCCI, 2018, p. 838-839).

As condutas típicas do art. 240 do ECA são compostas pelos verbos **produzir** (criar, gerar, financiar), **reproduzir** (voltar a produzir, imitar ou copiar), **dirigir** (comandar, orientar), **fotografar** (imagens feitas por fotografias), **filmar** (registrar imagem e som por filme) e **registrar** (produzir dados e informações por imagem, som ou sinal), este último como o gênero. O caráter do tipo é misto alternativo, em que a efetivação de qualquer das condutas configura o delito (ROSSATO; LÉPORE; CUNHA, 2018, p. 618).

O legislador pretendeu englobar todo método de lidar, manipular ou construir imagens em geral, que envolva criança ou adolescente em situação perniciosa, porém não é exigida a prática de ato sexual (NUCCI, 2018, p. 840). Os verbos previstos no tipo, então, abrangem as hipóteses de produção de conteúdo pornográfico envolvendo crianças e adolescentes.

Por outro lado, é fundamental diferenciar sexo explícito e pornográfico, vez que o primeiro significa que houve contato físico entre os personagens, enquanto o segundo comporta imagens que mostram atos obscenos, não havendo necessidade de contato físico (ROSSATO; LÉPORE; CUNHA, 2018, p. 618).

80 Infiltração Policial

O sujeito ativo pode ser qualquer pessoa e o sujeito passivo é a criança ou adolescente, sendo o elemento subjetivo do tipo o dolo. Este tipo penal não comporta (a) o elemento subjetivo específico e (b) não se pune a forma culposa. O objeto-material é a criança ou adolescente e o objeto-jurídico é a proteção à formação moral delas. Crime comum, formal, de forma livre, comissivo, instantâneo, de perigo abstrato, unissubjetivo, plurissubsistente e admite a forma tentada (NUCCI, 2018, p. 841-842).

Não é só o *caput* do art. 240 que prevê condutas típicas. Vejamos sua sequência.

> § 1º Incorre nas mesmas penas quem agencia, facilita, recruta, coage, ou de qualquer modo intermedeia a participação de criança ou adolescente nas cenas referidas no *caput* deste artigo, ou ainda quem com esses contracena. (BRASIL, 2008)

Os verbos **agenciar** (proporcionar encontro entre duas pessoas representando uma das partes), **facilitar** (realização de algo sem custo ou esforço), **recrutar** (atrair adepto), **coagir** (constranger) e **intermediar** (promover contato entre duas pessoas) são ações dos autores que, indiretamente, propiciam o mesmo contido no *caput*, caracterizando como partícipes dos atos de terceiros, mas, pelo tipo básico especifico, tornam-se autores. Tem o mesmo sujeito ativo e passivo, elemento subjetivo, objetos material e jurídico e classificação do *caput* deste artigo, conforme já referidos (NUCCI, 2018, p. 842-844).

> § 2º Aumenta-se a pena de 1/3 (um terço) se o agente comete o crime:
>
> I – no exercício de cargo ou função pública ou a pretexto de exercê-la;
>
> II – prevalecendo-se de relações domésticas, de coabitação ou de hospitalidade; ou
>
> III – prevalecendo-se de relações de parentesco consanguíneo ou afim até o terceiro grau, ou por adoção, de tutor, curador, preceptor, empregador da vítima ou de quem, a qualquer outro título, tenha autoridade sobre ela, ou com seu consentimento. (BRASIL, 2008)

O § 2º do art. 240 descreve os motivos de aumento de pena que são de aplicação obrigatória, incidindo na terceira fase da dosimetria da pena, nos termos do art. 68, *caput*, do Código Penal (NUCCI, 2018, p. 844). No inciso I, considera-se **cargo público** a união de atribuições ao servidor, determinadas por lei, em número determinado e com conceito próprio, **função pública** pode ser praticada sem o revestimento do cargo público, pois nem sempre é criado por lei. Incidirá a causa quando o agente

Permissivos legais – A evolução brasileira **81**

exerce o caso ou função quando pratica a ilicitude como também se valer disso para a prática (ROSSATO; LÉPORE; CUNHA, 2018, p. 619).

Já no inciso II, (a) as relações domésticas são aquelas formadas entre pessoas que partilham do mesmo núcleo familiar, mesmo que não tenha relação direta de parentesco; (b) as relações de coabitação são aquelas em que é compartilhada a mesma moradia entre os indivíduos; e (c) as relações de hospitalidade caracterizam-se pela temporariedade, portanto, nessas hipóteses, o criminoso se aproveita da relação próxima com as vítimas (ROSSATO; LÉPORE; CUNHA, 2018, p. 619).

Por sua vez, no inciso III há caracterização da circunstância agravante pelos laços de parentescos e de relações de subordinação entre a vítima e o agente, devendo ser punida de forma mais severa, sendo seu fundamento o mesmo do inciso II, qual seja, aproveitamento das relações "de proximidade".

A outra alteração provocada no ECA em 2008 (BRASIL, 2008) está no art. 241:

> Art. 241 Vender ou expor à venda fotografia, vídeo ou outro registro que contenha cena de sexo explícito ou pornográfico envolvendo criança ou adolescente:
>
> Pena – reclusão, de 4 (quatro) a 8 (oito) anos, e multa. (BRASIL, 2008)

O núcleo do tipo do art. 241 é composto pelos verbos **vender** (alienar por um preço) e **expor à venda** (oferecer algo para que seja objeto de alienação), e o objeto dessa **comercialização** é a fotografia, vídeo ou registro de criança ou adolescente em imagens de sexo explícito ou em cenário libidinoso. Trata-se do comerciante de todo o material enquadrado (ROSSATO; LÉPORE; CUNHA, 2018, p. 620).

O sujeito ativo pode ser qualquer pessoa e o sujeito passivo é a criança ou adolescente, sendo o elemento subjetivo do tipo o dolo. Da mesma forma que o tipo do art. 240, não existe elemento subjetivo específico e há punição da forma culposa. O objeto-material é a foto, vídeo ou registro da criança ou adolescente e o objeto jurídico é a proteção à formação moral delas. É crime comum, formal, de forma livre, comissivo, instantâneo, de perigo abstrato, unissubjetivo, plurissubsistente e admite a forma tentada (NUCCI, 2018, p. 847).

É de competência da Justiça Estadual se fotos, vídeos ou outros registros estiverem sendo disseminados exclusivamente no território nacional, no entanto, cabe à Justiça Federal se houver interligação com outros países. No entanto, decisão do STF, proferida em Recurso Extraordinário 628.624, determinou que no crime praticado no

82 Infiltração Policial

Brasil e por meio da Internet, a competência é da Justiça Federal, com fundamento no art. 109, V, da CF/88 (ROSSATO; LÉPORE; CUNHA, 2018, p. 620).

Além das duas alterações, houve inclusão de novos tipos penais no ECA (BRASIL, 1990). Vejamos:

> Art. 241-A Oferecer, trocar, disponibilizar, transmitir, distribuir, publicar ou divulgar por qualquer meio, inclusive por meio de sistema informático ou telemático, fotografia, vídeo ou outro registro que contenha cena de sexo explícito ou pornográfico envolvendo criança ou adolescente:
>
> Pena – reclusão, de 3 (três) a 6 (seis) anos, e multa. (BRASIL, 2008)

Os verbos que compõem o núcleo do tipo do art. 241-A do ECA é **oferecer** (entregar como presente ou para aceitação), **trocar** (mudar uma coisa por outra), **disponibilizar** (ficar acessível para adquirir), **transmitir** (remeter de um lugar a outro), **distribuir** (espalhar para várias pessoas), **publicar** (tornar público, de forma clara e disseminada) e **divulgar** (promover, ainda que implicitamente), e o objeto é fotografia, vídeo ou registro de criança ou adolescente em cenas de sexo explícito ou ato libidinoso (NUCCI, 2018, p. 849).

A figura típica tem como objetivo, portanto, alcançar todos os meios de comunicação com ênfase na rede mundial de computadores. O tipo é misto alternativo, onde a prática de atos sequenciais acarreta o cometimento de um único delito (ROSSATO; LÉPORE; CUNHA, 2018, p. 621).

O sujeito ativo pode ser qualquer pessoa e o sujeito passivo é a criança ou adolescente, sendo o elemento subjetivo do tipo o dolo; não existe elemento subjetivo específico e nem se pune a forma culposa. O objeto-material é a foto, vídeo ou registro da criança ou adolescente e o objeto-jurídico é a proteção à formação moral delas (NUCCI, 2018, p. 851).

É crime comum, formal, de forma livre, comissivo, mas pode-se considerar permanente nas modalidades **disponibilizar** e **divulgar**, pois o livre acesso de pessoas a qualquer tempo aos documentos resulta em permanência. Também é delito de perigo abstrato, unissubjetivo, plurissubsistente e admite a forma tentada (NUCCI, 2018, p. 851-852). O delito comporta outros verbos incriminadores:

§ 1º Nas mesmas penas incorre quem:

I – assegura os meios ou serviços para o armazenamento das fotografias, cenas ou imagens de que trata o *caput* deste artigo;

II – assegura, por qualquer meio, o acesso por rede de computadores às fotografias, cenas ou imagens de que trata o *caput* deste artigo. (BRASIL, 2008)

No inciso I, compõem o núcleo do tipo o verbo **assegurar** (garantir), e o objeto é o meio ou serviço para o depósito das fotografias, imagens abordadas no *caput*. Este § é a garantia de punição do partícipe, que, embora não dissemine o material, proporciona os meios para o acúmulo do material (ROSSATO; LÉPORE; CUNHA, 2018, p. 621). É o caso daquele que usar um software de compartilhamento de arquivos, pois, além de armazenar, também permite difundir.

O inciso II tem no núcleo do tipo o verbo **assegurar**; no entanto, o objeto é o acesso ao material por rede de computadores. Caracteriza-se como o partícipe ligado à sustentação do *site*, que proporciona fotos, imagens e vídeos, podendo ser o provedor, que possibilita o acesso à internet, ou o criador do *site,* o hospedeiro das informações; no entanto, este último apenas pode ser incriminado se tiver ciência da finalidade da página *on-line* (NUCCI, 2018, p. 853).

O sujeito ativo pode ser qualquer pessoa e o sujeito passivo é a criança ou adolescente, sendo o elemento subjetivo do tipo o dolo; não existe o elemento subjetivo específico e nem se pune a forma culposa. O objeto-material é o meio de armazenamento, para o inciso I, e o meio que permite o acesso, para o inciso II, de fotos, vídeo ou registro da criança ou adolescente, e o objeto-jurídico é a proteção à formação moral delas. É crime comum, formal, de forma livre, comissivo, permanente, de perigo abstrato, unissubjetivo, plurissubsistente e admite a forma tentada (NUCCI, 2018, p. 852-853).

§ 2º As condutas tipificadas nos incisos I e II do § 1º deste artigo são puníveis quando o responsável legal pela prestação do serviço, oficialmente notificado, deixa de desabilitar o acesso ao conteúdo ilícito de que trata o *caput* deste artigo. (BRASIL, 2008)

Observa-se, pelo § 2º do art. 241-A, a condição objetiva de punibilidade, que consiste na condição exterior ao ato delituoso, não abrangido pelo elemento subjetivo, que não enquadra no tipo incriminador, sendo critério para a punição do agente (ROSSATO; LÉPORE; CUNHA, 2018, p. 621-622).

84 Infiltração Policial

> Quando o material pornográfico infanto-juvenil é viabilizado na rede mundial de computadores, torna-se mais fácil localizar o provedor do que propriamente o criador da imagem. No entanto, há inúmeros profissionais que alegam ignorância ou procuram isentar-se de responsabilidade, afirmando que única e tão somente sustentam o acesso aos *sites*, mas não fiscalizam o seu conteúdo. Alegam, ainda, ser impossível controlar todo o material circulante pela Internet, durante 24 horas, sem interrupção. Eis por que se insere essa condição objetiva de punibilidade, que passa a funcionar como anteparo às alegadas situações de erro ou ignorância. (NUCCI, 2018, p. 854)

O responsável legal é aquele que possui métodos de interromper o serviço de acesso à rede de computadores, porém, para a procedibilidade da persecução penal, deve ser devidamente notificado, proporcionando possibilidade de desativação do acesso ao material, não importando o dolo, caso contrário, caracteriza-se como constrangimento ilegal. Portanto, cabe ação penal apenas quando passado o prazo e não foi cumprida a notificação, conforme menciona Nucci (2018, p. 854-856).

É consumado quando praticada uma das ações nucleares típicas, independentemente do acesso de usuários, no entanto, nos atos de **disponibilidade** e **divulgar**, a consumação pode ser prolongada, de acordo com o meio utilizado pelo sujeito ativo (ROSSATO; LÉPORE; CUNHA, 2018, p. 622).

A esse tipo penal segue-se outro, um dos de maior aplicação na atualidade, dado seu caráter quanto à circunstância da posse e armazenamento de conteúdo relacionado à pedofilia.

> Art. 241-B Adquirir, possuir ou armazenar, por qualquer meio, fotografia, vídeo, ou outra forma de registro que contenha cena de sexo explícito ou pornográfico envolvendo criança ou adolescente.
>
> Pena – reclusão, de 1 (um) a 4 (quatro) anos, e multa. (BRASIL, 2008)

O tipo penal do art. 241-B é composto pelos verbos **adquirir** (obter algo), **possuir** (deter algo) e **armazenar** (ter em depósito), cujos atos são alternativos, tendo como objeto fotografia, vídeo ou registro, que contenha cenas de sexo explícito ou libidinoso, de crianças ou adolescentes. Enquadrar em mais de uma das ilicitudes dessa norma implica em apenas um delito. O objetivo é punir o receptador do material (ROSSATO; LÉPORE; CUNHA, 2018, p. 623-624).

O sujeito ativo pode ser qualquer pessoa e o sujeito passivo é a criança ou adolescente, sendo o elemento subjetivo do tipo o dolo; não existe elemento subjetivo específico e nem se pune a forma culposa. O objeto-material é a foto, vídeo ou registro da criança ou adolescente e o objeto-jurídico é a proteção à formação moral delas. É crime comum, formal, de forma livre, comissivo, instantâneo, de perigo abstrato, unissubjetivo, plurissubsistente e admite a forma tentada (NUCCI, 2018, p. 859).

> § 1º A pena é diminuída de 1 (um) a 2/3 (dois terços) se de pequena quantidade o material a que se refere o *caput* deste artigo. (BRASIL, 2008)

O § 1º do art. 241-B expressa causa de diminuição de pena, consistente ao volume de material apreendido, servindo como um alerta para que não se repita. Para Nucci (2018, p. 859), deve ser analisada:

> A ínfima quantidade (uma foto de conteúdo levemente obsceno, por exemplo), capaz de configurar o crime de bagatela, tornando o fato atípico; b) pequena quantidade (algumas fotos ou um vídeo, que é composição sequencial de várias fotos), apta a gerar a diminuição de um a dois terços; c) grande quantidade (várias fotos ou inúmeros vídeos, ou mesmo um vídeo muito extenso), que fomenta a aplicação da pena nos patamares normais (de um a quatro anos de reclusão). Levando-se em conta que a pequena quantidade é fator desencadeante de redução da pena, resta, ainda, a análise do *quantum* a ser aplicado. Ora, outro elemento essencial para a avaliação do grau de censura merecido pela conduta criminosa é o conteúdo do material pornográfico.

Portanto, o juiz deve utilizar da prudência e análise do caso para determinar o *quantum* será diminuído, incidindo na terceira fase da dosimetria da pena, sendo uma cláusula genérica (AMIN; CONDACK, 2018, p. 1314). Além da hipótese de redução da pena, também previu o legislador uma hipótese de não abrangência:

> § 2º Não há crime se a posse ou o armazenamento tem a finalidade de comunicar às autoridades competentes a ocorrência das condutas nos arts. 240, 241, 241-A e 241-C desta Lei, quando a comunicação for feita por:
>
> I – agente público no exercício;
>
> II – membro de entidade, legalmente constituída, que inclua, entre suas finalidades institucionais, o recebimento, o processamento e o encaminhamento de notícia dos crimes referidos neste parágrafo;

86 Infiltração Policial

> III – representante legal e funcionários responsáveis de provedor de acesso ou serviço prestado por meio de rede de computadores, até o recebimento do material relativo à notícia feita à autoridade policial, ao Ministério Público ou ao Poder Judiciário. (BRASIL, 2008)

Então, a expressão **não há crime** demonstra afastamento da antijuridicidade da conduta, que não deixa de ser típica. Retrata sobre atitude regular de direito ou de estrito cumprimento do dever legal (NUCCI, 2018, p. 860). O **agente público**, expresso no inciso I do § 2º, é aquele que está ligado diretamente aos órgãos públicos de proteção infanto-juvenil ou que de alguma forma é titular investigativo (ROSSATO; LÉPORE; CUNHA, 2018, p. 624).

O inciso II do § 2º, considera **membro de entidade** como sendo as não governamentais formadas para a proteção dos direitos infanto-juvenis, que devem guardar o material do crime em seu banco de dados, visando a encaminhar os dados aos órgãos competentes (ROSSATO; LÉPORE; CUNHA, 2018, p. 624).

Já os **provedores**, mencionados no inciso III do § 2º, são aqueles que proporcionam acesso ou prestam serviços de armazenamento de informações, lidando com a circulação de material na rede de computadores (ROSSATO; LÉPORE; CUNHA, 2018, p. 624).

> § 3º As pessoas referidas no § 2º deste artigo deverão manter sob sigilo o material ilícito referido. (BRASIL, 2008)

Deve ser mantido em sigilo o material ilícito colhido pelos envolvidos na comunicação das condutas ilícitas, sejam agentes públicos, provedores ou membros de entidades; no entanto, a violação do preceito desse parágrafo, de forma dolosa, configura o crime do art. 241-A do ECA (NUCCI, 2018, p. 861).

Não deixou de fora o legislador brasileiro outra circunstância comum: a simulação de imagens e vídeos envolvendo crianças e adolescentes:

> Art. 241-C Simular a participação de criança ou adolescente em cena de sexo explícito ou pornográfica por meio de adulteração, montagem ou modificação de fotografia, vídeo ou qualquer outra forma de representação visual:
>
> Pena – reclusão, de 1 (um) a 3 (três) anos, e multa. (BRASIL, 2008)

O núcleo do tipo do art. 241-C é composto por **simular**, com o significado de representar ou reproduzir algo com a simulação da realidade, sendo que o objeto da conduta (de **simulação**) é a **participação** de criança ou adolescente em cena de sexo explícito ou ato libidinoso. A finalidade é punir aquele que não possui material verdadeiro e dissemina-o, com as alterações que criam imagens dissimuladas (ROSSATO; LÉPORE; CUNHA, 2018, p. 625).

O sujeito ativo pode ser qualquer pessoa e o sujeito passivo é a criança ou adolescente, sendo o elemento subjetivo do tipo o dolo; não existe elemento subjetivo específico e nem se pune a forma culposa. O objeto-material é a foto, vídeo ou registro da criança ou adolescente e o objeto-jurídico é a proteção à formação moral delas. É crime comum, formal, de forma livre, comissivo, instantâneo, de perigo abstrato, unissubjetivo, plurissubsistente e admite a forma tentada (NUCCI, 2018, p. 862).

> Parágrafo único. Incorre nas mesmas penas quem vende, expõe à venda, disponibiliza, distribui, publica ou divulga por qualquer meio, adquire, possui ou armazena o material produzido na forma do *caput* deste artigo. (BRASIL, 2008)

Os verbos que compõem o núcleo do tipo do único parágrafo do art. 241-C são **vender** (alienar por um preço), **expor à venda** (oferecer algo para que seja objeto de alienação), **disponibilizar** (ficar acessível para adquirir), **distribuir** (espalhar para várias pessoas), **publicar** (tornar público, de forma clara e disseminada), **divulgar** (promover, ainda que implicitamente), **adquirir** (conseguir), **possuir** (ter armazenado) e **armazenar** (ter em depósito) são atos alternativos, que têm como objeto o material alterado ou construído, simulando a participação de criança ou adolescentes em sexo explícito ou em ato libidinoso (NUCCI, 2018, p. 863).

O sujeito ativo pode ser qualquer pessoa e o sujeito passivo é a criança ou adolescente, sendo o elemento subjetivo do tipo o dolo; também não existe elemento subjetivo específico e nem se pune a forma culposa. O objeto-material é a foto, vídeo ou registro da criança ou adolescente e o objeto-jurídico é a proteção à formação moral delas. É crime comum, formal, de forma livre, comissivo, instantâneo, com exceção dos atos de **disponibilizar** e **simular**, que adquirem caráter permanente, de perigo abstrato, unissubjetivo, plurissubsistente e admitem a forma tentada (NUCCI, 2018, p. 863).

Por fim, outro tipo penal veio previsto, atentando-se o legislador para os atos de "recrutamento" de vítimas de pedofilia:

> Art. 241-D Aliciar, assediar, instigar ou constranger, por qualquer meio de comunicação, criança, com o fim de com ela praticar ato libidinoso:
>
> Pena – reclusão, de 1 (um) a 3 (três) anos, e multa. (BRASIL, 2008)

O núcleo do tipo do art. 241-D é composto pelos verbos **aliciar** (seduzir), **assediar** (perseguir), **instigar** (estimular) e **constranger** (coagir), compondo o tipo penal misto alternativo, com foco na criança. O fim do agente é o ato libidinoso (ROSSATO; LÉPORE; CUNHA, 2018, p. 627).

A finalidade foi englobar o indivíduo que utiliza dos meios de comunicação para encontrar as vítimas, que possuem amplamente acesso à rede mundial. São os pedófilos, mas sem exigência do ato sexual – o que levaria ao enquadramento no estupro de vulnerável –, mas apenas como forma preventiva, punindo na fase de captação (NUCCI, 2018, p. 864).

O sujeito ativo pode ser qualquer pessoa e o sujeito passivo é apenas a criança; o elemento subjetivo do tipo é o dolo, não existindo elemento subjetivo específico. Não se pune a forma culposa. O objeto-material é a criança e o objeto-jurídico é a proteção à formação moral dela. Crime comum, formal, de forma livre, comissivo, instantâneo, com exceção dos atos de **disponibilizar** e **simular**, que adquirem caráter permanente, de perigo abstrato, unissubjetivo, plurissubsistente e admitem a forma tentada (NUCCI, 2018, p. 865).

> Parágrafo único. Nas mesmas penas incorre quem:
>
> I – facilita ou induz o acesso à criança de material contendo cena de sexo explícito ou pornográfico com o fim de com ela praticar ato libidinoso;
>
> II – pratica as condutas descritas no *caput* deste artigo com o fim de induzir criança a se exibir de forma pornográfica ou sexualmente explícita. (BRASIL, 2008)

Os verbos **facilitar** (simplificar) e **induzir** (instigar) formam o núcleo do tipo alternativo, tendo como objeto o alcance da criança ao conteúdo de sexo explícito ou ato libidinoso. A figura típica é um desdobramento do *caput,* que ocorre de forma encoberta (NUCCI, 2018, p. 865).

O disposto no inciso I do § único remete, portanto, às práticas do *caput*. No entanto, procurou o legislador punir aquele que exibe a criança em cenas de sexo explícito ou pornográfico (ROSSATO; LÉPORE; CUNHA, 2018, p. 627).

O sujeito ativo pode ser qualquer pessoa e o sujeito passivo é apenas a criança; o elemento subjetivo do tipo é o dolo, não existindo elemento subjetivo específico no inciso I; no entanto, o inciso II compõe nesse aspecto a finalidade de obter cenas pornográficas ou sexo explícito dos menores. Não se pune a forma culposa (ROSSATO; LÉPORE; CUNHA, 2018, p. 627). O objeto-material é a criança e o objeto-jurídico é a proteção à formação moral dela. É crime comum, formal, de forma livre, comissivo, instantâneo, com exceção dos atos de **disponibilizar e simular**, que adquirem caráter permanente, de perigo abstrato, unissubjetivo, plurissubsistente e admitem a forma tentada (NUCCI, 2018, p. 866).

Complementando o rol de tipos penais, trouxe o legislador um artigo em que definiu o que é cena de sexo explícito ou pornográfica envolvendo criança e adolescente:

> Art. 241-E Para efeito dos crimes previstos nesta Lei, a expressão "cena de sexo explícito ou pornográfica" compreende qualquer situação que envolva criança ou adolescente em atividades sexuais explícitas, reais ou simuladas, ou exibição dos órgãos genitais de uma criança ou adolescente para fins primordialmente sexuais. (BRASIL, 2008)

É então definido neste artigo do ECA o que é cena de sexo explícito ou pornográfica, ainda que facilmente compreendido pela vivência cultural, tornou-se explícito o conceito. No entanto, houve certa delimitação nesta definição, pois há a possibilidade de, mesmo não expostas atividades sexuais explícitas, reais ou simuladas, ou, ainda, com a apresentação dos órgãos genitais, poder ser elaborado material inadequado. Sob outra ótica, delimitar a aplicação do tipo penal torna menos variadas as interpretações (ROSSATO; LÉPORE; CUNHA, 2018, p. 628).

2.3.1.4.3. Análise do perfil do assediador e da vítima

Os avanços tecnológicos permitem que qualquer pessoa no mundo, através da Internet, acesse variados tipos de informação, inclusive dados criminosos. E como é cada vez mais precoce a utilização da rede, crianças e adolescentes, devido a sua vulnerabilidade, ficam expostas ao assédio de indivíduos que usufruem do meio virtual para as ilicitudes (OLIVEIRA; MORGADO, 2018, p. 13).

> A internet faz parte da vida de crianças e adolescentes, é algo comum em suas rotinas. Muitas vezes, elas são chamadas de "nativos digitais", pois já nasceram em um mundo em que todas essas ferramentas já existiam. Hoje, a relação entre as pessoas – sejam crianças, adolescentes, jovens e/ou adultos – é mediada e in-

fluenciada pela Internet. Além disso, o espaço *on-line* é também um instrumento fundamental de pesquisa para tarefas escolares. (CHILDHOOD, 2012, p. 13)

Os adolescentes sentem-se seguros nesse ambiente e expõem voluntariamente detalhes sobre sua vida privada, como endereços, pensamentos, recebendo resultados positivos, desenvolvendo relacionamentos interpessoais, mas, devido a isso, ignoram os riscos advindos do mundo digital (NEJM, 2018, p. 76).

> Em alguns casos são os próprios adolescentes que produzem e enviam material pornográfico ou aliciam outras crianças e adolescentes para redes de abuso ou exploração sexual. Isso acontece principalmente porque existe a ideia de que a Internet é uma terra sem lei, em que tudo é possível e onde não há responsabilidade. (CHILDHOOD, 2012, p. 16)

Por outro lado, algumas crianças e adolescentes se tornam mais vulneráveis em relação ao abuso virtual, como (a) os que têm baixa autoestima, (b) não têm alguém para conversar, (c) os pais não prestam atenção ou (d) não sabem com quem tirar dúvidas. Quanto mais sozinha, mais suscetível de ser "recrutada" e estar sujeita aos riscos. Ademais, os infanto-juvenis se sentem impotentes ante os abusadores, que possuem capacidade de anular seu poder de decisão, requerendo um pacto de silêncio ou fazendo ameaças (CHILDHOOD, 2012, p. 21-25).

Quanto aos assediadores, são classificados de acordo com as finalidades e os meios utilizados em suas práticas (DIAS, 2018, p. 193):

> - **agressor sexual de contato**, aquele que tem contato físico com a vítima;
> - **agressor sexual virtual**, aquele que utiliza o espaço cibernético para a violência sexual da criança e adolescente;
> - **agressor sexual pedófilo**, aquele que tem preferência por infantes e juvenis;
> - **agressor sexual não pedófilo**, violenta as vítimas, mas não as tem como foco do seu interesse sexual predominante.

O Brasil é uma das quatro maiores sedes de propagação de pornografia do mundo, estando atrás dos EUA, da Coreia do Sul e da Rússia. Com isso, a Internet é um meio a facilitar o contato entre os criminosos, que se organizam em comunidades virtuais, trocando dados e imagens (OLIVEIRA; MORGADO, 2018, p. 14).

Observa-se que as características desses agressores é a procura de um meio ambiente seguro para satisfazer seus desejos sexuais, por isso encontram no meio virtual o anonimato, alterando seus dados pessoais, aumentando os interesses em si de suas vítimas, que conseguem encontrar facilmente por seus perfis em redes sociais, interagindo unicamente com eles, sem intervenção de terceiros. Ainda, ressalta-se que se o objetivo é apenas imagens ou vídeos, podem consegui-los sem o contato direto (NASCIMENTO; SILVA, 2014, p. 6).

Essa confiança adquirida pode ocorrer por um método conhecido como *grooming*, que consiste no contato constante e desenrolado ao longo do tempo, elogiando, dando presentes, coagindo e até intimidando as vítimas (CHILDHOOD, 2012, p. 21).

> Os sujeitos têm alto nível de escolarização, são casados, empregados, não têm passagens pelo sistema criminal até a terceira década de vida, em média, e podem apresentar comorbidades como ansiedade, uso de drogas, depressão e impulsividade, à semelhança do que ocorre com a população em geral. (DIAS, 2018, p. 207)

O sujeito ativo do delito age, então, de modo sedutor, alcançando a confiança das crianças e adolescentes. Pode chegar ao contato físico ou não, mas há sempre o desejo desse encontro – caso isso chegue a acontecer, muitas vezes acaba em violência física ou sexual (CHILDHOOD, 2012, p. 21).

> O pedófilo que promove a agressão sexual no espaço cibernético é um sujeito com uma capacidade de auto-organização e de autopreservação avaliadas objetiva e subjetivamente, do ponto de vista médico, muito grandes. (DIAS, 2018, p. 208)

É comum o pedófilo não negar sua preferência. Propõem eles justificativas que explicam suas atitudes necessárias à sua condição, determinada por seu nascimento, como a que não podem ser obstruídos por uma expressão de uma condição sobre a qual não tiveram alternativa (DIAS, 2018, p. 207).

Inclusive, os aliciadores se organizam e aos poucos formam grupos internacionais, discordando dos padrões morais e legais que proíbem atos sexuais entre maiores de idade com crianças e adolescentes, sendo, portanto, uma opção sexual e um direito. Fundamentam que essas atividades são embasadas em sentimentos naturais e inofensivos, apesar de repudiarem violência para a obtenção do prazer. Reivindicam alterações em leis vigentes, particularmente nos EUA (CHILDHOOD BRASIL, 2020, p. 47).

92 Infiltração Policial

> Verhoeven (2007) encontrou publicações dos ideais pedófilos em *sites* e fóruns de discussão, havendo inclusive serviços de assistência jurídica aos membros, os quais defendem o sexo com crianças quando estas expressam consentimento e vontade nesse sentido. Segundo a autora, através da Internet é possível perceber o crescimento deste movimento, revelando seu poder de convencimento, visibilidade e possibilidade de franca expansão. Dessa forma, mais uma vez, o ciberespaço mostra-se desafiador na medida em que se torna palco não só de cometimento de delitos, mas também de encontro de simpatizantes, visto que o meio virtual possibilita a livre comunicação entre os pedófilos, que se definem como a minoria sexual mais incompreendida na sociedade atual. (NASCIMENTO; SILVA, 2014, p. 8)

Basicamente, o pedófilo trabalha nas seguintes etapas: **seleção de vítima**, quando transmite à criança ou ao adolescente uma descrição falsa de si; **amizade**, quando procura conhecer melhor a vítima em uma conversa privada; **formação da relação**, uma extensão da fase anterior, quando procura conversar sobre coisas cotidianas, construindo um ambiente de familiaridade e conforto e colhendo informações sobre a vítima; **avaliação do risco**, quando acontecem questionamentos sobre o local em que a criança ou adolescente tem acesso ao computador e se outras pessoas podem usar, assim analisa qual a probabilidade de as atividades serem descobertas por familiares; **exclusividade**, em que tenta criar um sentimento de amor e confiança, para a relação ser mantida no anonimato; **conversas sobre sexo**, quando por fim questiona sobre a vida sexual da vítima, trocando imagens explícitas, podendo até marcar um encontro (SENADO FEDERAL, 2010, p. 97-100).

2.3.2. Infiltração virtual contra organizações criminosas – Pacote "Anticrime"

Em 1907 o Ministro da Justiça francês já exprimia em um relatório ao Presidente da República a seguinte ideia:

> Nenhum progresso tem sido realizado pela justiça nos meios de chegar à descoberta da verdade, quando os criminosos utilizam todos os recursos que lhes dá a rapidez das comunicações para se afastarem do teatro do seu crime ou criarem um álibi. Os seus procedimentos delituosos modificam-se com o progresso da ciência, ao passo que os processos da instrução criminal permanecem estacionários. (CRUET, 2008, p. 159)

No Brasil, no final de 2019, foi enviado ao Congresso Nacional o "Pacote Anticrime", que regula e aperfeiçoa a Legislação Penal e Processual Penal, consubstanciando-se na **Lei Anticrime**, a Lei nº 13.964, de 24 de dezembro de 2019 (BRASIL, 2019), que traz em seu bojo avanços tecnológicos como técnicas de investigação. Dentre as inovações legislativas trazidas pela Lei Anticrime, surgiu a inclusão da infiltração virtual de agentes no rol de obtenção de prova da Lei nº 12.850/2013 (BRASIL, 2013), que define o que é organização criminosa e dispõe sobre o procedimento de investigação criminal para apuração deste delito. Assim, a partir deste diploma legislativo de 2019, passou a existir também a possibilidade de infiltração virtual ou cibernética, já prevista para apuração dos crimes do Estatuto da Criança e do Adolescente, para investigações amparadas na Lei do Crime Organizado (BRASIL, 2013). Foram introduzidos neste diploma legal os artigos 10-A, 10-B, 10-C e 10-D, com amplas alterações no cenário do instituto, tratando da possibilidade de utilização da infiltração virtual como meio de obtenção de provas nas investigações das organizações criminosas e crimes conexos.

A interceptação telemática (BRASIL, 1996) e a infiltração virtual (BRASIL, 2017 e 2019) policial ganham destaque como formas eficazes de repressão e prevenção, especialmente quando fala de aplicação de inteligência policial aos ilícitos penais, principalmente aos relacionados a organizações criminosas, fortalecendo e incrementando os parcos recursos da segurança pública para atender ao bem-estar social e garantir o interesse coletivo.

A "nova" técnica de investigação, mesmo que já apresentada na seara de proteção das crianças e dos adolescentes (por inteligência da Lei nº 13.441/2017), constitui uma substancial evolução no enfrentamento à criminalidade especializada, qual seja, aquela que se desenvolve por meio da internet. Com efeito, é cristalina a afirmação de que a infiltração virtual de agentes, diferentemente da técnica genérica prevista na Lei nº 12.850/2013, tem aptidão para atingir resultados mais céleres na concretização da justiça.

Antes de entrar na análise das disposições legais, há que fazer uma distinção entre a "infiltração virtual" e a atuação do investigador na rede em canais abertos, onde as pessoas se relacionam e se expõem voluntariamente (BARRETO; WENDT, 2020). A infiltração somente diz respeito aos casos de acesso a contatos, informações, conversas, trocas de dados etc. que motivem a quebra de um âmbito de intimidade e/ou privacidade inicialmente preservados pelos investigados e somente concedidos pela atuação do policial em atividade de infiltração.

Ressalte-se que, em redes abertas, a atuação investigatória é livre e pode ser aplicada a qualquer infração penal, inclusive **independentemente** de ordem judicial. Precisas as ponderações de Castro (2017):

A inovação principal da infiltração policial eletrônica não está na ocultação da identidade do policial nas redes sociais, porquanto já podia ser feita licitamente para investigar. A criação de perfil falso de usuário (*fake*) continua sendo admitida sem autorização judicial para coleta de dados em fontes abertas. Isso porque, para interagir na Internet, o usuário aceita renunciar a grande parte de sua privacidade. Logo, nada impede que o policial crie usuário falso para colher informações públicas, pois estas são disponibilizadas voluntariamente, como fotos, mensagens, endereço, nomes de amigos, apelidos e familiares. Quanto à questão de falsa identidade, fica evidente a inexistência de crime pois o tipo penal demanda finalidade de obtenção de vantagem ou causar dano. Já quanto aos dados alocados na internet de forma restrita, em que o usuário só aceita renunciar a sua intimidade em razão da confiança depositada no interlocutor, a invasão ou obtenção furtiva das informações pelo órgão investigativo só pode ser feita mediante autorização judicial que permita a infiltração policial virtual. Outrossim, a utilidade maior da infiltração policial cibernética reside no uso de identidade fictícia para coletar informações sigilosas (privadas, em relação às quais há expectativa de privacidade) e na penetração em dispositivo informático do criminoso a fim de angariar provas.

Dentre as várias modificações que a Lei Anticrime (BRASIL, 2019) realizou, a inclusão da infiltração virtual de agentes no rol dos meios de obtenção de prova da Lei nº 12.850/2013 há de ser comemorada, pois é medida que denota acompanhamento do Estado ao incremento das novas tendências de relações sociais num mundo cada vez mais virtual. Se o crime se expande rapidamente pela Internet e redes de comunicação informática e telemática, imprescindível se torna que os meios de investigação dispostos à Polícia Judiciária também se alarguem na mesma medida. A possibilidade deste meio de prova na apuração de crime com base na lei do crime organizado vem nestes termos no artigo 10-A, retro colacionado:

> Será admitida a ação de agentes de polícia infiltrados virtuais, obedecidos os requisitos do *caput* do art. 10, na Internet, com o fim de investigar os crimes previstos nesta Lei e a eles conexos, praticados por organizações criminosas, desde que demonstrada sua necessidade e indicados o alcance das tarefas dos policiais, os nomes ou apelidos das pessoas investigadas e, quando possível, os **dados de conexão** ou **cadastrais** que permitam a identificação dessas pessoas. (BRASIL, 2019, grifo nosso)

Para buscar dar mais precisão ao texto legal e às expressões utilizadas, o § 1º vem esclarecer que: "dados de conexão" são informações referentes a hora, data, início, término, duração, endereço de Protocolo de Internet (IP) utilizado e terminal de origem da conexão. Do mesmo modo, a lei conceitua "dados cadastrais" como sendo as informações referentes a nome e endereço de assinante ou de usuário registrado ou autenticado para a conexão a quem endereço de IP, identificação de usuário ou código de acesso tenha sido atribuído no momento da conexão. Há que se referir que esses conceitos se interpretam no conjunto legislativo com o Marco Civil da Internet (BRASIL, 2014).

Assim como vale para a regra geral aplicável à infiltração física, o § 2º do art. 10-A traz à baila a necessidade de o *Parquet* ser ouvido previamente à decisão do juiz, quando o pedido vier originalmente do delegado de polícia. Conclui-se, ainda, a partir do disposto neste parágrafo, que a legitimidade para representar ou requerer infiltração virtual é igualmente do delegado de polícia e do membro do Ministério Público, respectivamente.

Segundo o § 3º do mesmo artigo, essa modalidade de infiltração virtual (real-virtual) somente será admitida quando (a) existirem indícios de infração penal praticada por organização criminosa e (b) no caso das provas não puderem ser produzidas por outros meios disponíveis, conforme disposto também para a infiltração física (real--real). Aqui presente a mesma regra insculpida para a utilização do meio de prova interceptação telefônica: deve ser demonstrada a necessidade da medida, que a prova não pode ser obtida por outros meios, deve ser a *ultima ratio,* esgotados que estejam os demais meios de prova disponíveis. Contudo, cabe uma ponderação neste ponto. O cotejo acerca de meios de prova disponíveis aqui deve ser feito não apenas quanto à existência de outros meios de prova, ainda não utilizados, mas quanto à disponibilidade destes e, sobretudo, a verificação de sua adequação e utilidade para a formação do conteúdo probatório objetivado. Esgotar meios disponíveis apenas por eles existirem não parece inteligente, seja sob a ótica da investigação ou da administração responsável de recursos públicos (pois atividade de investigação implica gastar dinheiro público). Devem as autoridades públicas responsáveis pela persecução penal atentar-se aos princípios da economicidade e da eficiência administrativa, sem se descuidar dos demais ditames de um processo penal traçado de acordo com os princípios constitucionais.

O tempo de duração dessa infiltração virtual será de até seis meses, sem prejuízo de eventuais renovações, mediante ordem judicial fundamentada e desde que o total não exceda 720 dias e seja comprovada sua necessidade. Destarte, o prazo poderá ser prorrogado por até três vezes, num total de aproximadamente dois anos.

Nos termos do § 5º do artigo 10-A, findo o prazo previsto em Lei, o relatório circunstanciado, **associado a todos os atos eletrônicos** praticados durante a operação, deverão ser registrados, gravados, armazenados e apresentados ao juiz competente, que imediatamente cientificará o Ministério Público. Todos os atos eletrônicos registrados serão reunidos em **autos apartados** e apensados ao processo criminal juntamente com o inquérito policial, assegurando-se a preservação da identidade do agente policial infiltrado e a intimidade dos envolvidos.

Há previsão ainda de que, no curso do inquérito policial, o delegado de polícia poderá determinar aos seus agentes e que o Ministério Público e o juiz competente poderão requisitar, a qualquer tempo, relatório da atividade de infiltração. A importância deste relatório de atividade e do relatório circunstanciado será tratada em item específico – **3.4.5. A importância do Relatório (bem) circunstanciado** do Capítulo 3.

Deve-se estar atento aos ditames do artigo 10-A, pois trouxe no seu § 7º a advertência de que serão nulas as provas que não observarem suas disposições.

Para atender aos imperativos de segurança que a técnica impõe e garantir o alcance dos seus objetivos, livre de vazamentos indesejados, as informações da operação de infiltração serão encaminhadas diretamente ao juiz responsável pela autorização da medida, que zelará por seu sigilo. Em nome deste sigilo, que deve acompanhar todo o transcurso da infiltração até o final da operação, o acesso aos autos estará adstrito ao juiz, ao Ministério Público e ao delegado de polícia responsável pela infiltração.

Reza a lei, como regra geral, que o requerimento do Ministério Público ou a representação do delegado de polícia para a infiltração de agentes conterão a demonstração da necessidade da medida, o alcance das tarefas dos agentes e, quando possível, os nomes ou apelidos das pessoas investigadas e o local da infiltração.

Importante destacar que em seus termos a lei diz que no pedido pelo uso da técnica especial de investigação os nomes e apelidos dos alvos constarão quando possível, no que andou bem o legislador. Não obstante dever ser repelida, por inadmissível sob a égide do Estado Democrático de Direito, uma investigação virtual sem suspeito, tem-se que ter consciência de que muitas das vezes, consideradas as peculiaridades do mundo virtual, não estará disponível a identificação dos investigados, nem de nomes, nem de apelidos, pois neste ambiente é possível viver a partir de individualização baseada em fotos e ou códigos binários e *usernames*. Não se pode também deixar de lado a compreensão de que um dos fins de uma investigação é justamente a qualificação do autor do crime.

Da mesma forma que a interceptação telefônica, a infiltração virtual não pode ser feita aleatoriamente, o que se chama de 'interceptação por prospecção', sob pena de, igualmente, possibilitar a criação de um 'panóptico moderno institucionalizado', com a monitoração absoluta das pessoas, destruindo o primado da liberdade, intimidade e privacidade (CABETTE, 2015, p. 58).

Não se admite que o agente provoque o investigado a praticar delito e tome as providências para que não se consuma, criando o agente provocador um cenário de crime impossível por ineficácia absoluta do meio empregado (art. 17 do CP e súmula 145 do STF[23]), sendo insubsistente eventual flagrante preparado.

Assim como na infiltração tradicional que ocorre no ambiente físico, no mundo virtual há margem para que o policial infiltrado, ao atuar sob disfarce, ao imiscuir-se no grupo criminoso, venha a praticar conduta penalmente típica no intuito de colher provas ou manter seu disfarce íntegro. Incidentes são, então, mais de uma causa excludente da responsabilidade penal, a depender da conduta. A responsabilidade criminal pela prática de conduta típica pelo infiltrado quando se tratar da ocultação de sua identidade para, por meio da Internet, colher indícios de autoria e materialidade dos crimes fica excluída por força do estrito cumprimento do dever legal, que autoriza o uso e a manutenção da identidade fictícia, como falsidade documental ou ideológica para os fins legais da infiltração. Em relação às outras tantas condutas típicas criminais que possam ocorrer, como por exemplo o crime de invasão de dispositivo informático, insculpido no artigo 154-A do Código Penal, incide a inexigibilidade de conduta diversa para afastar a culpabilidade.

O norte para a análise e verificação da conduta deve ser o caso concreto, devendo o infiltrado agir na estrita finalidade da investigação, nos termos da lei e dos limites impostos na decisão judicial autorizadora, sob pena de responder pelos excessos, consoante dispõe o artigo 10-C, inserido pela Lei Anticrime (BRASIL, 2019) na Lei do Crime Organizado (BRASIL, 2013):

> Não comete crime o policial que oculta a sua identidade para, por meio da internet, colher indícios de autoria e materialidade dos crimes previstos no art. 1º desta Lei.
>
> Parágrafo único. O agente policial infiltrado que deixar de observar a estrita finalidade da investigação responderá pelos excessos praticados. (BRASIL, 2019)

---

[23] Enunciado da Súmula 145 do STF: "não há crime, quando a preparação do flagrante pela polícia torna impossível a sua consumação".

98 Infiltração Policial

Registre-se que a responsabilização pelos excessos pode se dar nas esferas penal, civil e administrativa. Mais sobre a temática de responsabilização do agente será encontrado no item **3.1.1. A proporcionalidade como medida da responsabilidade penal do infiltrado**.

A Lei Anticrime incluiu importante dispositivo, por meio do parágrafo único do artigo 11 na Lei nº 12.850/2013, para fins de viabilização operacional da investigação sob disfarce no mundo virtual, no sentido de que os

> órgãos de registro e cadastro público poderão incluir nos bancos de dados próprios, mediante procedimento sigiloso e requisição da autoridade judicial, as informações necessárias à efetividade da identidade fictícia criada, nos casos de infiltração de agentes na internet. (BRASIL, 2019)

Importante normativa, pois representa incremento no potencial de realismo para a estória-cobertura construída com reflexos diretos na execução da missão.

De forma sintética, têm-se, com base nos dispositivos da Lei do Crime Organizado, os requisitos para a infiltração virtual de agentes: (a) existência de indícios de autoria ou participação nos crimes previstos no art. 1º da LCO; (b) não haver outros meios de obtenção de provas disponíveis; (c) autorização judicial; e (d) manifestação técnica do delegado de polícia quanto à viabilidade executória da operação.

Por sua vez, Hoffmann (2020), quando aponta os requisitos da infiltração policial cibernética, permite verificar o quão coincidentes são as disposições da LCO com as do ECA. Nesse sentido:

> *fumus comissi delicti*: indícios da existência de determinado crime (art. 190-A do ECA e art. 10-A, § 3º da Lei nº 12.850/13). [...]
>
> *periculum in mora*: risco que a não realização imediata da diligência representa para a aplicação da lei penal, investigação criminal ou ordem pública (art. 282, I do CPP). [...]
>
> autorização judicial após representação do delegado de polícia (com oitiva do Ministério Público, que não vincula o juízo) ou requerimento do membro do Ministério Público (art. 190-A, I do ECA e art. 10-A, § 2º da Lei nº 12.850/13). Deve o juiz decidir no prazo de 24 horas, por incidência do art. 12, § 1º da Lei nº 12.850/13, que se aplica não apenas à infiltração presencial, mas também à virtual. [...]

manifestação técnica do delegado de polícia: a autoridade de Polícia Judiciária deve expor sua concordância. Conquanto tal exigência se encontre expressamente apenas no dispositivo atinente à infiltração policial presencial (art. 10 da Lei nº 12.850/13), deve ser observada também na infiltração policial virtual, afinal, também envolve riscos ao agente de polícia, ainda que em menor grau. Ademais, o delegado de polícia é o presidente do inquérito policial (art. 2º da Lei nº 12.830/13) e "pode dizer se há ou não há quadro técnico pronto para este tipo de missão é a própria autoridade policial" [...]. (GOMES; SILVA, 2015, p. 403)

A partir do advento da previsão da infiltração virtual para fins de investigação do crime organizado, é esperado um incremento qualitativo nas ações de polícia judiciária. Nesse sentido, as palavras do delegado federal Marcio Anselmo, respeitada autoridade, nacionalmente reconhecida como um dos ícones do excelente trabalho prestado pela força-tarefa da operação Lava-Jato, ao destacar a importância da infiltração policial na apuração de responsabilidades do crime organizado, sobretudo o ligado à corrupção:

> **Assim, observa-se que a legislação brasileira, a partir da edição da Lei nº 12.850/2013, passa a contar com uma disciplina, ainda que mínima, para a execução da medida. Como resultado, a tendência é que seja mais um dos meios de obtenção de prova disponíveis no enfrentamento à criminalidade organizada [...]** Sem dúvida, trata-se de instituto inovador e cuja utilização pode se apresentar de grande valia num Estado dominado pelo crime organizado em que cada vez mais os meios de investigação têm sido dificultados. Assim, a utilização da infiltração policial, em conjunto com outros meios de investigação e obtenção de provas, como a ação controlada e a colaboração premiada, deve marcar as grandes ações de enfrentamento ao crime organizado nos próximos anos, sobretudo em razão das dificuldades encontradas na utilização dos meios tradicionais de investigação. [...] sobretudo em razão da dificuldade inerente às investigações da prática de crimes de corrupção por parte de agentes públicos. [...] a inclusão da possibilidade de utilização da infiltração virtual vem reforçar sobremaneira a utilização do instituto, ampliando consideravelmente sua margem de utilização. (ANSELMO, 2020, p. 197, destaques nossos)

Se os resultados serão os esperados, isso dependerá da valorização desta técnica no planejamento das instituições de polícia judiciária, da condução da estratégia, acaso priorizada, e do suporte técnico, operacional e administrativo destacado para plena execução das ações de infiltração. Serão abordados nos próximos capítulos essas e outras questões necessárias ao fomento da infiltração, em ambas as modalidades – física e virtual.

2.3.3. Infiltração virtual: outros crimes, interpretação extensiva

Diferentemente da normativa trazida para infiltração policial virtual pelo ECA (BRASIL, 2017), que delimitou, em rol taxativo, os delitos nos quais é possível o uso da técnica investigativa em comento (artigo 190-A do ECA), a Lei de Organização Criminosa (BRASIL, 2013) não apresenta rol descritivo dos crimes e autoriza a modalidade virtual de infiltração para apuração de crimes de organização criminosa e a eles conexos (art. 10-A da Lei nº 12.850/2013), trazendo assim maior amplitude de uso[24].

Formaram-se, a princípio, duas correntes acerca da possibilidade do uso de infiltração virtual. Uma primeira defende ser este rol taxativo, tendo em vista o caráter excepcional da ferramenta investigativa, não devendo ser permitido o uso para além dos permissivos legais previstos (crimes relacionados no ECA e crimes de organização criminosa e a ele conexos), conforme Sannini Neto (2017). Para a segunda corrente (LEITÃO, 2017), trata-se de previsão exemplificativa, sendo argumentada com base no princípio da proteção deficiente e da livre iniciativa probatória a defesa do emprego dessa técnica investigativa quando for necessária para elucidar crimes graves cometidos por meio da Internet.

Entendemos que a questão, respeitadas as duas correntes apresentadas pelos ilustres doutrinadores, pode encontrar, ainda, uma terceira via, intermediária – aquela que considera a interpretação extensiva e o princípio da legalidade. Defende-se, assim, a possiblidade de uso da infiltração apenas para os crimes em que haja prévia estipulação no ordenamento jurídico, contudo, devendo ser tomada a interpretação no sentido de infiltração policial como técnica especial de investigação, sendo suas modalidades decorrentes a infiltração física e a infiltração virtual. A par disso, havendo previsão de modalidade de infiltração mais gravosa e arriscada, qual seja, a infiltração física **real-real**, englobada estará, implicitamente, a permissão para a execução da infiltração na modalidade virtual (**real-virtual**), que demanda menos riscos ao agente e neutraliza possibilidades de embates no campo operacional, que pode ser mais danoso também para o investigado. Deve ser considerado, não como fator determinante, mas como adicional, o menor custo operacional envolvido. Vale a máxima do "quem pode o mais pode o menos".

---

[24] A infiltração virtual pode ser utilizada, nos termos do ECA, para investigação de: pedofilia (arts. 240, 241, 241-A, 241-B, 241-C e 241-D do ECA); crimes contra a dignidade sexual de vulneráveis: estupro de vulnerável (art. 217-A do CP), corrupção de menores (art. 218 do CP), satisfação de lascívia (art. 218-A do CP) e favorecimento da prostituição de criança ou adolescente ou de vulnerável (art. 218-B do CP); invasão de dispositivo informático (art. 154-A do CP).

Assim, entendemos, por via de consequência, permitida a infiltração virtual para fins de investigação de crimes com base nas outras leis que permitem a infiltração física, mas que não foram agraciados pelo legislador com a letra expressa, quais sejam, a Lei de Drogas (Lei nº 11.343/2006, art. 53, I) e a Lei de Lavagem de Capitais (Lei nº 9.613/1998, art. 1º, § 6º).

Na linha do debate das normas permissivas quanto às modalidades de infiltração, cumpre lembrar e destacar as disposições da Lei de Terrorismo (Lei nº 13.260/2016, art. 16) e Lei de Tráfico de Pessoas (Lei nº 13.344/2016, art. 9) quanto ao uso dessa técnica especial de investigação (BRASIL, 2016a e 2016b). A Lei de Terrorismo diz que se aplicam as disposições da Lei de Crime organizado, dentre elas leia-se a infiltração de agentes, para fins de investigação, processo e julgamento dos seguintes crimes: atos de terrorismo (art. 2º, § 1º); promoção, constituição, integração ou prestação de auxílio à organização terrorista (art. 3º); atos preparatórios de terrorismo (art. 5º, *caput*); auxílio e treinamento de atos terroristas (art. 5º, § 1º, incisos I e II); e o financiamento do terrorismo (art. 6º). Na mesma linha extensiva, a Lei nº 13.344/2016, Lei de Tráfico de Pessoas, que incluiu o art. 149-A no Código Penal Brasileiro, tipificando o crime de tráfico de pessoas, em seu art. 9º, admite a infiltração para investigar o novo crime tipificado, pois insculpiu a previsão de aplicação subsidiária, no que couber, do disposto na Lei nº 12.850/2013. Ou seja, insta concluir que ambas as hipóteses de infiltração estão contempladas e autorizadas para a investigação dos crimes previstos na Lei do Terrorismo e na Lei do Tráfico de Pessoas[25].

Pelo exposto, não permitir a infiltração virtual para investigação de crimes alvos da Lei de Drogas (BRASIL, 2006) e da Lavagem de Capitais (BRASIL, 1998) fere a proporcionalidade e a razoabilidade quanto ao processo de persecução penal para crimes com similar gravidade e com previsão de outros meios probatórios correlatos, idênticos, aos da Lei do Crime Organizado (BRASIL, 2013), como, por exemplo, a colaboração premiada, a ação controlada e a interceptação telefônica e telemática. Não houve restrição expressa quanto ao uso na Lei de Drogas e na de Lavagem – e considerando ser a Lei do Crime Organizado verdadeira norma procedimental, adequado concluir pela extensão interpretativa, pois outra não seria a vontade do legislador. Além disso, não parece ser medida de justiça criminal o tratamento diferenciado desta matéria, cabendo inclusive interpretação sistêmica para fins de defender o uso da infiltração virtual nesses casos e, também, a invocação da "proibição de proteção ineficiente ao aparelho estatal", referida por Leitão (2017).

---

[25] Vide tópico 2.1.

2.4. A infiltração no direito comparado

Na maioria das vezes, este método é empregado nos casos que envolvem atividades criminosas transnacionais, sendo incluída entre as técnicas de assistência judicial normatizada no Convênio de Assistência Judicial em matéria penal e aceita pelos Estados Membros da União Europeia (PEREIRA, 2017, p. 99-100).

No ano de 1992, o legislador alemão acrescentou em seu ordenamento jurídico a Lei para o combate do tráfico de entorpecentes e outros crimes organizados, alterando o § 110 do Código de Processo Penal alemão (*StrafprozeBordnung* – StPO) e adicionando a figura do agente infiltrado (*Verdeckter Ermittler*), conforme registro de Silva (2015, p. 35).

> A lei alemã definiu alguns requisitos para a utilização do agente infiltrado, estabelecendo um catálogo de delitos, não como o projeto inicial que queria estabelecer um *numerus clausus* de delitos – como o adotado em Portugal na Lei nº 101/2001, de 25 de agosto – mas incorporou nos números 3 e 4, cláusulas gerais que permitem a incorporação de outros delitos. A atuação do agente infiltrado é admitida nas seguintes situações: a) quando algum dos fatos puníveis enumerados nos números de 1 a 465, de considerável significado, tenha sido cometido, ou exista suspeita de seu cometimento. B) para o esclarecimento de delitos punidos com penas privativas de liberdade mínimas de 1 ano, ou superior, sempre que sobre a base de atos determinados exista o perigo de reincidência. Para ambas as situações, o esclarecimento por outras vias, deve apresentar-se como impossível ou dificultoso (cláusula de subsidiariedade, tal qual prevista no § 100a – interceptação de comunicações a distância). C) Para o esclarecimento de delitos punidos com pena privativa de liberdade com pena mínima de 1 ano, ou superior, sem perigo de reincidência, "quando o especial significado do ato exija a intervenção e outras medidas resultariam inúteis (segunda cláusula de subsidiariedade). (SILVA, 2015, p. 37)

No ordenamento jurídico de Portugal, a primeira previsão do agente infiltrado ocorreu através do Decreto-Lei nº 430/1983, conhecido como Lei da Droga, e em seu art. 52 previa que não deveria ser punido o "funcionário de investigação criminal" que aceitasse, diretamente por intermédio de terceiro, a entrega de entorpecentes, para fins de inquérito e sem que revelasse sua identidade (SILVA, 2015, p. 58-59).

Para o presente trabalho, ainda é importante ressaltar a ampliação do rol de crimes em que é permitida a utilização do agente encoberto nas leis de Portugal:

Com a edição da Lei nº 109/2009 foi ampliado o rol de crimes no qual é possível a utilização do agente encoberto. A citada lei, denominada Lei do Cibercrime, prevê que, além dos crimes nela previstos, o agente encoberto também pode ser utilizado como meio de investigação nos crimes onde a pena em abstrato seja superior a cinco anos, ou nos crimes com penas menores de cinco anos, mas que sejam cometidos na forma dolosa, contra a liberdade e autodeterminação sexual nos casos em que os ofendidos sejam menores ou incapazes; a burla qualificada; a burla informática e nas comunicações; a discriminação racial, religiosa ou sexual; as infracções económico-financeiras; bem como os crimes consagrados no título IV do Código do Direito de Autor e dos Direitos Conexos. (SILVA, 2015, p. 59-60)

Na Espanha, através da Lei Orgânica nº 5 de 1999, foi introduzida no Código de Processo Penal a referida técnica policial em organização criminal (*Ley de Enjuiciamiento Criminal* – LECrim):

> Para os fins previstos no artigo anterior e quando se trate de investigações relativas a atividades próprias da delinquência organizada, o Juiz de Instrução competente ou o Ministério Público, comunicando imediatamente ao Juiz, poderão autorizar a funcionário(s) da Polícia Judiciária, mediante decisão fundamentada e considerando sua necessidade para os fins da investigação, a atuar com identidade fictícia e adquirir e transportar os objetos, produtos e instrumentos do delito e adiar a apreensão dos mesmos. (BONFIM, 2004, p. 19)

Antes da referida Lei, a figura do infiltrado já era aceita na Espanha, tendo como base a causa de excludente de antijuridicidade de agir no cumprimento do dever legal ou na atuação regular de um direito, ofício ou cargo, sendo, portanto, aceito na jurisprudência (PÉREZ *apud* BONFIM, 2004, p. 19-20).

O legislador brasileiro poderia ter inserido no texto das Leis nº 12.850/2013 e nº 13.441/2017 redações semelhantes àquela prevista no ordenamento penal espanhol (art. 282 bis, apartado 3 da LECrim), em que consta (traduzido):

> Quando as atuações de investigação podem afetar aos direitos fundamentais, o agente infiltrado deve solicitar junto ao órgão judicial competente as autorizações que, a respeito, estabelecem a Constituição e a lei, assim como cumprir outras disposições legais aplicáveis.

Este texto determina ao magistrado que irá analisar o pedido de infiltração observar eventuais direitos fundamentais que poderão ser violados no desenrolar da operação encoberta, sopesando as bases da proporcionalidade e a viabilidade do deferimento do pleito, de forma a impedir mitigação desnecessária de direitos e garantias fundamentais dos investigados (PEREIRA, 2017, p. 102).

Ainda é acrescentado em outros ordenamentos jurídicos, conforme estudos de Bonfim (2014):

> Na França, esta técnica de investigação foi introduzida pela Lei nº 1294, de 19 de dezembro de 1991. Na Itália está prevista no Decreto nº 309, de 09 de outubro de 1990, e no Decreto-lei nº 306, de 08 de junho de 1992; também na Lei nº 269, de 03 de agosto de 1998.
>
> Conquanto admitida pela jurisprudência, na Áustria, Bélgica, Inglaterra e Suíça não há previsão legal para a infiltração de policiais.
>
> A infiltração também está prevista nas legislações da Argentina (Lei nº 24.424, de 07 de dezembro de 1994) e México (Lei Federal contra a Delinquência Organizada, de 07 de novembro de 1996). (BONFIM, 2004, p. 21)

É evidente a larga aceitação desta técnica pela implementação de uma política criminal bastante significativa, tendo como base a atuação de agentes policiais, que tem como finalidade afrontar as atuações delitivas graves efetuadas por organizações criminosas (perspectiva penal punitiva), mas respeitando garantias constitucionais dos investigados (perspectiva penal garantista). Conforme ensina Pereira (2017, p. 99), ainda que se trate de um método "restritivo" de direitos fundamentais, é importante para conter uma criminalidade cada vez mais desenvolvida e sofisticada, advinda da atual sociedade globalizada.

3. ASPECTOS OPERACIONAIS RELEVANTES

Independente de alhures se ter procurado ser bem abrangente quanto aos aspectos legislativos que circundam a infiltração policial, entende-se por bem destacar, e até mesmo repisar, pontos de relevância. Buscar-se-á neste tópico concatenar aspectos operacionais e administrativos com os ditames legais em pontos práticos da temática, em ambas as modalidades, e – até mesmo – sintetizar conteúdo já enfrentado nos itens anteriores.

Dessa forma, almeja-se ter uma fonte de acesso rápido para assuntos relacionados à infiltração policial, bem como instigar o debate crítico sobre a necessidade, utilidade e rumos da técnica.

3.1. Requisitos e limites da infiltração

Postas as legislações aplicáveis à infiltração com as considerações pertinentes, parte--se para uma sintetização do que se convencionou chamar de **requisitos e limites da infiltração**.

Assim, quando a autoridade policial, ou o membro do Ministério Público, considerar o uso da técnica da infiltração no bojo de persecução criminal em curso, deverá, antes de mais nada, fazer um exercício, ainda que mental, para checagem, verificação da necessidade e adequação da medida, assim como de tudo que a envolve dentro do devido processo legal.

Buscar-se-á, na sequência, apresentar os requisitos básicos para a infiltração se efetivar nos termos legais, trazendo, ao fim deste subtópico, os limites que devem pautar a atuação do agente infiltrado.

O primeiro requisito é o **caráter excepcional**, porque estará sendo infringida a intimidade do investigado, bem como de familiares, e o uso de ardil não pode ser a regra em um Estado Democrático de Direito. Ademais este método de investigação é perigoso também para o agente (WOLFF, 2018, p. 219).

Em segundo lugar, é indispensável a **determinação expedida pela autoridade judicial**. Este requisito garante a idoneidade do método de investigação, de forma pormenorizada, acerca da possibilidade de ceder a permissão, documento que tornará legítima a atuação do agente, mesmo que ocorra violação do direito fundamental do investigado (PEREIRA, 2017, p. 101). Assim, a atividade estará sob o crivo de uma autorização judicial, podendo se desenvolver nos limites legais e práticos.

> É imprescindível a ordem judicial prévia, fundamentada e detalhada, a fim de evitar futuras responsabilizações disciplinares e por abuso de autoridade em relação ao agente infiltrado. A autorização judicial será sigilosa e permanecerá como tal até o final da infiltração. (CAPEZ, 2017, p. 281)

Em relação à infiltração cibernética, o juiz ainda fixará as tarefas dos agentes, os nomes ou apelidos e os dados cadastrais que possibilitem o reconhecimento dessas pessoas, conforme pormenorizado no requerimento ou na representação (SALES, 2017, p. 8).

O terceiro requisito pode ser relacionado com os dois primeiros: o **juízo de proporcionalidade**, em que o direito ao castigo por parte do Estado não poderá ser realizado sob qualquer justificativa, mas apenas com respeito aos direitos e garantias fundamentais do investigado (os quais não possuem caráter absoluto), conforme Pereira (2017, p. 101).

Importante salientar que os liames que cerceiam a atuação policial já estão predefinidos no ordenamento jurídico nacional, na Constituição Federal, Código de Processo Penal e legislações esparsas, sendo assim, os órgãos persecutórios devem se limitar a ações que não transgridam os direitos fundamentais das pessoas investigadas (ZANLUCA, 2016, p. 75). Havendo necessidade de invasão aos direitos fundamentais, a ação deve estar fundamentada em **justificada proporcionalidade** da medida, sujeita ao crivo judicial, seja prévio, concomitante ou posterior, para análise sobre a adequação da violação a partir da harmonização dos interesses conflitantes no caso concreto.

A **especialidade** forma o quarto requisito, estando relacionado a indícios suficientes para arguição de delito determinado, de natureza grave, que possa sustentar a possibilidade de que o sujeito esteja cometendo ou já praticou um crime, permitindo que a investigação infiltrada determine de forma precisa qual crime seria e quais as pessoas envolvidas (PEREIRA, 2017, p. 102).

A **motivação** enquadra no quinto elemento exigido, sendo necessário justificar com razões contundentes, na autorização judicial, os motivos que conduziram o magistrado a restringir, pelo menos *a priori*, um direito fundamental pertencente ao investigado. Com tudo isso, deve ser evidenciada a importância do Ministério Público no instante em que fornece todas as informações racionais de criminalidade organizada, para que sejam formados os argumentos (PEREIRA, 2017, p. 102).

Por último requisito, tem-se o **controle exercido pelo juiz e o Ministério Público** durante a ocorrência da operação do agente. O órgão do *Parquet,* como possuidor do *múnus* da supervisão externa da atividade policial, deve ter conhecimento de toda a composição do plano de atuação, conforme observa Pereira (2017, p. 103). O Mistério Público deve ter acesso às informações colhidas durante a operação, pois irá utilizá--las para a persecução penal; sendo assim, também deverá garantir a obediência do agente ao disposto na autorização judicial.

O agente deverá relatar periodicamente as diligências realizadas, informando a autoridade policial ao Ministério Público, que deverá verificar os resultados e provas obtidas, analisando a possibilidade de prorrogação ou não ante os fatos (GUERRA, 2011, p. 12), em regra precedida de manifestação do Delegado de Polícia.

O agente infiltrado deve prezar pela sua segurança, portanto, percebendo a iminência de riscos, a operação deverá ser suspensa, com a requisição do Ministério Público ao magistrado ou representação de autoridade policial. O ato de suspensão da operação de infiltração terá dois momentos, embora haja divergência:

> Há divergências doutrinárias acerca da disponibilidade do direito de cessar a qualquer tempo a infiltração, sendo que para alguns, bastando tal verificação, não necessariamente deveria aguardar parecer ministerial ou do magistrado para cessar sua infiltração, tendo em vista se tratar de risco à sua própria vida. (CURIA *apud* GUERRA, 2011, p. 13)

Cremos, no entanto, que os dois momentos da suspensão da operação são bem críveis e atendem melhor à legislação, ou seja, faticamente o risco de continuidade da ação de infiltração não pode ficar adstrita à vênia judicial, que vai corroborar ou não a suspensão de fato.

3.1.1. A proporcionalidade como medida da responsabilidade penal do infiltrado

Quanto à proporcionalidade enquanto requisito aplicado à infiltração e a responsabilidade do agente pelas suas ações na execução da missão, cumpre fazer mais algumas anotações.

O princípio da proporcionalidade é, na concepção de um Estado Democrático de Direito, basilar tanto para a escolha pela utilização deste meio especial de produção de prova quanto para nortear a atuação do agente infiltrado. A infiltração, como visto, deve ser usada em casos diferenciados, consideradas a complexidade e a gravidade dos crimes, quando esgotados outros meios de prova ou verificada inviabilidade executória de algum ainda disponível, sendo, por isso, excepcional medida.

Uma vez sujeitos a um conjunto de regras de forte composição ética destinadas a legitimar seu comportamento de cidadãos **diferentes** que são dos cidadãos comuns, cabe ao servidor público, no caso, ao policial infiltrado, o dever de agir (ou deixar de agir) observando os princípios constitucionais da legalidade, impessoalidade, moralidade, eficiência, proporcionalidade etc.

A infiltração policial presume existir proporcionalidade, o que significa conduzir a atuação do agente infiltrado e determinar limitações para agir e até que ponto pode prosseguir, ao passo que, transgredindo as orientações, responderá ele pelo excesso, sendo punido e disciplinado criminalmente (ROSSATO; LÉPORE; CUNHA, 2018, p. 518).

Destarte, o policial deve guardar em sua atuação a devida proporcionalidade com a finalidade da investigação, caso contrário responderá pelos excessos praticados. Em suma, a **infiltração será proporcional** enquanto for **medida adequada** e **necessária** direcionada para uma finalidade da investigação, cujo benefício almejado é maior que o prejuízo causado ao direito fundamental do investigado, atentando-se ainda aos termos e limites impostos pelo juiz na decisão que autorizou o procedimento, observando especialmente o prazo estabelecido.

O agente, estando infiltrado no interior das organizações criminosas, deve agir sem ultrapassar ou violar de forma desnecessária as garantias constitucionais das pessoas investigadas, podendo ser utilizadas estratégias de engano ou dissimulação para obter provas que comprovem o ato ilícito praticado (PEREIRA, 2017, p. 100).

O legislador previu a proporcionalidade a ser observada pelo agente infiltrado e trouxe também a medida para a sua responsabilidade penal, na lei de combate ao crime organizado:

> Art. 13. O agente que não guardar, em sua atuação, a devida proporcionalidade com a finalidade da investigação, responderá pelos excessos praticados.
>
> Parágrafo único. Não é punível, no âmbito da infiltração, a prática de crime pelo agente infiltrado no curso da investigação, quando inexigível conduta diversa. (BRASIL, 2013)

Aqui, seguindo a maioria dos doutrinadores pátrios[26], entende-se por presente a causa excludente de culpabilidade **inexigibilidade de conduta diversa**, uma vez que se o agente praticar um crime por ser esta a sua única opção, sendo algo inevitável, não sendo possível exigir dele, na situação específica, outro comportamento, não seria outra a interpretação do dispositivo legal.

No que tange à questão dos limites de atuação, impende frisar e destacar alguns pontos relevantes trazidos pela doutrina que devem estar na mente do gestor da operação e, principalmente, na consciência do infiltrado.

O agente infiltrado deve tomar o cuidado de não se sentir "à vontade" praticando delitos; sua atuação dever pautada em equilíbrio entre os princípios do Estado de Direito e os interesses. Volta-se mais uma vez ao **princípio da proporcionalidade**, em que deve ser enfrentado o crime organizado de forma eficiente, mas não pode o agente praticar qualquer delito penal sob essa justificativa, possibilitando acarretar crimes mais severos que os cometidos pela organização criminosa (SILVA *apud* ZANLUCA, 2016, p. 75).

Os atos do agente devem estar de acordo com os fins buscados pela persecução penal, de outro modo, as ações tornam-se tão criminosas quanto a dos alvos da investigação, se não mais por estar "legitimado" pelo Estado. (SILVA *apud* ZANLUCA, 2016, p. 75). Por outro lado,

> É inegável o questionamento acerca da forma que lhe aplicam as penas sobre os crimes praticados, vez que tenha o agente atuado em harmonia com a legislação poderá este ficar isento de responsabilidade, ou ainda pura e simplesmente ser punido de maneira não equiparada ao crime praticado.

---

[26] Nesse sentido, Nucci e Nucci (2015, p. 91-92) e Masson e Marçal (2015, p. 233-237).

[...]

Na ocorrência de crimes praticados por agentes infiltrados, para que ocorra a isenção de responsabilidade penal, precisa ser judicialmente autorizada, ou seja, o crime praticado deve ser consequência necessária e indispensável. (GUERRA, 2011, p. 15)

Em suma, para que tenha isenção da responsabilidade penal, o agente infiltrado deve ter sua atuação permitida judicialmente. Caso cometa infração penal, deve ser ato necessário e indispensável para o desenrolar da investigação, sendo proporcional à finalidade perseguida, não podendo, igualmente, induzir pessoas a cometer crimes, conforme observa Andreucci (2017, p. 335).

Por fim, é importante mencionar o receio do agente infiltrado tornar-se provocador, ou seja, poder instigar atos ilícitos por parte do investigado, contrariando sua real função, que seria observar as condutas apenas (ZANLUCA, 2016, p. 75).

Para a atuação, o agente deve sempre zelar para que não transgrida a Súmula 145 do STF, que advém do artigo 12 do Código Penal, que determina que não poderá haver crime se for feita preparação por parte da polícia e ao mesmo temo impedir a consumação – esse é o denominado flagrante preparado (WOLFF, 2018, p. 227).

Diferente é o flagrante esperado, em que o agente toma conhecimento das informações do crime, antes de ser concretizado, ocorrendo a possibilidade da ação controlada, retardando o flagrante para um momento mais propício a formação de provas, conforme Wolff (2018, p. 231).

Não é improvável a prática de crime pelo infiltrado. A maior ou menor probabilidade dependerá muito do caso concreto, considerados as características, *modus operandi*, os crimes relacionados ao alvo e os desdobramentos da missão. Mais presente a possibilidade de situações intrincadas quando a infiltração se der em células criminosas ligadas ou mais próximas da violência, principalmente no submundo das drogas (parece de verificação fácil a realização de algum verbo nuclear do tipo penal previsto na Lei de Drogas) e dos crimes patrimoniais, como receptação, por exemplo. Noutro cenário, envolvendo crimes contra a administração pública, v.g., é possível uma redução, ao menos abstrata, desse campo de concretização de ilícito pelo infiltrado, em especial quando a missão for coletar informações sobre esquemas, fraudes, desvios, com a aproximação e conquista de confiança dos infratores.

Nos dois cenários ao norte, o que importará para adequar as ações do infiltrado no âmbito da excludente de culpabilidade é justamente a verificação da conduta do agente sob o enfoque de **ser evitável ou não, ser intolerável ou não**. Sendo evitável e intolerável, a partir do entendimento do homem médio – medida para o comportamento de todos os demais seres humanos –, ganha espaço a necessidade de responsabilização penal do agente. Contudo, sendo inevitável e tolerável a conduta, portanto, inexigível outra ação do infiltrado, presente a causa geral de exclusão da culpabilidade, denominada inexigibilidade de conduta diversa. Dito isso, convém destacar que esta análise acerca da responsabilidade penal pelos excessos pratica- dos deve ser feita pelo juiz, com base na proporcionalidade aferida casuisticamente. Assim, é o caso concreto, com suas circunstâncias objetivas e subjetivas adjacentes, que será considerado pelo magistrado quando da apuração de responsabilidade penal do agente pelos atos praticados no transcorrer da infiltração.

A Lei nº 13.964/2019 (BRASIL, 2019) trouxe uma inovação no assunto responsabi- lidade penal do infiltrado. O dispositivo se refere às hipóteses de infiltração virtual:

> Art. 10-C. Não comete crime o policial que oculta a sua identidade para, por meio da internet, colher indícios de autoria e materialidade dos crimes previstos no art. 1º desta Lei.
>
> Parágrafo único. O agente policial infiltrado que deixar de observar a estrita finalidade da investigação responderá pelos excessos praticados.

Tanto a Lei do Crime Organizado (BRASIL, 2013) como as disposições do ECA (BRASIL, 2017) trazem disposições sobre a responsabilidade penal do agente infiltrado, seja qual for a modalidade da infiltração, física ou virtual. Entretanto, não se pode olvidar que o delegado de polícia e o membro do MP também estarão sujeitos à responsabilização penal, em especial se deixarem de prezar pelos objetivos da medida investigativa.

Aliás, a responsabilidade do infiltrado e das autoridades não se restringe ao campo penal, mas abrange também a esfera administrativa e civil. Repisa-se, a análise dar-se- -á pelo judiciário à luz dos fatos concretizados na missão, à luz da proporcionalidade e do cotejo e harmonização dos princípios constitucionais em conflito, sendo que o próprio juiz também sofre o controle, via instâncias adequadas, sobre as decisões proferidas, podendo vir a responder nas mesmas esferas a que se sujeitam os demais se irregularidades forem constatadas.

3.2. A regra de ouro: sigilo do início ao fim

A **regra de ouro** significa, substancialmente, fazer aos outros apenas aquilo que desejaríamos que os outros nos fizessem, se estivessem em nossa situação (HILL, 2017, p. 269).

Aquele que está infiltrado quer a manutenção do sigilo para sobreviver; aquele que faz parte da equipe deve manter o sigilo para o infiltrado sobreviver; aquele que necessitou tomar conhecimento acerca da infiltração deve manter o sigilo para aquele não morrer; e todos estes gostariam que o mesmo fosse feito pelos demais se infiltrados estivessem. Nada mais justo, necessário e obrigatório.

Não há espaço aqui para a máxima de Benjamin Franklin: "três pessoas são capazes de guardar um segredo se duas delas estiverem mortas" (CITAÇÕES E..., s.d.). É, pois, dever dos envolvidos manter sigilo. Este é "um dos preços para estar na sala", como dizia Steve Jobs (RODRIGUES, 2015). A cultura do sigilo por vezes não é inerente ao profissional, e para esses casos de infiltração a obrigatoriedade de cursos de segurança orgânica ganha relevo e deve imperar nas instituições policiais por meio de suas academias de polícia.

O artigo 12 da Lei nº 12.850/2013 traz regra primordial para garantia da eficácia da medida na investigação.

> Art. 12. O pedido de infiltração será sigilosamente distribuído, de forma a não conter informações que possam indicar a operação a ser efetivada ou identificar o agente que será infiltrado. (BRASIL, 2013)

A principal regra não poderia, como visto, deixar de cuidar do principal ativo da investigação: o agente infiltrado. Assim, a segurança do agente infiltrado e o próprio sucesso da operação depende (a) da salvaguarda do sigilo que deve incidir desde a escolha da técnica no seio da equipe que atua no caso; (b) seguir junto com a representação/requisição; (c) pousar sobre a autorização judicial; e (d) manter-se incólume durante toda a investigação. Destarte, (e) o Delegado de Polícia deverá restringir, ao máximo, o conhecimento acerca da operação a ser desencadeada. Ainda, (f) a compartimentação é natural nesses casos e não é incomum se impor inclusive dentro da própria equipe.

É imprescindível que seja ocultada a verdadeira identidade do agente infiltrado. A autoridade policial deverá encaminhar ao poder judiciário pedido para elaboração de

Aspectos operacionais relevantes **113**

documentos fictícios (Certidão de Nascimento, Carteira de Identidade, CPF, Carteira Nacional de Habilitação, Carteira de Trabalho e Previdência Social, passaporte etc.), bem como a inserção das informações da nova identidade nos respectivos sistemas de bancos de dados da administração pública, quando for necessário para a execução da missão[27].

Salienta-se que a petição direcionada ao Poder Judiciário deve conter expressamente o pedido para produção junto às instituições competentes e para o fornecimento de cada um dos documentos necessários conforme as particularidades da missão, bem como a inserção dos dados pelo prazo necessário junto aos sistemas informatizados.

Relacionamos algumas medidas, não taxativas, a serem consideradas para nortear os gestores do caso:

1. Exclusivamente, os servidores policiais a serem efetivamente empregados na missão devem tomar ciência a respeito da representação encaminhada ao Poder Judiciário – **Regra da necessidade de conhecer:** só deve tomar conhecimento da informação quem tem a necessidade de conhecer.
2. Devem ser instituídos, em normativa, mecanismos internos ao órgão policial que objetivem resguardar o devido sigilo, em especial quando a medida contar com apoio de agentes policiais de outros órgãos (setor de inteligência, por exemplo) – **Protocolo de infiltração policial.**
3. Quando possível, apenas o juiz e o promotor de justiça responsáveis pelo caso, ou algum serventuário indicado por estes, deverá ter conhecimento sobre a efetivação da infiltração policial – **Restrição de acesso aos autos.**
4. Para ampliar as possibilidades de êxito da infiltração policial, bem como garantir maior segurança ao agente infiltrado, deverá o delegado de polícia pleitear a prorrogação da interceptação das comunicações telefônicas, quando existentes – **Ampliação do monitoramento remoto.**
5. A autoridade responsável pela equipe deverá considerar locais especiais para a interlocução presencial com o infiltrado, que deve ocorrer somente em último

---

[27] Lei nº 12.850/13 – Art. 14. São direitos do agente:

I – (...)

II – ter sua identidade alterada, aplicando-se, no que couber, o disposto no art. 9º da Lei nº 9.807, de 13 de julho de 1999, bem como usufruir das medidas de proteção a testemunhas;

III – ter seu nome, sua qualificação, sua imagem, sua voz e demais informações pessoais preservadas durante a investigação e o processo criminal, salvo se houver decisão judicial em contrário;

IV – não ter sua identidade revelada, nem ser fotografado ou filmado pelos meios de comunicação, sem sua prévia autorização por escrito.

114 Infiltração Policial

caso em razão de considerável necessidade, pois a medida pode prejudicar a investigação, mas sobretudo a segurança do infiltrado. Da mesma forma, deverão ser considerados ambientes controlados para equipe de resgate se alocar a depender do tipo de missão e/ou agir no caso de cessação antecipada da infiltração – **Definição de zonas de segurança.**

É importante que haja uma **ação conjunta** entre o delegado de polícia, o Ministério Público e o magistrado, no sentido de preservar o caráter sigiloso da infiltração. Para tanto, o delegado deverá reduzir, ao máximo, o conhecimento acerca da operação a ser desencadeada. Destarte, somente os agentes que efetivamente forem empregados na missão poderão tomar conhecimento da infiltração e da representação junto ao Poder Judiciário. Dessa forma, a Instituição Policial deverá criar normas internas no sentido de objetivar o devido sigilo da operação (CARLOS; FRIEDE, 2014, p. 36-37).

O sigilo é inerente a tudo que cerca a infiltração, em especial o planejamento da operação. Os dados envolvem detalhes sensíveis e todos que deles tomam conhecimento por suas funções passam a ser guardiões do segredo. A própria Lei nº 12.850/2013 traz preceito que incrimina o descumprimento da **regra de ouro**:

> Art. 20. Descumprir determinação de sigilo das investigações que envolvam a ação controlada e a infiltração de agentes:
>
> Pena – reclusão, de 1 (um) a 4 (quatro) anos, e multa. (BRASIL, 2013)

O sigilo segue mesmo após o fim da infiltração. Vale carregar sempre o velho ditado: **"a palavra é prata, o silêncio é ouro" (RODRIGUES, 2015).**

3.3. Infiltração: atividade de polícia judiciária

Uma leitura atenta dos termos do art. 10 da LCO não deixa margem para outra conclusão que não seja a de que infiltração de agentes em tarefas de investigação é atividade de polícia judiciária, seja polícia civil ou federal. Observe os destaques:

> Art. 10. A infiltração de **agentes de polícia em tarefas de investigação, representada pelo delegado de polícia** ou **requerida pelo Ministério Público, após manifestação técnica do delegado de polícia** quando solicitada no **curso de inquérito policial**, será precedida de circunstanciada, motivada e sigilosa autorização judicial, que estabelecerá seus limites. (BRASIL, 2013, grifos nossos)

Com olhares atentos ao dispositivo, extraem-se as seguintes anotações:

➢ **Agentes de polícia em tarefa de investigação:** quem tem atribuição constitucionalmente prevista para a tarefa de investigar crimes são as Polícias Judiciárias, por meio de seus integrantes policiais.

➢ **Representada pelo delegado de polícia:** ora, se a medida for oriunda de representação do delegado de polícia, por consectário lógico tem-se que a equipe de policiais, civil ou federal, envolvida na infiltração autorizada será a ligada ao delegado ou setor de sua instituição.

➢ **Requerida pelo Ministério Público, após manifestação técnica do delegado de polícia:** mais um reforço na conclusão anteriormente esposada. Se o MP deve aguardar a manifestação técnica do delegado de polícia, justamente por ser necessária a verificação de viabilidade para a implementação da medida, significa que a infiltração deverá ser executada por policial da instituição a que pertence o delegado de polícia.

➢ **Curso de inquérito policial:** quem atua em inquérito policial instaurado para fins de investigação criminal são os policiais com atribuição para investigar, sob pena de se ferir a própria constituição.

Seguem-se, portanto, conclusões a partir do que foi destacado:

➢ **Agentes de inteligência não devem atuar como infiltrados na investigação criminal por absoluta falta de previsão legal.** A atividade de inteligência dispõe de regramento de atuação própria e não possui vínculo com o processo penal e, por consequência, com as regras ditadas por ele. Aqui está a se falar de "agentes de inteligência" pertencentes, por exemplo, à Agência Brasileira de Inteligência (ABIN) ou a outros órgãos de inteligência integrantes do Sistema Brasileiro de Inteligência (SISBIN). Destaque para o fato de que as polícias judiciárias têm órgão/setor de inteligência policial e dentre outras atividades esses órgãos/setores prestam apoio às investigações instauradas e conduzidas nos termos da lei. Neste último caso, as inteligências policiais podem executar infiltração, mas antes de tudo por serem formadas por policiais, civis ou federais, e a finalidade do apoio ser a produção de prova para efeitos em processo penal. Sobre o tema, vale verificar a abordagem mais adiante no item "3.4.3. Necessária integração com a atividade de inteligência".

➢ Conclui-se, portanto, que é **igualmente ilegal a infiltração realizada por policial militar**, por exemplo, ainda que sob o comando do delegado de polícia. Da mesma forma, é vedada a infiltração virtual de agentes do Ministério Público nas investigações que correrem sob a responsabilidade deste órgão (CUNHA;

116 Infiltração Policial

PINTO, 2014, p. 99). A mesma conclusão segue para o caso de participação de integrantes de outras forças policiais – Polícia Rodoviária Federal e fiscais de tributos, v.g. Contrariar essas proibições é tornar inútil o conteúdo probatório colhido, com decorrente anulação de todos os atos probatórios futuros que guardem correlação com a infiltração, incidindo a teoria dos frutos da árvore envenenada, sem prejuízo da responsabilização do responsável pela ilegalidade. Repise-se que, por ordem da Constituição da República, as polícias militares, a polícia rodoviária federal e a polícia ferroviária federal têm a atuação preventiva, sendo-lhes vedada a tarefa de investigar e executar demais atos de polícia judiciária.

➢ A utilização de particulares é proibida, não existe previsão legal para tanto. Particulares não fazem parte dos órgãos de investigação. Particulares são, via de regra, utilizados como informantes da polícia, mas impende destacar que as suas contribuições informacionais quase sempre são adjetivadas como suspeitas, pois este particular vive num constante jogo duplo de interesses, sendo oriundo, na grande maioria das vezes, do mundo criminoso, dele dependendo para angariar recursos para sua sobrevivência.

Quanto ao uso de informantes, são dignas de transcrição as precisas impressões do veterano agente do FBI Joaquin Garcia, infiltrado em diversas operações ao longo da carreira, que reforça a vantagem do uso da técnica por policiais:

> No fim das contas, ficou claro que eu tinha grande habilidade para trabalhar sob disfarce. Naquele tempo poucos de nossos agentes eram experientes nesse tipo de trabalho, porque fora algo que Hoover não dera muita atenção, e o *Bureau* dependia bastante de informantes para obter informações a respeito da atividade criminal. Mas ficou óbvio para mim que essas informações eram sempre suspeitas. Nunca se sabia se um informante estava dizendo a verdade, se estava fazendo aquilo em causa própria ou visando nossos interesses, ou até se poderíamos encontrá-lo, se precisássemos dele. Trabalhando sob disfarce, o agente tinha controle sobre todo o processo, ele próprio criando informações sobre o que estava realmente acontecendo. (GARCIA, 2009, p. 40)

Em que pese a não abertura legislativa para a atuação como agente infiltrado, para fins de investigação, de um particular, com o que concordamos, não pode ser descartada a hipótese de valer-se dele como auxiliar indireto na ação de infiltração. Não durante a execução e nem com conhecimento acerca dela, pois neste caso o risco seria elevado ao máximo para o agente infiltrado, em especial, e para a investigação, que poderia ser frustrada significativamente. O particular pode ser uma fonte de informações relevante para a composição do plano operacional e entrega de conhecimento acerca da célula criminosa em que se efetivará a infiltração. Com o fito de garantir credibilidade e vincular o particular (informante, que participa ou participou, em algum grau, do esquema criminoso), interessante estratégia é receber a entrega de suas informações por meio de colaboração premiada, com ação de recrutamento prévia. Assim, produzir elementos probatórios na investigação contra o potencial informante é medida de inteligência estratégica para o fito de angariar colaborador sob o manto dos meios de provas admissíveis no processo penal, diminuindo a possibilidade de distorções ou induzimento indesejados.

Para destacar que podem ser extremamente válidas as informações de um particular imiscuído no seio de organização criminosa, ainda que sempre presente o risco da traição, transcreve-se trecho da narrativa de um "infiltrado" particular, que, a partir de sua detenção por agências federais americanas quando transportava carregamento de cocaína para cartéis de drogas do México, passou a colaborar com informações relevantes em troca de benefícios processuais oferecidos. Conhecido como C.S.96 (*Confidencial Source* 96) pelo FBI, DEA e CIA, Roman Caribe – um de seus tantos sobrenomes – operou e coordenou durante anos uma rede de entrega de narcóticos nos EUA provenientes de cartéis do México. A partir de sua prisão, ele foi convencido e decidiu colaborar, tornando-se um dos mais exitosos informantes que as agências citadas já tiveram.

> Los cuatro agentes se sentaron a mi alrededor para escucharme mientras les contaba mi vida entera, de la misma forma que se la conté a Chris en Utah. Les dije todo lo que había hecho durante más de diez años. Casas de seguridad, protocolos, nombres de nuestros empleados en los Estados Unidos, en México y más al sur. Podrían tener un buen caso contra nosotros, pero nada comparado con las perlas de inteligencia que les estaba dando ahora. Nuestras rutas, sus fallos de seguridad, cómo pasábamos la mercancía por la frontera y, lo más importante, la ubicación de las casas de seguridad en Detroit, California y Nueva York donde Tony guardaba las drogas, las armas y el dinero, que siempre decía que no tenía a la mano. Como ya expliqué, Tony era la persona más avara del planeta. Sabía que tenía un montón de dinero guardado em Nueva York, así que, cuando llegara el momento – y llegaría –, sería capaz de pagar la fianza más alta.
>
> Les di todos los detalles de nuestra operación con el cártel Beltrán: quién recogía las drogas, los cultivos, las plantaciones, las fábricas caseras en la selva, los – comedores sociales –, lugares donde trabajadores, algunos de incluso diez años de edad, desintegraban cuerpos en barriles de cientos de litros de ácido

118 Infiltração Policial

clorhídrico, o sólo desmembraban a una víctima de tortura y la enterraban en una fosa común. Por mala fortuna, había demasiados comedores sociales en México y el hecho de que yo había contribuido a su existencia era una de las cosas más difíciles – siempre lo sería – con las que había tenido que vivir.

Les expliqué la jerarquía de la organización de los Beltrán, desde los enviados de menor rango hasta los analistas y abogados que asesoraban a los hermanos. Mientras hablaba, uno de los agentes revisó dos veces una grabadora pequeña para asegurarse de que funcionaba bien. (CARIBE; CEA, 2018, p. 131-132)[28]

O trecho demonstra que, em uma cooptação bem construída e com cuidados operacionais e processuais que o tema exige, um colaborador particular, ainda que não seja um infiltrado[29], pode informar detalhes importantíssimos da estrutura, da logística, enfim do funcionamento da engrenagem do grupo criminoso sob investigação. Reforça-se que a construção deve se dar por via da colaboração premiada, o que requer investigação qualificada e planejamento estratégico modulado no curso da investigação.

Feitas todas as considerações e tendo em vista, especialmente, a natureza investigativa da infiltração de agentes para fins de prova em processo criminal, concluímos que a infiltração, em quaisquer de suas modalidades, só pode ser efetivada por agentes

---

[28] Tradução livre: os quatro policiais sentaram-se ao meu redor para me ouvir enquanto eu contava a eles minha vida inteira, da mesma forma que contei a Chris em Utah. Contei a eles tudo o que havia feito por mais de dez anos. Casas seguras, protocolos, nomes de nossos funcionários nos Estados Unidos, no México e mais ao sul. Eles podem ter um bom caso contra nós, mas nada comparado às pérolas de inteligência que eu estava lhes dando agora. Nossas rotas, suas falhas de segurança, como passamos as mercadorias para o do outro lado da fronteira e, o mais importante, a localização das casas seguras em Detroit, Califórnia e Nova York, onde Tony guardava as drogas, as armas e o dinheiro, que ele sempre disse que não tinha em mãos. Tony era a pessoa mais gananciosa do planeta, ele sabia que tinha muito dinheiro escondido em Nova York, então quando chegasse a hora – e ela chegaria – ele poderia pagar a fiança mais alta.
Dei-lhes todos os detalhes da nossa operação com o cartel de Beltrán: quem recolhia as drogas, as colheitas, as plantações, as fábricas artesanais na selva, as – "cozinhas de sopa" –, lugares onde os trabalhadores, alguns até com dez anos, desintegravam corpos em barris de centenas de litros de ácido clorídrico, ou simplesmente desmembravam uma vítima de tortura e a enterravam em uma vala comum. Infelizmente, havia muitas "cozinhas de sopa" no México e o fato de eu ter contribuído para sua existência foi uma das coisas mais difíceis – sempre será – com a qual eu já tive que conviver.
Expliquei a hierarquia da organização Beltran, desde os enviados de escalão inferior até os analistas e advogados que assessoravam os irmãos. Enquanto falava, um dos policiais conferiu duas vezes um pequeno gravador para se certificar de que estava funcionando corretamente.

[29] Incabível fazer confusão entre os termos, pois agente infiltrado pertence às polícias civis e federais no trato de investigações, assim como informante pertence aos particulares que colaboram em termos gerais com informações relacionadas a autoria e materialidade de crimes.

Aspectos operacionais relevantes **119**

do quadro da polícia civil ou federal (órgãos constitucionalmente encarregados da realização de investigação criminal), o que expurga qualquer possibilidade de que outras instituições o façam[30].

Reforçando esse parecer, como visto, a LCO faz menção expressa à necessidade de representação do delegado de polícia para a adoção da medida, sendo certo que, nos casos em que ela for requerida pelo Ministério Público, será necessária a manifestação técnica da autoridade policial. Não se vislumbra, portanto, espaço interpretativo para inclusão de quaisquer outras instituições como autorizadas, nos termos da legislação vigente, a realizar infiltração para fins investigativos de repercussão em processo penal.

3.4. Operacionalização da infiltração policial

Um aspecto importante ao se optar pelo uso da infiltração é ter em mente o que envolve a sua operacionalização. A infiltração é procedimento complexo que abrange inúmeras etapas; algumas antecedem a própria escolha do infiltrado, outras são concomitantes à operação propriamente dita e há as que dizem respeito ao pós cumprimento da missão.

Neste compasso, há a doutrina de Pereira (2009), que nos traz um conjunto de oito fases para a infiltração policial.

> 1. A primeira etapa é o **recrutamento**, onde a organização policial responsável pela infiltração informa que vai realizar tal tarefa e escolhe o candidato dentro de um rol de agentes pré-selecionados.
>
> 2. Após a escolha do agente que vai ser infiltrado, vem a etapa da **formação ou capacitação**, a fase em que o policial vai receber o treinamento de capacitação básica para infiltração.
>
> 3. A terceira fase é chamada pelo autor de **imersão**, nela o agente vai passar por um treinamento psicológico, visando adotar uma nova personalidade, ou seja, é o momento em que o agente passa a assumir uma nova identidade, devendo ter um treinamento intenso para não cometer nenhuma falha.

---

30 "Entretanto, de acordo com as características e peculiaridades da infiltração, a ser realizada, guardando-se os devidos sigilo e compartimentação dos níveis de informações, especialmente para que não haja comprometimento da operação, a polícia judiciária (polícias civis ou polícia federal), responsável e dirigente da investigação, poderá valer-se, a título colaborativo, das demais forças de segurança em tarefas secundárias, chegando-se, inclusive, a resultados extremamente satisfatórios, sob a coordenação do Delegado de Polícia, presidente da investigação criminal" (BINI, 2019, p. 136-137).

120 Infiltração Policial

4. A quarta fase é a **especialização** da infiltração, momento em que é aprimorado todo o treinamento da fase anterior, ou seja, é também um treinamento de inteligência e psicológico, com objetivo de garantir que o agente infiltrado assuma realmente a identidade falsa, com a certeza de que ele vai representar seu papel com a maior eficácia possível, para assegurar sua vida e o sucesso da missão.

5. A próxima etapa é a **infiltração propriamente dita**, momento no qual o agente entra em contato direto com os criminosos, visando ganhar sua confiança e entrar no seio da organização criminosa. Geralmente, todos os métodos de abordagem desta fase são previamente estabelecidos por meio da inteligência da polícia.

6. O **seguimento** é o próximo passo, fase na qual o agente continua infiltrado e começa a coleta de provas, faz a identificação das atividades desempenhadas pela organização criminosa e identifica seus integrantes. Sem dúvida alguma, a fase mais importante para o processo penal, sendo também a mais complexa e demorada.

7. A sétima fase é denominada **pós-infiltração** e consiste na retirada do agente da organização criminosa e na sua proteção após a saída, sendo aplicadas as medidas do programa de proteção a vítimas e testemunhas, com base na Lei n° 9.807/99.

8. A **reinserção** é a última fase. Seu objetivo é reintegrar o agente à sua vida antes da infiltração, fazendo com que o mesmo recupere sua verdadeira identidade junto à família e ao trabalho. É um momento em que necessita de acompanhamento médico e psicológico intenso, pois geralmente as infiltrações são muito demoradas, fato que pode causar grandes estragos na identidade e personalidade do agente. (PEREIRA, 2009, p. 116-118, grifos nossos)

Zanella (2016, p. 233), por sua vez, preferiu fazer a divisão em três fases: pré-infiltração (compreendendo seleção, treinamento e formação completa do agente); infiltração propriamente dita (desde o primeiro encontro do agente infiltrado com os membros da organização criminosa até a cessação da operação); e pós-infiltração (abarcando o desligamento do agente da organização criminosa e seu retorno à vida pregressa).

Consideramos de grande valia a divisão das fases apresentada pelos ilustres autores sob dois aspectos: primeiro, porque a estratificação serve de norte para os gestores – para o gestor geral da instituição policial (Chefe de Polícia ou Diretor-Geral), quanto aos aspectos estratégicos e administrativos, em especial os atinentes à doutrina, capacitação interna e preparação de setores especializados no atendimento das necessidades decorrentes anteriores, concomitantes ou pós-operação; segundo, serve ao gestor presidente do inquérito (Delegado de Polícia), quanto às especificidades do caso concreto, viabilidade de recursos humanos e materiais à disposição, considerados previamente à representação pela medida investigatória ou, após o deferimento, para balizar decisões administrativas e operacionais importantes para alcançar os resultados positivos esperados. Muitas fases são e devem ser silenciosas em nome daquela regra. Que regra? A de ouro!

Alguns aspectos relativos às fases numeradas de 1 a 4, referenciadas, serão abordados no subtópico 3.4.2 **Suporte técnico administrativo e operacional**.

Quanto às fases 5 e 6 (**infiltração propriamente dita e seguimento**), cumpre anotar como um cuidado importante a ser adotado pelo delegado de polícia que estiver à frente do inquérito policial objetivando aumentar a celeridade e eficácia da investigação, além de tratar de meio auxiliar na segurança do infiltrado: a representação ao Poder Judiciário para que determine que, durante a infiltração policial, as operadoras de telefonia forneçam senhas com o fito de permitir, em tempo real, pesquisa de dados cadastrais, IMEIs, histórico de ligações e Estações Rádio-Base (ERBs) em seus bancos de dados. Cabe reforçar, ainda, que a interceptação telefônica e telemática é medida que deve sempre andar junta com a operação de infiltração, sendo, para além de meio de prova, uma medida de assessoramento que subsidiará movimentos operacionais do infiltrado e decisões sobre a cessação da infiltração, inclusive de forma abrupta e antecipada.

A infiltração propriamente dita tem que ser muito bem estudada quanto ao momento e à estória-cobertura. O conhecimento prévio da inteligência e da investigação irão balizar a decisão. Importante todo o estudo precursor, notadamente o pregressamento de todos os aspectos que circundam as partes envolvidas no caso concreto.

Na fase mais delicada, a continuidade no seio da organização criminosa, o agente precisa ativar recursos de "super-herói" para manter o foco sem levantar suspeitas em período de convivência mais próxima do alvo. Nesta fase, acessa a "caixa de ferramentas" de sobrevivência – mais oxigênio para os músculos; mais impulsos elétricos do sistema nervoso para estimular e elevar o estado de alerta; mais adrenalina para aguçar sentidos; mais endorfina para aliviar a dor; e surge o melhor amigo: o hipotálamo (responsável pelo equilíbrio entre o estresse e o relaxamento). É uma fase de controle de ânimos, de frieza e de raciocínio veloz, mas com parcimônia e acuidade

122 Infiltração Policial

na coleta das informações mais relevantes. Também o estabelecimento de contato com a origem deve ser muito bem estudado para não haver a mínima exposição do infiltrado que o sujeite a riscos indesejados.

A pós-infiltração, fase comemorada (significa que o agente retorna para "casa"), requer cuidados. Aqui os olhos devem se voltar para o agente. Sua estória-cobertura ficará exposta a partir da submissão da prova ao contraditório e à ampla defesa no processo. O seu personagem ficará apenas nos autos, mas ele, o ator, poderá ser instado a participar dos tribunais e audiências, considerando o avanço do processo de persecução criminal. O testemunho do infiltrado na fase judicial é tema de abordagem específica no item 3.5. **A possibilidade de testemunho do agente infiltrado**. A proteção ampla é medida que se impõe e muitas das regras aplicadas a partir desse momento histórico foram, e devem ter sido, estabelecidas antes do início dos trabalhos (proteção à testemunha – mudança de cidade, de setor etc.), quando do estabelecimento de protocolos institucionais no trato do tema e, obviamente, consideradas no plano operacional aplicável ao caso concreto.

A reinserção nem sempre ocorrerá em moldes que produzam o *status quo* vivido antes da operação. Por vezes, ganha espaço a necessidade de readaptação do policial, considerando um cenário que traga menos riscos à sua integridade, com a menor exposição possível. Voltar à normalidade que vivia antes – não obstante o fato de nem sempre ser possível – pode ocasionar justamente mais danos ao infiltrado, seja no âmbito familiar, social ou do trabalho.

Essas nuances da pós-infiltração e da reinserção têm outra dimensão quando se estiver a tratar de infiltração virtual. A impessoalidade, ou seja, a não personificação do infiltrado virtual em um agente específico, modifica em número e grau as preocupações quanto à segurança, aos impactos psicológicos, físicos, enfim, riscos a que os infiltrados fisicamente no seio de organização criminosa comumente estão expostos. Este assunto voltará ao debate adiante, em especial nos subtópicos **3.4.2. Suporte técnico administrativo e operacional e 3.4.4. Cessação de infiltração**.

3.4.1. A decisão e a gestão do recurso

Antes de representar pelo uso desta técnica especial de investigação, a autoridade policial ou o promotor do caso deve ter plena convicção de que este será o meio mais adequado e necessário para produção probatória que almeja, como reportado anteriormente. Pode-se afirmar que a infiltração atua no regime de exceção dentre

Aspectos operacionais relevantes **123**

os meios de prova. É medida investigatória a ser escolhida quando a prova não puder ser produzida por outros meios disponíveis[31]. Sendo de extremo risco, ação que eleva na exponencial o perigo de vida e de integridade física a que já estão expostos os policiais, devem os gestores da investigação que optarem pelo uso ter o cuidado de antever se há meios, humanos e materiais, para a implementação da medida, uma vez que não é qualquer policial que estará apto a cumprir a missão e nem todo órgão de investigação detém recursos materiais para sustentar as necessidades financeiras e de equipamentos que a medida exigirá.

Enfim, compete análise cuidadosa, completa e atenta aos pormenores que o caso pode trazer, fazendo considerações amplas sobre o que pode dar errado, a fim de antever revezes na busca de medidas de precaução e minimização de riscos e danos. Não é decisão fácil!

A tomada de decisão, de forma geral, é um processo que envolve tanto a razão quanto a emoção. A emoção não deve conduzir o gestor quando se trata do assunto infiltração. Se é certo que cada decisão gera uma consequência, que nem sempre é prevista, mais certo é que as consequências no âmbito de uma operação de infiltração, no método tradicional, podem produzir eventos muito indesejados. Quanto mais consciente for o processo de escolha pelo uso da técnica, melhor ele poderá ser conduzido, inibindo resultados não quistos e aumentando chances de sucesso da missão.

Antes de tomadas de decisões é imperioso avaliar riscos e oportunidades. O gestor operacional do caso terá na mesa diferentes graus de dificuldades e as escolhas trarão reflexos no caso e na rotina da equipe; o destino do trabalho, mas também dos agentes envolvidos, é impactado pela decisão acerca da ação de infiltração. O equilíbrio e a ponderação são fundamentais para que não se acabe fazendo escolhas erradas e mal planejadas. Deve-se angariar o máximo de dados e informações para uma boa análise, todavia sempre haverá uma série de variáveis que são imprevisíveis, e esse risco é inerente à atividade de todo gestor na condução de processo investigativo.

Interessante observar a formatação do FBI quanto aos níveis de trabalhos na seara da infiltração, a partir da narrativa de um de seus agentes infiltrados:

---

[31] Lei nº 12.850/10 – Art 10. [...]

§ 2º Será admitida a infiltração se houver indícios de infração penal de que trata o art. 1º e se a prova não puder ser produzida por outros meios disponíveis.

124 Infiltração Policial

> No FBI existem basicamente três níveis de trabalho. No mais baixo fica o agente secreto que realmente está resolvendo o caso. Acima dele, ou dela, está o "agente de caso", ou gerenciador, que administra o caso e mantém contato regularmente com o agente secreto envolvido. Então, acima do gerenciador estão os supervisores, no escritório regional ou em Washington, que mantêm o controle geral, verificando quais casos estão abertos, quais casos foram encerrados e tudo o mais. (GARCIA, 2009, p. 91)

A descrição, pela própria clareza e simplicidade, nos permite pontuar algumas observações. A primeira é a de que é necessária uma organização estrutural voltada ao controle e à gestão de operações que envolvam infiltração policial. No Brasil, especialmente nas polícias judiciárias estaduais, as figuras do "agente de caso" e do "supervisor" são concentradas na figura do delegado de polícia titular do órgão que preside o inquérito, por vezes com auxílio do agente chefe da seção de investigação da delegacia. Restringem-se as informações, portanto, não raras vezes, à própria delegacia de polícia, havendo ciência dos superiores hierárquicos acerca da existência da ação, mas sem atuação ativa destes na gestão da infiltração.

Assim, não se verifica a figura dos "supervisores" que exercem um controle geral e que viabilizam e alcançam recursos para a execução da infiltração. Claro que tal compartimentação visa, dentre outras coisas, ao sigilo e segurança do agente e da operação. Além do mais, o caso está sob a responsabilidade do presidente do inquérito policial, o delegado de polícia. Não obstante isso, sob o ponto de vista da uniformização de procedimento, suporte técnico e operacional, seria de bom alvitre a existência de órgão (departamento, divisão, escritório, ou seja qual for o nível estrutural escolhido, a depender do tamanho da instituição a que pertencerá) com especialização e domínio da matéria infiltração, pois não são poucas as nuances, necessidades materiais e humanas e dúvidas na execução do plano operacional.

Dentre as funções ordinárias do sugerido órgão, deve constar a atividade de "doutrina e assessoramento", voltada à capacitação e especialização de agentes para se tornarem potenciais infiltrados, como também à modulação destes para o caso concreto. Seria, ainda, sua função o estabelecimento de protocolos operacionais, gestão de recursos financeiros especiais e materiais (imóveis, veículos, equipamentos, hardwares e softwares) para viabilização do personagem e de sua estória-cobertura, bem como para fins de registro probatório o mais fidedigno e técnico possível.

A segunda observação diz respeito ao fato de que a existência de um órgão central, de referência no assunto, com função supervisora específica para a temática, demonstra a ideia de controle hierárquico e disciplinar, além do desejado suporte administrativo, com vistas à execução dentro dos limites legais da matéria e judiciais estabelecidos para a missão. Concordamos com tal estrutura. Alguns podem neste momento estar torcendo, antecipadamente, o nariz quanto à ideia da supervisão proposta, entretanto, devem antes pensá-la justamente como reforço para o uso da técnica especial de investigação, como algo que irá fomentar o seu uso, com os recursos adequados à execução.

Haveria ganho com a minimização de riscos, pois nos bastidores da missão um time estaria dedicado aos mais diversos tipos de contratempos. Essa diminuição de esforços, hoje concentrados em sua quase totalidade no âmbito da delegacia, traria para a equipe que investiga o caso maior tranquilidade e foco direcionado aos aspectos da instrução de produção probatória. Externamente, e este seria um outro ganho considerável, bons olhos a partir daqueles que propugnam pela existência de mecanismos de controles internos para que garantias e direitos dos investigados sejam respeitados na execução de medida investigativa invasiva e para que não haja a sensação de liberdade para além do permitido, tranquilizando o olhar crítico de alguns que enxergam a infiltração apenas sob o manto de medida permissiva para abusos e desvios de conduta. Assim, seria exercido o controle hierárquico para estrita observância dos limites e garantias constitucionais, em especial a observância aos princípios da legalidade e da proporcionalidade, bem como para fiel estabelecimento e cumprimento da infiltração nos termos do plano operacional.

Nesse viés do órgão sugerido, não se está a falar de ação de corregedoria, mas de orientação e prevenção, antes e durante a realização da atividade, por setor que tem como função viabilizar a execução da medida investigativa da melhor forma possível, sob todos os aspectos e circunstâncias envolvidos. Por óbvio, tal entidade terá servidores com a mais alta credencial de sigilo e treinamento e seleção pautada em regramento próprio.

Assim, vislumbra-se a já ultrapassada oportunidade para criação nas estruturas das polícias judiciárias, em moldes padronizados, setores com a finalidade de atuar no suporte e supervisão da gestão da infiltração, com todos os cuidados atinentes a compartimentação da informação e cadeia de custódia do sigilo necessário. Fica o espaço para a crítica e construção da ideia ou alternativas, com vista à modernização e ao impulso que a técnica merece.

Cumpre registrar que diferentes são os riscos e oportunidades ao se tratar da infiltração virtual. Não há uma exposição pessoal, uma personificação do infiltrado na

126 Infiltração Policial

pele do personagem teatral. Aqui, o que se tem é muito mais questões relacionadas ao jogo de investigação voltado a criar e/ou aproveitar possibilidades de se introjetar o infiltrado no meio cibernético de convivência e de acordos ilícitos entre indivíduos pertencentes aos grupos criminosos.

Na infiltração virtual, o processo decisório a par de parecer mais tranquilo quanto aos aspectos circunstanciais externos traz novos questionamentos a serem considerados pelo gestor. Especialmente, deverá considerar a existência de agente policial com conhecimento especializado para executar a missão; de outra banda, é preciso se certificar da existência de hardwares e softwares bastantes para não frustrar a execução da infiltração.

Neste último cenário, virtualização da investigação com uso da infiltração, também cabem as mesmas considerações dos parágrafos anteriores.

3.4.2. Suporte técnico administrativo e operacional

Há aspectos que circundam o tema infiltração e que, inadvertidamente, são relegados a um patamar de menor importância, quando deveriam ser pauta de primeira ordem. Cabem neste contexto: (a) a relevância da Academia de Polícia; (b) a importância da área de saúde das instituições policiais; e (c) o necessário investimento que as polícias alocam em equipamentos essenciais para o sucesso de uma missão de infiltração, seja física ou virtual.

A Lei nº 12.850/2013, no artigo 10, ao tratar propriamente do agente infiltrado, traz apenas um requisito em relação a ele: a condição de ser policial. Ora, não basta ser policial para estar apto a ser um infiltrado!

É preciso, pois, treinar, doutrinar, enfim, preparar adequadamente o policial para uma missão "multidisciplinar" como é a infiltração. Os estados devem viabilizar recursos e as polícias judiciárias devem planejar cursos regulares e específicos do tema, além de estruturar setores especializados na missão de infiltrar e assessorar, no mais amplo significado do termo, englobando no mínimo o suporte técnico, material e logístico de segurança e de saúde.

Esse entendimento, defendendo a existência de programas de formação específicos, encontra guarida na Convenção de Palermo:

Artigo 29

Formação e assistência técnica

1. Cada Estado Parte estabelecerá, desenvolverá ou melhorará, na medida das necessidades, **programas de formação específicos** destinados ao pessoal das autoridades competentes para a aplicação da lei, incluindo promotores públicos, juízes de instrução e funcionários aduaneiros, bem como outro pessoal que tenha por função prevenir, detectar e reprimir as infrações previstas na presente Convenção. **Estes programas**, que poderão prever cessões e intercâmbio de pessoal, **incidirão especificamente**, na medida em que o direito interno o permita, **nos seguintes aspectos:**

a) Métodos utilizados para prevenir, detectar e combater as infrações previstas na presente Convenção;

b) Rotas e técnicas utilizadas pelas pessoas suspeitas de implicação em infrações previstas na presente Convenção, incluindo nos Estados de trânsito, e medidas adequadas de combate;

c) Vigilância das movimentações dos produtos de contrabando;

d) Detecção e vigilância das movimentações do produto do crime, de bens, equipamentos ou outros instrumentos, de métodos de transferência, dissimulação ou disfarce destes produtos, bens, equipamentos ou outros instrumentos, bem como métodos de luta contra a lavagem de dinheiro e outras infrações financeiras;

e) Coleta de provas;

f) Técnicas de controle nas zonas francas e nos portos francos;

g) Equipamentos e técnicas modernas de detecção e de repressão, incluindo a vigilância eletrônica, as entregas vigiadas e as operações de infiltração;

h) Métodos utilizados para combater o crime organizado transnacional cometido por meio de computadores, de redes de telecomunicações ou outras tecnologias modernas; e

i) Métodos utilizados para a proteção das vítimas e das testemunhas.

2. Os Estados Partes deverão cooperar entre si no planejamento e execução de programas de investigação e de formação concebidos para o intercâmbio de conhecimentos especializados nos domínios referidos no parágrafo 1 do presente Artigo e, para este efeito, recorrerão também, quando for caso disso, a conferências e seminários regionais e internacionais para promover a

cooperação e estimular as trocas de pontos de vista sobre problemas comuns, incluindo os problemas e necessidades específicos dos Estados de trânsito.

3. Os Estados Partes incentivarão as atividades de formação e de assistência técnica suscetíveis de facilitar a extradição e a cooperação judiciária. Estas atividades de cooperação e de assistência técnica poderão incluir ensino de idiomas, cessões e intercâmbio do pessoal das autoridades centrais ou de organismos que tenham responsabilidades nos domínios em questão.

4. Sempre que se encontrem em vigor acordos bilaterais ou multilaterais, os Estados Partes reforçarão, tanto quanto for necessário, as medidas tomadas no sentido de otimizar as atividades operacionais e de formação no âmbito de organizações internacionais e regionais e no âmbito de outros acordos ou protocolos bilaterais e multilaterais na matéria.

As etapas da infiltração, trazidas por Pereira (2009), intituladas **recrutamento, formação ou capacitação, imersão e especialização**, ganham destaque neste tópico, pelo fato de que elas deveriam ser parte do conteúdo programático de curso nas Academias de Polícia, precedidos de processos seletivos internos criados para oportunizar que agentes se habilitassem para treinamento especializado na temática. Talentos na arte da infiltração seriam garimpados e lapidados, isso dentre os que demonstrassem habilidades singulares e condizentes com as necessidades de tal tarefa investigativa. Os treinamentos seriam não só genéricos, mas também específicos, com aspectos variados e, dentre eles, a montagem de estória-cobertura (leve ou profunda), o uso do disfarce e as técnicas de dissimulação.

As Academias de Polícia têm a nobre missão de formar policiais e especializá-los. Elas possuem o verdadeiro condão de instigar a busca pela inovação, pelo aprimoramento, pela excelência. "Nós somos aquilo que fazemos repetidamente. Excelência, então, não é um ato, mas um hábito", como bem disse o filósofo grego Aristóteles.

Não se está a falar sobre destinar ou aumentar o número de horas-aula para lecionar infiltração policial nos cursos de formação de policiais. Este conteúdo deve ser privativo àqueles que sejam apontados como potenciais agentes infiltrados por suas características intrínsecas, mas que os diferenciam e os identificam com a infiltração, àqueles que têm algo interno que os ligam e os motivam a ser um infiltrado. Encontrá-los faz parte do processo de recrutamento interno, em regra realizado pelas áreas de inteligência policial.

Ensinar infiltração não é algo como leitura de receita de bolo. Quem ministrará os ensinamentos? O que deve ser ensinado? Na largada, já se enxerga que não é tarefa

Aspectos operacionais relevantes **129**

simples tratar do tema infiltração policial nos bancos acadêmicos, com a finalidade de formar um "infiltrado". Primeiro, porque cada caso é um caso personalíssimo e as habilidades exigidas para um podem ser extremamente dispensáveis para outro e vice-versa. Assim, o mais adequado seria o desenvolvimento de um grupo permanente, como já referido, de "Doutrina e Assessoramento" para atuar no recrutamento, na formação e, em especial, na preparação personalizada de um agente infiltrado, para que ele possa passar a ser aquele personagem que o caso "específico" requer. Não foi outra senão a ideia de melhor gestão e suporte ao uso da técnica em questão a motivação para a sugestão de um setor específico, como feito no item anterior **3.4.1. A decisão e a gestão do recurso**.

Sensível a essa necessidade de tratamento diferenciado conforme cada caso concreto, o pessoal de Quantico[32], por exemplo, criou um "curso" para auxiliar e preparar um agente do FBI para a missão complexa de se infiltrar na máfia ítalo-americana. O agente já tinha habilidades de um infiltrado e conhecimento sobre a técnica, contudo para a missão especial de se tornar integrante de uma das famílias da máfia ítalo--americana é necessário algo mais: precisava de modulação, de uma estória-cobertura que garantisse o sucesso daquela infiltração. Assim como na realidade brasileira, os americanos do FBI também conheciam, por meio das informações de inteligência e de inúmeras investigações, a estrutura de organizações criminosas. Sabiam como se faz para subir dentro da máfia, mas como é que se faz para entrar como infiltrado? Era preciso conhecer profundamente o alvo, seus comportamentos e criar um per-sonagem confiável para o agente permanecer tempo suficiente naquele ambiente adverso, fechado e cheio de desconfianças.

> [...] pela primeira vez na vida, eu representaria o papel de um italiano para uma plateia de italianos.
>
> [ ] O maior problema é que eu sabia muito pouco sobre o comportamento dos mafiosos. E nessa operação eu teria de me infiltrar numa ação em andamento do crime organizado, não apenas de uma turma de criminosos, mas da própria família Gambino, uma das mais temidas e poderosas das cinco famílias da Máfia de Nova York. Se o FBI fosse me usar como agente secreto, eu teria que fazer um curso para aprender a desempenhar meu papel.
>
> Curso de Máfia.
>
> E foi exatamente o que o FBI criou para mim.

---

[32] A Academia do FBI, onde são treinados os seus agentes, está localizada na cidade de Quantico, no con-dado de Stafford, Estado da Virgínia, EUA.

130 Infiltração Policial

> [ ] Na investigação da *Naked Truth*, meu gerenciador era um agente com muita experiência, chamado Nat Parisi. Ele sempre trabalhara com crime organizado e narcóticos, nos escritórios regionais do FBI em Nova York e em White Plains. Nat criou um programa educacional que me transformaria, de agente secreto com quase cem casos resolvidos no currículo, em um indivíduo cujas credenciais deviam estar à altura das exigências da sempre desconfiada *Cosa Nostra*. Não era tarefa fácil. Depois de Donnie Brasco, um agente do FBI que desempenhava o papel de mafioso, a Máfia ficara paranoica quanto à possibilidade de uma nova infiltração da lei em seus domínios. Agora, para ingressar na Máfia, o candidato passava por um processo de investigação que, talvez, rivalizava com o *Bureau*. Como poderia um total estranho convencer criminosos desconfiados, calejados por experiências na cadeia, de que merecia sua confiança? Esse era o desafio que o agente Parisi e eu enfrentávamos quando o curso de Máfia começou. (GARCIA, 2009, p. 90-91)

Quando as polícias judiciárias contarem com rol de agentes selecionados, treinados e capacitados para execução de infiltração policial, com certeza o gestor da investigação terá mais segurança na hora de optar e fazer considerações pelo uso da técnica. Claro que a seleção e formação de agentes com especial treinamento para ser um infiltrado não bastam, por si só, uma vez que cada caso trará peculiaridades que necessitam ser elevadas na exponencial em um novo treinamento específico para um caso.

Este é o ponto: além de formação especial, o agente deve receber treinamento específico, personalizado, para o preparar, para o moldar, para o tornar um novo indivíduo, com todas as características que lhe deverão ser inerentes para o caso que for designado, tendo previamente sido escolhido por melhor se adequar à investigação.

Esta segunda etapa de preparação seria como se estivesse "carregando configurações avançadas" para um software previamente instalado no agente. O que também deve se ter presente é que não se trata de "mais um curso da técnica" neste segundo momento. Aqui o conteúdo programático deve ser robusto de informações sobre o(s) alvo(s) e sua organização criminosa; sobre o(s) ambiente(s) operacional(is); sobre o novo estilo de vida que será adotado; sobre a estória-cobertura e todos os dados, informações e nuances circunstanciais; sobre os protocolos de segurança específicos que o caso requeira; e daí por diante. Assim como no exemplo do FBI, deve-se inicialmente produzir o máximo de informações acerca do alvo e questões adjacentes, para que a configuração avançada seja "carregada" com sucesso.

Um ponto importante que complementa a ideia é a valorização da multidisciplinaridade dos agentes. Quanto maior o leque de formações acadêmicas e técnicas, maior será a gama de possibilidades de incursões com conhecimento nativo sobre a temática e maior eficiência no teatro operacional. Por exemplo, um agente com formação contábil terá maior facilidade para se infiltrar em instituição financeira que dolosamente esteja praticando lavagem de dinheiro; ou numa secretaria municipal de finanças, onde suspeita-se estar ocorrendo esquema ilícito envolvendo licitações. Assim como um agente com formação na área de saúde pode se infiltrar com maior facilidade operativa numa organização criminosa especializada em aborto ou em uma secretaria estadual da saúde de onde uma quadrilha esteja desviando medicamentos. Hipoteticamente, parece mais convincente, pelo menos sob o aspecto da sustentação e credibilidade da estória-cobertura, valer-se de agentes treinados com formação que guarde correlação com o que se encontrará durante a infiltração.

Um bom exemplo da importância da especialização técnica é o caso de Robert K. Wittman, agente do FBI por 20 anos que foi preparado durante 14 semanas na academia do FBI para fazer infiltração em área que já era de seu conhecimento e afeição, o mundo das artes. Especializou-se em investigações de "crimes contra a arte", sendo, inclusive, fundador de equipe dedicada ao combate aos crimes contra a arte do FBI. Os resultados de suas infiltrações surpreendem: recuperados, em obras de arte e registros históricos roubados, mais de 225 milhões de dólares – mais de 1 bilhão de reais se convertidos nessa moeda em 2020. Dentre as obras estão o manuscrito original da Carta de Direito dos Estados Unidos, uma esfera de cristal de 25 quilos pertencente a uma imperatriz chinesa, uma armadura de ouro de um rei peruano e pinturas de Renoir, Rembrandt, Monet, Picasso, Goya e Norman Rockwell, espalhadas por diversos países (WITTMAN; SHIFFMAN, 2011).

A multidisciplinaridade dos agentes, considerada a área do conhecimento, oportuniza a formação de cadastro de reserva interessante, sobretudo com lotação em regiões diversas e distantes umas das outras para desempenho de outros trabalhos ordinários, o que traria menos riscos de suspeição quanto à identidade de policial do agente infiltrado, pois seria deslocado para a missão em circunscrição diversa e, sendo possível, distante do seu ambiente de convivência social.

Nessa senda, feitas as considerações acerca do instituto, formam-se os quatro pilares essenciais da infiltração – **doutrina e treinamento; manifestação concordante do agente; modulação para o caso concreto; e decisão do gestor**. Cada um dos pilares é fundamental para a execução da infiltração policial.

Doutrina e treinamento

Aqui ganha relevância a formação específica dos agentes na seara da infiltração policial. Cabe considerar, na linha do que foi exposto anteriormente, a separação de dois momentos distintos na formação de um potencial infiltrado: um teórico e prático geral para doutrina, com treino das técnicas operacionais aplicáveis em potencial numa operação de infiltração, e, outro, prático específico para o caso concreto (ver a seguir **modulação para o caso concreto**).

Primeiramente, deve-se aplicar treinamento para testagem ao máximo dos níveis psicológicos e físicos de um agente, suas capacidades de improvisação e reações às adversidades, além de toda a teoria e legislação relativa ao assunto. Compreensão da criminalidade organizada, as características dos grupos criminosos, sua evolução, fragilidades históricas, dentre outros temas ligados ao campo de atuação de um infiltrado.

Quanto à doutrina para a realização de infiltração virtual, o treinamento recebe outros contornos. A capacitação e a especialização aqui pressupõem recrutamento anterior de agentes com formação ou treinamento em área do conhecimento com correlação temática. Pode haver agentes com conhecimento empírico considerável que os habilite para a missão, não devendo ser desconsiderada a realidade de policiais autodidatas no assunto, portanto, de bom alvitre a instituição oportunizar cadastro voluntário em bancos de talentos para posterior recrutamento.

Manifestação concordante do agente

Caraterística necessária na atividade de um infiltrado é a sua voluntariedade. Não há como imaginar uma ação de infiltração sendo realizada a bom termo estando o agente atuando de forma forçada, obrigado, pelo gestor do caso (delegado de polícia ou membro do Ministério Público). A voluntariedade deve se manter durante toda a execução da missão. A vontade livre e consciente do agente deve, considerando as peculiaridades existentes e os riscos a que estará exposto, ser manifestada formalmente, com anuência escrita, o que trará também proteção jurídica às relações estabelecidas entre administração estatal e servidor.

Dentre os direitos do agente infiltrado, inclusive, está o de recusar ou fazer cessar a atuação infiltrada, na inteligência do inciso I do artigo 14 da Lei do Crime Organizado (BRASIL, 2013). Da mesma forma que a concordância com a missão, a manifestação no sentido de fazer cessar a infiltração deve ser efetivada formalmente, por escrito. Todavia, devido aos motivos que possam estar obrigando a cessação por parte do infiltrado (ameaças, hostilidades ou outros graves fatores de preocupação), a comunicação da cessação pode e deve ser preliminarmente, para dar efeito célere e útil, ser declinada de forma oral ou por quaisquer outros meios disponíveis ao infiltrado no momento.

Impende registrar advertência quando a pauta em questão envolver infiltração virtual de agentes. Neste caso, a concordância recebe outros contornos, tendo em vista que fatores presentes na infiltração física raramente ou sequer estarão presentes. Assim, havendo minimização de riscos em razão da ausência do contato pessoal, real-real, e não ser o ambiente operacional áspero, rude e desafiador de ânimos, não se visualiza o mesmo espaço para a negativa do agente em participar da missão. Outro argumento que reforça essa posição é o fato de que nas infiltrações virtuais, em especial nas que demandem conhecimento avançado de navegação em ambiente de Internet, houve ou deve haver investimentos no treinamento específico de habilidades diferenciadas para o mundo real-virtual, e, haja vista que a princípio a candidatura para a capacitação é voluntária por parte do agente, não seria aceitável *a priori* manifestação do agente no sentido de não atuar na missão, considerados os princípios da hierarquia e disciplina e as próprias atribuições e funções enquanto policial.

É preciso que se pense em formas de recompensa, ou melhor, de compensação orgânica pelo desgaste físico e psíquico anormal frente àquela "normalidade" de exposição a riscos a que rotineiramente os policiais estão sujeitos. Seja por meio de aporte financeiro, incrementando sua verba remuneratória (o que consideramos o melhor cenário), seja por meio de promoção na carreira e preferência em escolha de ulteriores locais de labor, ou de todas as hipóteses anteriores somadas, ter-se-á, com certeza, agentes mais motivados e propensos a efetuar atividade de infiltração e menos suscetíveis à corrupção (deve-se sempre considerar este risco abstrato de sedução pela proximidade com o mundo criminoso).

Na via das consequências, resultados mais satisfatórios na missão serão alcançados, pois não se pode olvidar que prêmios em dinheiro, somados ao reconhecimento institucional, são combustíveis que dificilmente encontram substitutos à altura no processo motivacional. Claro que tudo isso é adicional e exige circunstância antecedente obrigatória: a vontade do agente infiltrado e sua adequada preparação.

Modulação para o caso concreto

O segundo momento englobaria o preparo personalizado, para o caso concreto, incluindo preparação da estória-cobertura, adaptações de disfarces, treino para uso de equipamentos eletrônicos e simulações de cenários operacionais que podem surgir

134 Infiltração Policial

de forma específica. Esta fase deve incluir um estudo direcionado ao conhecimento acerca da organização criminosa, pregressamento da vida social e criminal dos seus integrantes (em especial os alvos da missão), apontando vulnerabilidades, redes de contato, hábitos, *modus operandi* e outras características relevantes para minimizar quaisquer possibilidades de surpresas indesejáveis na execução.

Nesse mesmo sentido as valiosas lições de Oneto (2005, p. 84-85), que também divide em duas fases a preparação de um infiltrado. Contudo, ousamos observar no ponto em que a autora dispõe ser neste segundo momento realizado também um curso teórico – com estudo de direito penal, processual penal e criminologia. Entendemos que tais aspectos teóricos devem ser limitados às especificidades do caso concreto. Claro que a ponderação vem com a observação de que este assunto (direito penal, processo penal e criminologia) é tratado nas Academias de Polícia quando da formação do policial.

Considerando a realidade das polícias judiciárias brasileiras, o agente infiltrado é um policial formado anteriormente nos bancos acadêmicos da instituição e o que se está a propor neste item é a doutrina do agente para a especialização funcional voltada a uma investigação específica em andamento. Não obstante, pode-se incluir revisões específicas da legislação aplicável, de forma a situar os dispositivos aplicáveis ao caso (em especial os limites de atuação, os legais e os ditames da decisão judicial), mas é forçoso registrar que neste momento da preparação o foco deve estar voltado para a performance do agente no cenário real, com desafios práticos e necessidade de conhecimento acerca dos alvos e dos recursos disponíveis.

Em termos práticos, quanto à modulação para o caso concreto, na preparação do disfarce, vale destacar um ensinamento recebido por Robert Mazur, agente federal americano infiltrado, a partir de treinamento recebido em escola para infiltrados em Washington, relatado em livro de sua autoria:

> [ ] quando você criar seu disfarce, procure fazê-lo o mais próximo de sua experiência de vida real, para minimizar o número de mentiras que terá que contar. Se você é originalmente da cidade de Nova York e trabalhou no distrito financeiro, sua nova identidade deve trazer elementos essenciais. Você não pode oferecer uma experiência de vida que não conheça intimamente para seu personagem. O diabo mora nos detalhes. (MAZUR, 2010, p. 8)

Desta lição, reforça-se a importância de recrutamento de agentes com as mais diversas formações técnicas e profissionais, para fins de amplificar o espectro de possibilidades de incursões com maior chance de êxito na infiltração a partir de uma modulação mais verossímil.

Decisão do gestor

Decidir não é um processo simples. Decidir sobre infiltrar um agente no seio de organização criminosa, menos ainda. É preciso avaliar o conjunto de estratégias e ações disponíveis para a tomada de decisão. O gestor deve estar seguro e ser objetivo na escolha pelo uso da infiltração, percebendo todas as circunstâncias evolvidas. A decisão não pode se dar de inopino, de forma irresponsável, apenas baseada no fato de ser técnica disponível dentre as existentes para o procedimento investigativo.

De longe, a infiltração, ao menos a física, é a ação que mais possibilidades imprevisíveis pode apresentar, portanto, estar atento a detalhes e planejar com cautelas superiores às de praxe é imperativo. Ao longo da missão, o decisor deve identificar problemas, diagnosticar, apresentar soluções, decidir novamente, num processo decisório contínuo. O acompanhamento concomitante é que balizará as demais decisões. Mas como pilar fundamental para a realização da infiltração, a decisão inicial é a mais complexa, pois dará o *start* num processo de múltiplos atores que não tem *script* previamente acordado. É dirigir um filme com roteiro sob influência de terceiros a todo instante.

Passa, portanto, a infiltração por fomento às Academias de Polícia no intuito de modernizar metodologias e se reinventar na arte de preparar policiais para missões teatrais, mas de realismo sem igual, com reflexos importantes no curso de investigações especializadas. Não menos salutar é o aprimoramento dos delegados de polícia e membros do Ministério Público no debate da temática com o enfoque da gestão. A ocorrência desta transformação é desafio para os Delegados-Gerais/Chefes de Polícia no estabelecimento dos rumos estratégicos das instituições policiais.

Além dos pilares, convém trazer uma questão pouco debatida e por vezes esquecida no seio das polícias: a saúde psíquica dos seus efetivos. Maior relevância no tema quando se está a tratar da infiltração policial. A atividade de polícia, por si só, traz diariamente situações imprevisíveis e de estresse que a coloca entre as profissões mais desgastantes do mundo. Agora imagine a atividade de policial na execução de missão de infiltração. A carga emocional envolvida é extraordinariamente maior que a já elevada, vivida diariamente pelo agente em sua rotina. Não se pensaria em profissões que devem ter setor especializado no atendimento à saúde sem que constasse no rol a de policial. Independe de um agente ser treinado, concordar, ser moldado para tanto; o impacto de uma infiltração no seu âmago só pode ser aferido por pessoas com formação, ou seja, psicólogos e até mesmo psiquiatras.

136 Infiltração Policial

Assim, somada a questão atinente às Academias de Polícia, deve a instituição que zela por seus principais ativos, seus recursos humanos, buscar implementar estrutura voltada ao suporte daqueles sujeitos a estresse acima da média, os agentes infiltrados. **Como saber o impacto que uma vida dupla pode trazer no futuro do agente, na sua família verdadeira? Qual o impacto que as pressões ou testes a que estiver sujeito causaram na sua *psique*?** Não são perguntas fáceis de se responder, mas com certeza dependerão novamente da análise do caso concreto e sobretudo da narrativa, com o sigilo que requer, do próprio agente. Os impactos, após estudo, servirão de base para (re)direcionamento de políticas internas no trato do assunto. Também é salutar levar em consideração apontamentos da área de saúde para se balizar processo decisório acerca da cessação ou não da infiltração antes de ter alcançado seu objetivo.

Feitos os apontamentos quanto às Academias, quanto aos setores de saúde, parte-se para outro aspecto relevante do suporte institucional para a viabilização, o fomento e o sucesso das infiltrações policiais: o investimento nos recursos materiais, sobretudo tecnológicos, necessários ou úteis à atividade. A disponibilidade de equipamentos auxiliares, hardwares e softwares, não é clamada apenas para a produção de provas, mas também para a garantia da segurança do agente infiltrado e da equipe que, por vezes, se faz presente no palco da operação. Da mesma forma, a disponibilidade de recursos financeiros não é senão para garantir a estória-cobertura elegida para a missão.

Como pensar em uma missão sem contar com aparelhos discretos de captação de sinais óticos, acústicos ou eletromagnéticos? Como pensar em uma missão sem contar com plataforma de interceptação telefônica e de telemática moderna e atualizada? Como pensar em uma missão sem contar com ferramentas discretas de comunicação entre os agentes? Como pensar em uma missão sem ter recursos para sustentar a história de vida criada para o agente infiltrado?

Não é em outro lugar que não no próprio relato de um infiltrado na máfia que se verifica o quão dispendiosa em termos de recursos financeiros uma infiltração pode se tornar.

> Para polir minha imagem, eu dirigia um Mercedes-Benz SL500 AMG personali-
> zado, luxuoso e novo, um dos carros que o *Bureau* confiscara de traficantes de
> drogas em Miami. E sempre deixava que vissem que eu levava muito dinheiro
> comigo, notas graúdas, que o FBI me fornecia. Com Tony, logo aprendi como
> deveria me comportar nas ruas e nos clubes noturnos. Ele costuma dizer: *poder
> exibido é poder alcançado.* Criminosos nunca pedem a conta em um restaurante

ou bar. Podem tomar apenas um café, ou uma bebida, mas nunca pagam a conta diretamente. Isso seria infringir o código de conduta da bandidagem. Aprendi com Tony a deixar uma nota de 50 ou 100 dólares como gorjeta por uma xícara de café. (GARCIA, 2009, p. 45)

A questão é saber se o Estado está disposto a buscar mecanismos aptos a viabilizar sustento de ações que visem alcançar escalões diferenciados no mundo do crime, pois estes demandam cifras um tanto elevadas. Deve-se, portanto, saber aonde e como chegar, mas também o quanto se quer gastar para atingir os objetivos da investigação. O custo-benefício parece cristalino como a luz solar, mas não possui a mesma análise quando se apresenta a provável conta aos órgãos financeiros do Estado.

Fontes alternativas de financiamento, com participação de todos os atores do sistema de justiça criminal, são visualizadas, em especial o uso de bens e recursos apreendidos dos próprios criminosos. A recuperação de ativos deve ser pauta obrigatória nas discussões sobre mecanismos de investimento para ações do Estado contra o crime organizado. A Lei de Lavagem de Dinheiro (BRASIL, 1998) traz disposições que fortalecem o entendimento e oportunizam a locupletação de recursos do crime pelo Estado[33].

Como pensar em uma infiltração virtual sem computadores com configurações que permitam ao agente "navegar" por onde se fizer necessário? Como pensar em infiltração virtual com uma banda de Internet que trava no *download* de uma foto? Perguntas e mais perguntas, e tantas outras podem ser relacionadas pelos diretamente envolvidos neste tipo de ação. As respostas passam por investimento, não podem ser imediatistas, requerem planejamento de médio e longo prazo, com manutenção de política voltada à constante atualização dos recursos disponíveis, além da aquisição de novas tecnologias. O próprio setor que se denominou aqui de "Doutrina e Assessoramento" deve ser figura opinativa de peso quanto a essas questões.

---

[33] A Lei nº 9.613/1998, com redação dada pela Lei nº 12.683/2012, dispõe no Art. 7º, inciso I, e no seu §1º: "São efeitos da condenação, além dos previstos no Código Penal: I – a perda, em favor da União – e dos Estados, nos casos de competência da Justiça Estadual –, de todos os bens, direitos e valores relacionados, direta ou indiretamente, à prática dos crimes previstos nesta Lei, inclusive aqueles utilizados para prestar a fiança, ressalvado o direito do lesado ou de terceiro de boa-fé; (...) § 1º A União e os Estados, no âmbito de suas competências, regulamentarão a forma de destinação dos bens, direitos e valores cuja perda houver sido declarada, assegurada, quanto aos processos de competência da Justiça Federal, a sua utilização pelos órgãos federais encarregados da prevenção, do combate, da ação penal e do julgamento dos crimes previstos nesta Lei, e, quanto aos processos de competência da Justiça Estadual, a preferência dos órgãos locais com idêntica função".

138 Infiltração Policial

As instituições incumbidas da tarefa de investigar, e com a prerrogativa de executar infiltrações para fins de prova na persecução criminal, precisam evoluir *pari passu* com o mundo que as desafia. Os custos operacionais sempre assustam gestores, mas não será possível responder com eficiência, segurança e eficácia as perguntas postas no parágrafo anterior sem direcionamento de esforços financeiros para adequada viabilização de núcleos voltados para missões especiais como a da infiltração. Talvez a dificuldade pouse na não possibilidade de exploração política dos recursos adquiridos (pois o sigilo requer), e, enquanto esta ideia estiver incutida no pensamento de tomadores de decisão, isso torna bem difícil a competição com aquisições de viaturas, coletes balísticos e armamento (que também são essenciais, mas remetem mais a entrega de serviço de segurança pública adequado nos termos de campanhas eleitorais do que especialização investigativa com intuito de alcançar alvos diferenciados com efeitos repressivos e preventivos gerais).

Na década de 1980, o agente Robert Mazur trabalhou como agente infiltrado em uma operação da Divisão Antidrogas dos Estados Unidos (DEA) que ajudou a desmontar o cartel de Medellín, liderado pelo traficante Pablo Escobar, e a desmascarar um mecanismo poderoso de lavagem de dinheiro. Disfarçado como Bob L. Musella, um suposto homem de negócios que se ocupava dos esquemas de lavagem, Mazur conviveu com os homens mais poderosos dos cartéis mexicanos. Foi capaz de produzir conhecimento significativo acerca da organização criminosa chefiada à época pelo narcotraficante colombiano. A partir das informações coletadas na missão de infiltração, as agências de inteligência americanas indiciaram 85 criminosos, incluindo executivos do Bank of Credit and Commerce International, responsável pela lavagem do dinheiro de Escobar.

Para Mazur, da realidade de 1980 para a da última década em que vivemos, quanto aos cartéis de drogas,

> Não mudou muita coisa. A estrutura das organizações é mais ou menos a mesma. Eles são hierarquizados, têm advogados, um chefe. Mas o que vejo é que agora há uma quantidade grande de pessoas extremamente jovens, porque os cartéis mexicanos usam gangues de rua para distribuir a droga pelos Estados Unidos. E muitas estão em Chicago, onde há uma estimativa de 100.000 membros de gangues. Quando eu estava infiltrado, o cartel usava imensos aviões de carga para movimentar toneladas de cocaína para bases militares no México, onde os militares haviam sido corrompidos. As drogas eram desembarcadas e transferidas para caixas para cruzar a fronteira. Hoje a mesma técnica é usada pelo cartel de Sinaloa. Na Colômbia, o tráfico controla mais de 60 submarinos

com capacidade de transportar nove toneladas de drogas ilegais com uma tripulação de 45 homens que podem ficar submersos por quatro dias. Esse tipo de recurso não pode ser parado por ninguém, incluindo os Estados Unidos. A capacidade dos cartéis colombianos, o que eles usam, o controle da mídia, a profissionalização das atividades fez com que se tornassem muito poderosos. E tudo isso é fruto da corrupção. Para mim, isso é mais perigoso que as drogas. (MACIEL, 2014)

Na mesma oportunidade, o autor do livro "Infiltrado" (MAZUR, 2010), que narra a sua infiltração bem-sucedida que culminou na operação *C-Chase*, faz a seguinte observação sobre a tríplice fronteira – Brasil/Paraguai/Argentina:

> É um ponto nervoso de lavagem de dinheiro, não há dúvidas quanto a isso. As zonas de livre comércio; e não só na América Latina mas em Dubai, Colômbia, China e todo o resto do mundo; são, historicamente e agora muito ativamente, envolvidas na lavagem de dinheiro e a tríplice fronteira é provavelmente um dos centros mais ativos. A conversão de narcodólares em bens comercializados no mundo é uma das técnicas mais massivas de lavagem de dinheiro. (MACIEL, 2014)

As experiências e os conhecimentos advindos de um processo de infiltração são de um valor inegável, assim como também são inegáveis os riscos envolvidos.

3.4.3. Necessária integração com a atividade de inteligência

Tema sempre relevante e que já passou por momentos piores é o da relação investigação-inteligência. Por muito tempo houve, e não causa estranheza se constatada atualmente, uma confusão ao se debater sobre as duas atividades: investigação criminal e inteligência policial. As áreas chegam a ser colocadas como antagônicas ou excludentes e, por vezes, há certa aversão dos agentes da investigação frente aos agentes da inteligência e vice-versa, mas em uma análise mais detalhada percebe-se que essa indesejada e prejudicial situação é decorrência de uma compreensão equivocada acerca das finalidades dessas atividades.

Uns confundem a própria atividade de inteligência com a atividade correcional, de corregedoria, ao que se atribui certo preconceito sofrido pelos agentes de inteligência policial, uma vez que agentes da corregedoria são tidos como "maus colegas", por exercerem atividades que monitoram possíveis desvios de conduta pelos integrantes da instituição a que pertencem. Por sua vez, os integrantes da investigação não en-

140 Infiltração Policial

xergam utilidade na inteligência, não sendo incomuns observações no sentido de que os relatórios dos órgãos de inteligência seriam "cabeças de bacalhau" sob o prisma de quem está na execução de investigações, ou seja, jamais vistos. A inteligência, na outra ponta, acusa ineficiência na investigação por não considerar se valer das análises e relatórios daquela no intuito de direcionar melhor os esforços, uma vez que há necessidades infinitas e recursos finitos.

Seja por confusão, seja por preconceito, o certo é que a questão posta precisa ser clareada uma vez que a atividade de inteligência e a atividade de investigação policiais são complementares e não excludentes ou concorrentes. Trata-se, pois, de uma confusão que só encontra guarida num ambiente de vaidades ou ignorância, no mais forte viés do desconhecimento. Um time para ganhar precisa necessariamente fazer o chamado "feijão com arroz", ou seja, fazer primeiramente o trivial, e aqui se encaixa a convergência de objetivos e união de esforços. Não se conseguirá fazer o básico bem feito sem antes entrosar os "jogadores", que a cada desafio investigativo estão como que numa final de campeonato, onde perder não parece ser uma boa opção.

O preconceito entre as atividades em questão não passa daquela velha falácia chamada de apelo à tradição, como também é conhecida a *argumentum ad antiquitatem* (expressão latina para **argumento da antiguidade**), uma falácia que consiste em dar autoridade a algo em função de sua antiguidade, ou ainda afirmar que algo é verdadeiro ou bom, falso ou ruim, porque é antigo ou "sempre foi assim". Quantas vezes se ouviu a reposta "porque sempre foi assim" quando são questionados conceitos e verdades que parecem imutáveis e que se repetem sem justificativas racionais? Assim também parece ser a resposta recorrente quanto ao ranço entre duas atividades essenciais para a tarefa de elucidar crimes e melhorar a resposta estatal em termos de segurança pública.

Também pode-se valer, dentro do mundo das falácias ainda, daquela conhecida como falácia genética para citar o preconceito entre as áreas em questão. A dita falácia ocorre quando uma ideia é rejeitada com base em sua origem ou história. Ocorre quando alguém tenta ridicularizar uma ideia, prática ou instituição simplesmente tendo em conta a fonte de onde ela provém. Parece que o suposto paradoxo entre as duas atividades em questão não passa de falta de conhecimento quanto à complementariedade e identidade de objetivos, quando considerado o viés operacional da atividade de polícia judiciária.

O entendimento equivocado de que agentes de uma unidade de inteligência policial não podem efetuar infiltração policial para fins de investigação criminal decorre, em primeiro lugar, do desconhecimento dos níveis de atuação da Inteligência de Segurança Pública, ramo onde se insere a inteligência das polícias judiciárias, e, em segundo lugar, pela confusão que se faz com o ramo da Inteligência de Estado.

Nessa senda, oportuna uma distinção entre Inteligência de Segurança Pública e Inteligência de Estado. São atividades distintas, apresentando diferenças palpáveis com relação aos seus objetos de estudo, objetivos gerais e específicos e destinatários. A Inteligência de Segurança Pública é o exercício permanente e sistemático de ações especializadas para identificar, avaliar e acompanhar ameaças reais ou potenciais na esfera de Segurança Pública, basicamente orientadas para produção e salvaguarda de conhecimentos necessários para subsidiar os governos na tomada de decisões, para o planejamento e execução de uma política de segurança pública e das ações para prever, prevenir, neutralizar e reprimir atos criminosos de qualquer natureza que atente à ordem pública e à incolumidade das pessoas e do patrimônio. Ela tem como espécies a Inteligência Policial Judiciária, a Inteligência Policial Militar, a Inteligência Policial Rodoviária e a Inteligência Bombeiro Militar, cada qual com seu campo específico de atuação. Por sua vez, a Inteligência de Estado, sendo exponente nacional a Agência Brasileira de Inteligência (ABIN)[34] (BRASIL, 1999a), consiste na atividade que objetiva a obtenção, análise e disseminação de conhecimentos dentro e fora do território nacional sobre fatos e situações de imediata ou potencial influência sobre o processo decisório e a ação governamental e sobre a salvaguarda e a segurança da sociedade e do Estado.

Deve-se, a partir da distinção quanto aos objetos de estudo, destacar a diferença entre a Doutrina de Inteligência de Estado e a Doutrina de Inteligência de Segurança Pública. Basicamente, a Inteligência de Estado é eminentemente consultiva ou de assessoramento, enquanto a Inteligência de Segurança Pública (ISP) apresenta dupla natureza, dependendo do seu nível de atuação. A ISP, quando atua nos níveis político e estratégico, apresenta-se, da mesma forma que a Inteligência de Estado, como mera inteligência consultiva. Porém, ela pode ser ativada em um nível tático-operacional, tornando-se de natureza executiva, com o objetivo de auxiliar a produção de provas no curso de investigações policiais. A natureza executiva lhe alcança algo não permitido à Inteligência de Estado: a possibilidade legal de utilizar, na busca do dado negado, ações invasivas, mediante autorização judicial prévia.

---

[34] Órgão central de um sistema que reúne 38 integrantes – o Sistema Brasileiro de Inteligência (SISBIN) –, a ABIN tem por missão assegurar que o Executivo Federal tenha acesso a conhecimentos relativos à segurança do Estado e da sociedade, como os que envolvem defesa externa, relações exteriores, segurança interna, desenvolvimento socioeconômico e desenvolvimento científico-tecnológico. O SISBIN é regulamentado pela Lei nº 9.883/1999 (BRASIL, 1999a).

142 Infiltração Policial

Como visto, os órgãos de inteligência das instituições policiais são partes integrantes do Subsistema de Inteligência de Segurança Pública, que foi institucionalizado em nosso país no dia 21 de dezembro do ano 2000, com a edição do Decreto nº 3.695 (BRASIL, 2000), que criou o Subsistema de Inteligência de Segurança Pública (SISP), no âmbito do Sistema Brasileiro de Inteligência (SISBIN).

O SISP foi criado com a finalidade de coordenar e integrar as atividades de Inteligência de Segurança Pública em todo o país, bem como suprir os governos federal e estaduais de informações que subsidiem a tomada de decisões neste campo, cabendo aos integrantes deste Subsistema, no âmbito de suas competências, identificar, acompanhar e avaliar ameaças reais ou potenciais de segurança pública e produzir conhecimentos e informações que subsidiem ações para neutralizar, coibir e reprimir atos criminosos de qualquer natureza. O artigo 1º do decreto assim dispõe sobre a missão do SISP: "coordenar e integrar as atividades de inteligência de segurança pública em todo o país e suprir os governos federal e estadual de informações que subsidiem a tomada de decisões nesse campo". Já o artigo 2º, no seu § 3º, destaca os níveis de atuação da atividade de inteligência, relacionando as atribuições específicas de cada nível:

> ➤ nível estratégico – "identificar, acompanhar e avaliar as ameaças reais ou potenciais de segurança pública", possibilitando uma correta leitura dos cenários da criminalidade para a produção de conhecimentos que subsidiem o processo decisório, no planejamento e execução das políticas de segurança pública a serem aplicadas onde e quando necessárias, em atendimento ao plano nacional e demais compromissos desse plano; e
> ➤ nível tático – "produzir conhecimentos que subsidiem ações que neutralizem, coíbam e reprimam atos criminosos de qualquer natureza", se voltando essa produção especialmente para as necessidades pontuais da repressão do comportamento delitivo, formalizada nos procedimentos policiais investigativos, principalmente quanto às organizações criminosas.

Portanto, de fácil constatação que a atividade de inteligência policial e a investigação policial lidam, invariavelmente, com os mesmos objetos: crime, criminosos, criminalidade e questões conexas. Entretanto, um dos aspectos que as diferencia é que, enquanto a investigação policial está orientada pelo modelo de persecução penal, nos termos da norma processual própria, objetivando a produção de provas (autoria e materialidade delitiva), a inteligência policial está voltada para a produção de conhecimentos com intuito de subsidiar a tomada de decisões nos níveis político, estratégico, tático e operacional. Nessa senda, apenas excepcionalmente nos níveis tático e operacional, é que atua com o objetivo de subsidiar a produção de provas em

Aspectos operacionais relevantes **143**

apoio às investigações policiais presididas pelas demais unidades de Polícia Judiciária. Neste nível é que há, ou deveria haver, interseção, necessária e útil, entre investigação e inteligência, mas não de forma a gerar atrito, pelo contrário, sendo ambiente de rica produção de informações relevantes e aptas a subsidiar o rumo de importantes trabalhos de repressão à criminalidade, sobretudo a dita organizada.

No que diz respeito à participação da atividade de inteligência em tarefa investigativa para fins de instrução de processo penal, oportuno trazer recente decisão da 6ª turma do Superior Tribunal de Justiça, datada em 18 de agosto de 2020. O que deixa a decisão ainda mais interessante é que não se trata do debate acerca de órgão de inteligência policial, com efetivo exclusivamente formado de policiais civis ou federais efetuando apoio à investigação, mas de órgão de inteligência integrante da Secretaria de Segurança Pública do Estado do Rio de Janeiro, constituído por agentes oriundos de diversos órgãos, para além das polícias judiciárias.

A 6ª Turma do Superior Tribunal de Justiça (STJ), no julgamento do HC 512.290, manifestou-se no sentido de que agência de inteligência pode auxiliar investigação, denegando o remédio constitucional pleiteado pela defesa, que alegava irregularidade na persecução criminal. O caso em questão envolvia decisão sobre a legalidade da investigação que apurou crimes cometidos por policiais no Estado do Rio de Janeiro, pois houve participação ativa da Subsecretaria de Inteligência (SSINTE) da Secretaria de Segurança Pública, por meio de agentes de inteligência, que redundou em auxílio a investigação conduzida pelo GAECO do Ministério Público daquele Estado. A SSINTE recebera denúncia acerca de suposta extorsão mediante sequestro feita por policiais civis em 2014. O órgão de inteligência realizou inúmeras diligências para fins de identificar a veracidade dos fatos. As informações produzidas foram endereçadas ao Ministério Público, que, em 2015, instaurou Procedimento Investigativo Criminal (PIC), com participação auxiliar da SSINTE. No bojo do HC, a defesa alegava ilegalidade do procedimento, uma vez que não existiria lei permitindo ao órgão de inteligência realizar investigação criminal, trazendo à baila o precedente da operação Satiagraha, anulada pela 5ª Turma do STJ em 2011, por entender ilegal a ação auxiliar de agentes da Abin (Agência Brasileira de Inteligência) nos **grampos** telefônicos usados como prova[35].

---

[35] A 5ª Turma do Superior Tribunal de Justiça anulou todos os procedimentos decorrentes da Operação da Satiagraha da Polícia Federal, inclusive a condenação do banqueiro Daniel Dantas por corrupção ativa. Por três votos a dois, o Superior Tribunal de Justiça considerou que a atuação da Agência Brasileira de Inteligência na operação da Polícia Federal violou os princípios constitucionais da impessoalidade, da legalidade e do devido processo legal. O relator do caso, o Desembargador convocado do Tribunal de Justiça do Rio de Janeiro, Adilson Macabu, entendeu que a atuação dos agentes da Agência Brasileira de Inteligência

144 Infiltração Policial

Pela riqueza de informações e clareza quanto ao assunto, colacionamos trechos do voto do relator, Ministro Rogerio Schietti Cruz:

> [...]
>
> Não verifico ilegalidade na atuação da Subsecretaria, que realizou atividades típicas de inteligência de segurança pública com a finalidade de assessorar o Ministério Público. O destinatário do conhecimento obtido pela agência decidiu instaurar procedimento investigatório criminal, "o qual contou com o auxílio operacional da SESEG/SSINTE" (fl. 2.821, destaquei).
>
> ...a Subsecretaria produziu conhecimentos de interesse da segurança pública, com o propósito de subsidiar seus usuários a reprimir crimes atribuídos a servidores.
>
> [...]
>
> As atividades estão regulamentadas na Doutrina Nacional de Inteligência de Segurança Pública e não resultaram em intrusiva violação de direitos ou de garantias fundamentais. Por opção do *Parquet*, os dados colhidos pelo SSINTE foram aproveitados nos autos do procedimento investigatório criminal (PIC), a fim de subsidiar a produção de provas.
>
> As vítimas foram ouvidas e, em 22/1/2015, estiveram na agência para prestar declarações. Relataram o pretenso crime, ocorrido no dia 26/11/2014. A entrevista é uma das operações de inteligência de segurança pública (ISP) voltada à obtenção de dados por meio de conversação e, ademais, era obrigatório a qualquer policial, lotado na Secretaria de Estado ou não, agir diante do conhecimento de um ilícito penal e adotar as providências cabíveis para a sua repressão.
>
> [...]
>
> A partir de 29/1/2020, o *Parquet* capitaneou o PIC com o apoio da SSINTE/ SESEG, que possuía atribuição de auxiliar as investigações, em conformidade com o art. 2°, parágrafo único, da Resolução nº 436 de 8/2/2011.

---

extrapolou as atribuições legais da agência criada para assessorar a Presidência da República e aconteceu de forma clandestina. Agentes da agência de inteligência da Presidência foram convocados informalmente para participar das investigações pelo então delegado da Polícia Federal, Protógenes Queiroz, que dirigia a operação. De acordo com o Ministro Jorge Mussi, que deu o voto de desempate no caso, "não é possível que arremedos de provas colhidas de forma impalpável possam levar à condenação. Coitado do país em que seus filhos possam vir a ser condenados com provas colhidas na ilegalidade" **(Habeas Corpus nº 149.250)**. A decisão foi confirmada pelo Supremo Tribunal Federal.

[...] não é possível acolher a tese de ilicitude dos dados/informações/conhecimento reunidos pela SSINTE/SESEG, porquanto inexiste comprovação inequívoca de que o órgão investigou por conta própria ou extrapolou suas atribuições legais.

IV. SSINTE/SEGE

A atividade de inteligência de segurança pública (ISP) consiste no exercício de ações especializadas para identificar, avaliar e acompanhar ameaças reais ou potenciais na esfera de segurança pública. Entre suas finalidades está a de produzir conhecimento tanto para subsidiar o planejamento estratégico de políticas estatais quanto para assessorar com informações relevantes as operações de prevenção e de repressão de crimes.

Agência de ISP não atua como polícia judiciária na investigação de crimes. Entretanto, como opera incessantemente na busca de conhecimento, o resultado de suas operações pode, ocasionalmente, ser aproveitado para subsidiar a produção de provas.

[...]

Apesar das argumentações defensivas, a atividade de inteligência de segurança pública não se confunde com a inteligência de Estado. O caso sob exame não se assemelha à atuação da Agência Brasileira de Inteligência-ABIN na Operação Satiagraha, pois a SSINTE não assessorava o Presidente da República em assuntos de interesse nacional. Também não guarda similitude com a situação retratada no RHC n. 57.023/RJ, porquanto, naquele caso, agente de inteligência, no intuito de coletar dados para atuação da Força Nacional no evento Copa do Mundo, devido à confiança conquistada, conseguiu ser convidado a integrar grupo fechado de conversa criptografada, onde foram agendados atos violentos por integrantes do black block.

Importante mencionar que são várias as categorias de atividade de inteligência (de defesa, policial, penitenciária, financeira, fiscal, de Estado, etc.). A de segurança pública, por sua vez, possui diversos campos de atuação, entre as quais o de prestar apoio às missões das polícias militar, judiciária e rodoviária. Essa estrutura não existe somente no Brasil.

Nos Estados Unidos, por exemplo, "o primeiro ramo da análise de inteligência nas agências estaduais e locais é a análise investigativa", que se "concentra em apoiar as operações de repressão e os mandados de prisão contra organizações criminosas e narcotraficantes"; "trabalha com base no crime que já aconteceu, e busca descobrir o autor". A outra vertente "é a análise criminal, cujo objetivo é subsidiar os tomadores de decisão com informações táticas e estratégicas de combate ao crime". Esta estrutura "existe em todos os lugares em que parte dos efetivos policiais funciona como polícia ostensiva e parte do efetivo tem missões de polícia judiciária" (BRANDÃO, Priscila; CEPIK, Marco (org). Inteligência de Segurança pública: Teoria e Prática no controle da criminalidade. Niterói, RJ: Impetus, 2013, p. 39, destaquei).

Também no âmbito da Organização Internacional de Polícia Criminal – INTERPOL:

[...] a análise de inteligência criminal é dividida em operacional e estratégica. A primeira visa alcançar um resultado específico (prisões, apreensão, confisco de bens ou interrupção de atividade criminosa) e seu suporte analítico inclui identificar vínculos entre suspeitos e seu envolvimento em atividades ilícitas, bem como lacunas de investigação, e preparar perfis dos criminosos. A análise estratégica objetiva informar os tomadores de decisão e seus benefícios são a longo prazo, pois a intenção é fornecer alerta precoce a ameaças [...] (disponível em: https://www.interpol.int/Search-Page?search=criminal+intelligence+ana lysis+is+divided+into+operational. Acesso em: 12 fev. 2020. Traduzi):

Portanto, no campo diversificado de atuação da segurança pública, a inteligência policial "tem como escopo questões (em sua maioria táticas) de repressão e apoio à investigação de ilícitos e grupos de infratores – não se trata, registre--se bem, de atividade de investigação criminal". Busca "levantar indícios e tipologias que auxiliam o trabalho da Polícia Judiciária e do Ministério Público", principalmente no combate do crime organizado, dissimulado ou complexo (GONÇALVES, Joanisval. Atividade de Inteligência e Legislação Correlata. 6. ed. Rio de Janeiro: Impetus, 2018, pg. 36, grifei).

A atividade "é um processo desenvolvido no âmbito de uma investigação, não a investigação em si, e no Brasil essa inteligência possui os mandatos para empreender ações especiais, ao seguir os procedimentos legais para admissibilidade de provas" (BRANDÃO, Priscila; CEPIK, Marco (org). Inteligência de Segurança pública: Teoria e Prática no controle da criminalidade. Niterói, RJ: Impetus, 2013. p. 124, destaquei).

As agências de inteligência são instituições públicas oficiais. O Sistema Brasileiro de Inteligência (SISBIN) foi criado pela Lei n. 9.883/1999, possui dezenas de integrantes (ABIN, GSI, SENASP, COAF etc.) e é composto de subsistemas diversos, que trabalham em diferentes vertentes, como o de Inteligência de Defesa (SINDE) e o de Inteligência de Segurança Pública (SISP), previsto no Decreto n. 3.695 de 21/12/2000 e regulamentado pela Resolução n. 1 de 15/7/2009.

O SISP, por sua vez, é integrado por órgãos locais de inteligência de segurança pública dos Estados e do Distrito Federal. O art. 2º, § 3º, do Decreto n. 3.695/2000, estabelece:

Cabe aos integrantes do Subsistema, no âmbito de suas competências, identificar, acompanhar e avaliar ameaças reais ou potenciais de segurança pública e produzir conhecimentos e informações que subsidiem ações para neutralizar, coibir e reprimir atos criminosos de qualquer natureza.

[...]

As ações das agências de ISP estão sujeitas a limitações, à vista do sistema pátrio de garantias em favor do indivíduo. Por isso mesmo, algumas operações de inteligência policial judiciária (como a infiltração) são sujeitas à reserva de jurisdição. Outras técnicas operacionais, por sua vez, constituem meras habilidades que viabilizam a busca de dados (por exemplo, disfarce, identificação de pessoas, observação, estória-cobertura etc.).

Sempre que a inteligência policial, apesar de não se confundir com a investigação criminal, nem se esgotar no objetivo desta, resultar em obtenção de dados, análise e produção de conhecimento porventura apropriados em inquéritos ou em PIC, por meio de relatórios, são aplicáveis a ela os mesmos mecanismos de controle da legalidade para admissibilidade de provas no processo.

Deveras, "os órgãos de Segurança Pública encarregados de investigar e perseguir processualmente a prática de crimes não podem, a pretexto do exercício de atividades realizadas sob a rubrica de Inteligência, ainda que tomada como especial técnica de complementação da investigação, ofender o sistema de garantias constitucionais que permeiam o devido processo legal" (BRANDÃO, Priscila; CEPIK, Marco (org). Inteligência de Segurança pública: Teoria e Prática no controle da criminalidade. Niterói, RJ: Impetus, 2013. p. 220).

[...]

De toda forma, consoante a DNISP, relatório técnico produzido por agência de inteligência pode ser anexado em processos de qualquer natureza, a fim de transmitir as análises técnicas e de dados, destinados a subsidiar seu destinatário, inclusive na produção de provas.

[...]

O princípio da vedação à proteção deficiente torna inviável criar limitação, alheia ou além do texto constitucional, para o exercício conjunto da atividade investigativa pelos diversos órgãos estatais policiais e pelo Ministério Público, mormente para a apuração de crimes perpetrados por policiais. Irregular seria a investigação isolada, por conta própria, da agência de inteligência, em desvio de atribuições, o que não ocorreu. Contudo, no caso dos autos, não se identifica ilegalidade no apoio prestado pelo SSINTE, por meio de seus agentes com lotação originária na Polícia Militar ou Federal, às apurações do GAECO/MPRJ.

Guilherme de Souza Nucci pontua:

Lógica não haveria em cercear a colheita da prova somente porque, em determinado momento, não há agentes da polícia civil disponíveis para a realização da busca, enquanto os militares estão presentes, propiciando a sua efetivação. Não deve, naturalmente, ser a regra, mas trata-se de uma exceção viável e legal. Do mesmo modo que à Polícia Militar cabe o policiamento ostensivo (art. 144, § 5º, CF), não se desconhece que policiais civis e delegados de polícia também o fazem, quando necessário. Enfim, a separação das polícias é o principal problema enfrentado, mas tal situação, que é sobretudo política, não pode resvalar no direito da população de obter efetiva segurança, nem tampouco nas atividades judiciárias de fiel e escorreita colheita da prova. Do mesmo modo, embora seja função do oficial de justiça proceder às buscas determinadas pelo juiz, ao longo da instrução, nada impede que a polícia realize a diligência, especialmente se for em lugar particularmente perigoso, exigindo experiência policial para a consumação do ato (Código de Processo Penal Comentado. 5a ed., rev., atual. e ampl. São Paulo: RT, 2006. p. 523).

Consoante a observação de Denilson Feitoza Pacheco:

Se a Constituição atribuiu a órgãos de segurança pública e aos ministérios públicos competências constitucionais que, em parte, somente podem ser realizadas por meio da atividade de inteligência, é porque, implicitamente, lhes atribuiu os meios necessários. A rigor, com fundamento na eficiência, a Constituição lhes impôs o uso da inteligência, uma vez que não podem se negar a realizar a própria competência constitucional[36].

[...]

Cumpre esclarecer que o art. 3º, VIII, da Lei n. 12.850/2013 admite, em qualquer fase da persecução penal, a "cooperação entre instituições e órgãos federais, distritais, estaduais e municipais na busca de provas e informações de interesse da investigação ou da instrução criminal" relacionadas a crimes de organização criminosa.

---

[36] PACHECO (2012).

[...]

Por fim, ressalto que em outro caso similar ao retratado nestes autos, a Sexta Turma considerou legal o apoio prestado pela SSINTE/SESEG ao GAECO/MPRJ:

> Não se apresenta ilegítima a cooperação da Secretaria de Segurança Pública em investigações, por meio da denominada Subsecretaria de Inteligência, dotada dos devidos recursos tecnológicos para empreender as diligências necessárias. A constitucional definição da atribuição de polícia judiciária às polícias civil e federal não torna nula a colheita de indícios probatórios por outras fontes de investigação criminal (HC n. 343.737/SC, Ministro Nefi Cordeiro, Sexta Turma, DJe 29/8/2016). Assim, não há nulidade nas diligências realizadas por policiais designados pelo Órgão de Segurança Pública para esse fim específico. [...] (RHC n. 96.540/RJ, Rel. Ministro Sebastião Reis Júnior, 6a T., DJe 29/8/2019, grifei)
>
> (HC 512.290 – RJ 2019/0151066-9)

Ponto interessante no voto do relator Ministro Schietti é a invocação do **princípio da vedação à proteção deficiente**, que trata da proteção da sociedade quanto à omissão do Estado, quando este deve agir, mas deixa de fazê-lo. Segundo o princípio, no caso em tela, criar limitação para além do texto constitucional quanto ao exercício conjunto da atividade investigativa pelos diversos órgãos estatais policiais e pelo Ministério Público causaria lesão a essa premissa, principalmente em crimes cometidos por agentes do próprio Estado. Irregular estaria se, de forma isolada, por conta própria, a agência de inteligência estivesse investigando e instruindo procedimento criminal, o que não se verificou no caso. Assim, entendeu-se pela legalidade do apoio da SSINTE às apurações do GAECO/MP-RJ.

A decisão trouxe um posicionamento importante quanto à atividade de órgão de inteligência não exclusivamente de polícia judiciária (leia-se: das Polícias Civis ou Federal). Não obstante a inovação advinda do acórdão do STJ, outra não deve ser a leitura senão a de que, numa interpretação sistemática, a inteligência policial (Polícia Civil e Polícia Federal) é sim, e com mais razão, atividade que, no plano tático e operacional, deve servir para subsidiar com informações e conhecimentos, em suma, cooperar com a atividade de investigação para viabilizar a produção probatória eficaz, sobretudo na temática crime organizado.

A atividade de inteligência apresenta-se especialmente por meio de ações. Ações de inteligência, nos termos da Doutrina Nacional de Inteligência (DNISP) (ARAÚJO, 2009; WENDT, 2010), são todos os procedimentos e medidas realizados por uma agência de inteligência para dispor dos dados necessários e suficientes para a produção do

150 Infiltração Policial

conhecimento. Dentre as muitas ações executadas por uma agência de inteligência, destacamos o reconhecimento, a vigilância, o recrutamento operacional, a infiltração, a desinformação, a provocação, a entrevista, a entrada e a interceptação de sinais e de dados:

> Reconhecimento "é a ação de busca realizada para obter dados sobre o ambiente operacional ou identificar visualmente uma pessoa. Normalmente é uma ação preparatória que subsidia o planejamento de uma Operação de Inteligência".
> Vigilância "é a ação de busca que consiste em manter um ou mais alvos sob observação".
> Recrutamento operacional "é a ação de busca realizada para convencer uma pessoa não pertencente à atividade de inteligência a trabalhar em benefício desta".
> Infiltração "é a ação de busca que consiste em colocar uma pessoa junto ao alvo", a partir do que lhe será possível captar todas as informações de interesse para o processo de conhecimento.
> Desinformação "é a ação de busca realizada para, intencionalmente, confundir alvos (pessoas ou organizações) a fim de induzir esses alvos a cometerem erros de apreciação, levando-os a executar um comportamento predeterminado".
> Provocação "é a ação de busca, com alto nível de especialização, realizada para fazer com que uma pessoa/alvo modifique seus procedimentos e execute algo desejado pela agência de inteligência, sem que o alvo desconfie da ação".
> Entrevista "é a ação de busca realizada para obter dados por meio de uma conversação, mantida com propósitos definidos, planejada e controlada pelo entrevistador".
> Entrada "é a ação de busca realizada para obter dados em locais de acesso restrito e sem que seus responsáveis tenham conhecimento da ação realizada".
> Interceptação de sinais e dados "é a ação de busca realizada por meio de equipamentos adequados, operados por integrantes da inteligência eletrônica", sendo exemplos a interceptação telefônica, a interceptação telemática e a escuta ambiental.

Associadas à execução das ações, ganham espaço as técnicas operacionais de inteligência (TOI), instrumentos úteis ou necessários para o acesso ao dado ou informação e para registro e transmissão destes, com foco na integridade. São elas: os processos de identificação de pessoas; a observação, memorização e descrição (OMD); a estória-cobertura; o disfarce; as comunicações sigilosas; a leitura de fala; a análise de veracidade; o emprego de meios eletrônicos; e a fotointerpretação.

Interessante reforçar e observar que a infiltração, além de ação de busca de inteligência, é meio de prova no âmbito da investigação criminal. Não obstante sua importância, ela não subsiste e alcança, de forma eficiente, eficaz e segura, seus objetivos sem que haja seu uso conjugado com outras técnicas próprias da atividade de inteligência. Uma operação de infiltração policial bem elaborada passa, em especial, pelo uso do reconhecimento, da vigilância, da desinformação, da provocação, da entrevista e até mesmo do recrutamento operacional.

Considerando o tema infiltração policial, e o que foi exposto, a perspectiva de apoio da atividade de inteligência ganha maior relevância, em especial para as questões acadêmicas e práticas com vista a modulação dos agentes a serem infiltrados. O conhecimento e o domínio de técnica especiais, como as anteriormente referidas, têm relevância para o sucesso da infiltração. Dessa forma, nada mais adequado que os agentes da investigação absorvam tais informações e aprendizados com instrutores que detenham domínio sobre a prática.

Deve ficar cristalino o entendimento de que o policial civil ou federal em atuação na unidade de inteligência policial pode realizar infiltração no bojo de investigação formalmente instruída e sob o manto da autorização judicial. O fato de estar atuando em unidade de inteligência não o afasta de pronto e por si só da função precípua de investigar. O agente de inteligência policial continua sendo servidor integrante de Polícia Judiciária, que detém atribuição insculpida na Constituição Federal em seu artigo 144, nos termos que seguem:

> Art. 144 [...] § 1º A polícia federal, instituída por lei como órgão permanente, organizado e mantido pela União e estruturado em carreira, destina-se a:
>
> I – apurar infrações penais contra a ordem política e social ou em detrimento de bens, serviços e interesses da União ou de suas entidades autárquicas e empresas públicas, assim como outras infrações cuja prática tenha repercussão interestadual ou internacional e exija repressão uniforme, segundo se dispuser em lei;
>
> II – prevenir e reprimir o tráfico ilícito de entorpecentes e drogas afins, o contrabando e o descaminho, sem prejuízo da ação fazendária e de outros órgãos públicos nas respectivas áreas de competência;
>
> III – exercer as funções de polícia marítima, aeroportuária e de fronteiras;
>
> IV – exercer, com exclusividade, as funções de polícia judiciária da União.

152 Infiltração Policial

> [...] § 4º Às polícias civis, dirigidas por delegados de polícia de carreira, incumbem, ressalvada a competência da União, as funções de polícia judiciária e a apuração de infrações penais, exceto as militares.

Assim, não é o fato de receber a grife "atividade de inteligência" que trará impeditivo para o agente atuar em infiltração policial no bojo de investigação formalmente constituída. O fator determinante é a correta, adequada e legal formalização dos atos, o respeito à finalidade da investigação e aos limites delineados, pela decisão judicial e pelos direitos e garantias consagrados pelo Estado Democrático de Direito. Assim, numa investigação em que houve deferimento judicial para uso da técnica da infiltração, a partir de representação dos que possuem tal prerrogativa, delegado de polícia, civil ou federal, ou membro do Ministério Público, pode haver a atuação de agente (policial) que desempenhe as suas funções na unidade de inteligência policial, pois neste cenário a sua ação se coaduna com o espectro operacional da própria atividade de inteligência policial. O local onde o policial desempenha suas funções ordinariamente em nada contamina a colheita de prova na infiltração, pois as divisões internas das instituições policiais decorrem de sua organização administrativa e não diminuem a atribuição precípua do policial: investigar.

Sedimentada esta posição, facilitada a compreensão de que a expertise dos agentes das unidades policiais de inteligência deve ser aproveitada no treinamento e capacitação daqueles que labutam na seara da investigação, conclui-se novamente que a competição ou aversão recíproca entre estas áreas da atividade policial só produz lucros e dividendos para o adversário, o crime organizado.

Em suma, a inteligência policial é atividade meio que tem por corolário principal o assessoramento, seja do chefe da instituição quanto aos aspectos estratégicos, seja dos setores de investigação quanto aos aspectos operacionais, sendo atividade subsidiária e de relevância para as investigações especializadas, sobretudo quando considerada a aplicação da técnica da infiltração policial. Conhecer o que a inteligência pode e deve alcançar, a partir dos relatórios de inteligência e relatórios técnicos, ou pelos demais serviços que alcança (o espectro depende do quão desenvolvida é a atividade no órgão policial e qual estrutura lhe é destinada), é dever do policial que atua dedicado à tarefa investigativa.

Quando se tem a correta compreensão do alcance e utilidade da atividade do órgão de inteligência e da sua capacidade produtiva, especialmente pelo acesso a dados e informações restritas e/ou inacessíveis aos órgãos de investigação em geral, vislumbra-se a parceria construtiva que se deve estabelecer. A questão pauta-se, pois, em resumo, na compreensão dos gestores das investigações sobre os produtos e serviços que lhes podem ser alcançados pela inteligência policial e, por parte dos gestores dos órgãos de inteligência policial, na empatia quanto ao possível desconhecimento, não intencional, daqueles acerca de como a inteligência os pode auxiliar, buscando a par disso maior clareza na entrega dos seus substratos. Em suma, é preciso que sentem numa mesa redonda e exponham suas necessidades, dificuldades e recursos disponíveis. Com certeza, deixadas as vaidades de lado, todos sairão ganhando.

3.4.4. Cessação da infiltração

> Você pode enganar uma pessoa por muito tempo; algumas por algum tempo; mas não consegue enganar todas por todo o tempo. (Abraham Lincoln, 1809-1865)

A máxima do 16º presidente americano serve de alerta para o fato de que a infiltração deve ter um prazo de existência e que, quanto maior o tempo de permanência do agente no meio criminoso, maior o risco da descoberta do disfarce.

Salienta-se que o agente infiltrado poderá a qualquer momento fazer interromper a atuação infiltrada[37].

Vale-se aqui da doutrina de Carlos e Friede (2014), com o fito de enumerar os casos em que a infiltração policial será cessada[38]. Faz-se menção a seis tipos diferentes de cessação, quais sejam[39]:

1. **Cessação voluntária:** trata-se de interrupção por obra voluntária dos seguintes atores: agente infiltrado; delegado de polícia; ou promotor de justiça. O artigo 14, I, da Lei nº 12.850/2013, disciplina que o agente poderá, a qualquer tempo, fazer cessar a operação, independentemente de haver algum perigo mediato ou imediato à sua vida. Da mesma forma, pode o delegado de polícia, além do caso que traga risco iminente ao agente, representar pela cessação considerando inúmeras questões, como: falta de efetividade e ineficiência da medida

---

[37] Lei nº 12.850/2013 – Art. 14. São direitos do agente:
I – recusar ou fazer cessar a atuação infiltrada;

[38] Lei nº 12.850/2013 – Art. 12. (...)
§ 3º Havendo indícios seguros de que o agente infiltrado sofre risco iminente, a operação será sustada mediante requisição do Ministério Público ou pelo delegado de polícia, dando-se imediata ciência ao Ministério Público e à autoridade judicial.

[39] Carlos e Friede (2014) elencaram a classificação, sobre a qual acrescemos dados, informações e opiniões.

para os fins propostos; obtenção, por outros meios, de provas suficientes para o deslinde do caso; inviabilidade financeira para manutenção de missão com custo operacional elevado; etc. O membro do Ministério Público, basicamente pelos mesmos motivos que levam o delegado de polícia, pode requisitar a cessação; contudo, nada melhor que o próprio agente infiltrado para avaliar a continuidade ou não da medida, sendo fundamental o registro de tudo no relatório circunstanciado. Pede-se justificativa plausível.

2. **Cessação urgente:** prevista no artigo 12, § 3º, da Lei nº 12.850/2013, diz respeito ao caso de haver grande perigo iminente ao agente infiltrado. Neste caso a operação será sustada mediante requisição do Ministério Público ou por representação do Delegado de Polícia, dando-se ciência ao *Parquet*. Neste caso, o maior ativo da investigação é o motivo da cessação da infiltração. No pesar dos valores dos bens, o maior de todos, sem dúvida, é a vida, depois a integridade física. Assim, havendo risco ao agente, é cogente a interrupção da missão, pois a investigação e o poder punitivo do Estado não podem se sobrepujar à vida dos seus servidores.

3. **Cessação por quebra de sigilo:** trata-se de medida de cunho preventivo, almejando impedir o advento de riscos indesejados para o infiltrado e para a investigação como um todo, a partir da verificação de vazamento indesejado de informações sensíveis. Também prevista no art. 12, § 3º, da Lei nº 12.850/2013.

4. **Cessação por êxito operacional:** neste ponto, por óbvio, cumpre fazer cessar imediatamente a infiltração no momento em que ela atinge os fins propostos, não dando margem a eventos que aumentem os já elevados riscos da missão.

5. **Cessação por expiração de prazo:** considerando que podem ocorrer renovações de período de infiltração, cumpre ao Delegado de Polícia estar atento à necessidade de continuidade da missão para em tempo hábil representar ao Poder Judiciário pedindo o deferimento da medida. Ganham relevância o planejamento operacional, o monitoramento de perto da operação e a rotina de relatórios circunstanciados.

6. **Cessação por atuação desproporcional:** segundo o art. 13, *caput*, da Lei nº 12.850/2013, o agente deverá, em sua atuação, guardar a devida proporcionalidade com o fim da investigação, sob pena de responder pelos excessos praticados. Aqui, preza-se pelo adequado andamento da investigação, respeitados os termos da ordem judicial autorizadora e a legalidade; desta forma, caso o agente infiltrado não se vincule ao dever de pautar sua conduta de acordo com o princípio da proporcionalidade, atuando com excessos durante a operação, poderá ensejar a cessação desta.

Cumpre fazer um destaque para a situação de cessação da infiltração por êxito operacional. Considerando ser, por si só, difícil a escolha pela infiltração tradicional, física, por todas as complexidades envolvidas, passando pela preparação do agente a ser infiltrado, por todos os aspectos administrativos e operacionais que engloba, quando vem o resultado positivo, alcançando as informações e provas desejadas, surge o momento de decidir sobre a cessação da infiltração. Pode parecer simples, e até que é, desde que a emoção não se sobreponha à razão daquele com poder decisório sobre o caso. Pode ocorrer de se apresentar aquela vontade de saber um pouco mais, de subir mais um degrau; contudo, procrastinar ao máximo pode representar uma elevação de risco ao agente e à própria operação. A objetividade, o foco nos desígnios, nos termos do planejamento, considerando necessidade e adequação, deve pautar o gestor do caso, sem se olvidar dos limites impostos na decisão judicial. O afã pela ampliação da gama de informações deve ficar, por segurança, na intenção, pois representa ameaça concreta à integridade e à vida do infiltrado e riscos de prejuízo a um trabalho que alcançou os fins incialmente almejados. Cada missão ao seu tempo!

As mesmas hipóteses e considerações valem para a infiltração virtual, contudo, quanto ao aspecto do risco este cinge-se mais à investigação propriamente dita do que à integridade e vida do infiltrado. O que não torna absoluta a não ocorrência de ameaças sérias ao agente, mas parece mais improvável sua verificação.

Assim, quanto à infiltração virtual, a cessação e a fase pós-infiltração ganham contornos mais suaves, sendo menores as preocupações, tanto do gestor, enquanto administração estatal, como do agente infiltrado. A impessoalidade é uma característica que a diferencia da infiltração física, conquanto é possível a substituição de agente no curso da infiltração sem maiores problemas relativos a levantar suspeitas nos alvos, centrando-se mais a questão no entrosamento entre os membros da equipe, que inclusive podem atuar em revezamento. O termo mais adequado para se referir ao policial que atua na infiltração virtual poderia ser "operador de agente infiltrado virtual", pois há um visível distanciamento entre as figuras "agente virtual infiltrado" e o agente policial que o controla, ditando suas performances, diferentemente da infiltração física, quando o infiltrado precisa adaptar seu estilo a um personagem. A não vinculação de imagem é fator determinante para a tranquila transição do operador de agente virtual para uma nova missão ou até mesmo para retornar à sua atividade policial de rotina.

3.4.5. A importância do relatório (bem) circunstanciado

> circunstanciado
>
> adjetivo
> 1. em que se enumeram todas as circunstâncias; detalhado, minucioso, pormenorizado (DICIO, 2020).

Encerrada a infiltração, toda a diligência deverá constar de relatório circunstanciado, que deve ser oferecido ao juiz ao término do prazo da medida ou ainda poderá ser solicitado a qualquer tempo, seja pelo delegado de polícia ou pelo membro do Ministério Público.

Na infiltração virtual acrescenta-se a obrigatoriedade de serem registrados, gravados e armazenados todos os atos eletrônicos praticados durante a operação, os quais, juntamente com o relatório circunstanciado, serão apresentados ao juiz competente, que imediatamente cientificará o Ministério Público.

Considerando que o § 5º do artigo 10 da LCO (BRASIL, 2013) prevê que, no curso do inquérito policial, o delegado de polícia poderá determinar aos seus agentes, e o Ministério Público poderá requisitar, a qualquer tempo, relatório da atividade de infiltração, constata-se que há duas espécies de relatórios a serem elaborados na infiltração: o relatório da atividade de infiltração policial e o relatório circunstanciado, sendo aquele elaborado pelo agente infiltrado e este último pelo delegado de polícia.

Quanto ao momento em que o relatório de atividade de infiltração deve ser produzido, Carlos e Friede (2014, p. 52-53) trazem duas situações:

> a) Relatório Parcial da Atividade de Infiltração Policial: Documento a ser elaborado *durante* a infiltração policial, e de acordo com a periodicidade previamente determinada pelo delegado de polícia (no plano de operação de infiltração policial) ou pelo magistrado (no mandado de infiltração policial), podendo ser diário, semanal, quinzenal, mensal, etc., conforme a peculiaridade que objetiva, em última análise, verifica: se há algum dado concreto que possa indicar que a segurança do agente infiltrado esteja efetivamente comprometida (art. 12, § 3º, da Lei nº 12.850/13); se (e quais) provas a respeito das atividade ilícitas da organização criminosa foram obtidas (art. 3º, VII, da Lei nº 12.850/13); se a atuação do agente infiltrado está atentando para a devida proporcionalidade com a finalidade da investigação (art. 13, *caput*, da Lei nº 12.850/13); se os fins traçados estão sendo alcançados, dentre outros aspectos.

[...]

b) Relatório Final da Atividade de Infiltração Policial: Documento a ser elaborado pelo agente infiltrado quando do *término* da infiltração policial, ou seja, quando já estiver desincumbido da tarefa que lhe foi conferida, providência que objetiva verificar: se (e quais) provas a respeito das atividades ilícitas da organização criminosa foram obtidas (art. 3º, VII, da Lei nº 12.850/13); se a atuação do agente infiltrado está atentando para a devida proporcionalidade com a finalidade da investigação (art. 13, *caput*, da Lei nº 12.850/13); se os fins traçados estão sendo alcançados, dentre outros aspectos.

O relatório circunstanciado previsto no art. 10, § 4º, da Lei nº 12.850/2013, por sua vez, deve ser redigido pelo delegado de polícia ao Magistrado competente, cientificando o Ministério Público, e terá por base o relatório final do agente infiltrado, bem como de outras provas obtidas em decorrência da infiltração.

O relatório circunstanciado é a forma de concretização da prova realizada no seio da infiltração policial no processo penal. Ele deve ser completo e conter todos os elementos relevantes verificados na atividade de infiltração. Para tanto, é salutar que os relatórios de atividade também contenham detalhamento e todas as impressões colhidas ao longo da diligência, de forma técnica, contendo narrativa lógica e concatenada, além da transcrição de gravações e escutas ambientais caso realizadas. Afinal, o relatório será bem circunstanciado na medida das circunstâncias registradas no relatório de atividade elaborado pelo infiltrado.

De bom alvitre, portanto, a feitura de relatórios parciais de atividade; além de socorrer o agente infiltrado de todas as formas possíveis de registro dos fatos (gravações, fotografias, filmagens, anotações em bloco de notas de papel de forma codificada ou no aparelho de celular) na maior proximidade de tempo no qual eles ocorram, para não perder informações, torná-las incompletas ou ser totalmente traído pela memória. Uma técnica operacional de inteligência muito útil para o desempenho da tarefa é a chamada Observação, Memorização e Descrição (OMD), que consiste na capacidade de lidar com a assimilação e o tratamento de dados e informações exclusivamente pela capacidade da mente humana, o que lhe confere grande valor operacional por suas implicações quanto ao sigilo, à segurança do agente que não se expõe para salvaguardar em instrumentos a informação, e à veracidade dos conhecimentos que serão produzidos. A capacidade quanto ao uso da técnica é diretamente proporcional ao tempo dedicado ao treinamento, teórico e prático, somada às características intrínsecas do agente.

158 Infiltração Policial

Um ponto enriquecedor para o relatório de atividade é o bom domínio da técnica de redação descritiva denotativa, também chamada de redação descritiva objetiva. Redação descritiva é aquela que define e deixa bem especificada as características de determinada pessoa, objeto, cenário, situação etc., de forma objetiva e clara, sem brechas para nenhum tipo de interpretação. Na leitura do relatório de atividade da infiltração deve ser possível ao leitor criar uma imagem mental do objeto ou ser descrito, de acordo com a explicação efetuada.

O conhecimento acerca da técnica redacional descritiva enriquecerá sobremaneira o conteúdo do texto narrativo do relatório, trazendo também maior assertividade para o conteúdo probatório constante do relatório circunstanciado e, por conseguinte, efeitos positivos para a persecução penal. Por óbvio, ganha novamente relevância a Academia de Polícia na capacitação do agente infiltrado.

O delegado de polícia ou o membro do Ministério Público pode determinar a lavratura de relatório parcial, como visto. O conteúdo será de suma importância para o processo decisório do gestor do caso, seja para tomar alguma medida cautelar, redirecionar o andamento da infiltração, ou até mesmo encerrá-la.

3.5. A possibilidade de testemunho do agente infiltrado

A missão do agente infiltrado é trazer provas dos crimes cometidos para o processo penal, a fim de contribuir para a elucidação do caso, nas hipóteses em que se admite a técnica da infiltração pela legislação. O ilustre Professor Luiz Flávio Gomes batizou como "testemunha da coroa" o agente infiltrado que obtém informações privilegiadas sobre determinado crime (GOMES, 2012). Testemunha da coroa (do Estado) porque vai depor em nome do Estado, que o infiltrou na organização criminosa, por exemplo, para comprovar delitos praticados.

Quanto à "testemunha da coroa", a obrigatoriedade ou não de prestar depoimento na esfera judicial é pauta na mesa das diferenças de entendimento. Esse é um ponto controverso, não pacífico e fomenta debates na doutrina, na jurisprudência e entre profissionais da área criminal, advogados, membros do Ministério Público e delegados de polícia. A questão é delicada, pois estão em jogo princípios e garantias que alcançam lados com interesses antagônicos no processo.

Os princípios do contraditório e da ampla defesa do acusado que o permitem confrontar as provas obtidas por meio da infiltração colocam-se em oposição ao princípio do sigilo do agente infiltrado e de preservação de sua integridade física, previsto na legislação especial. Não há solução fácil, sendo ao menos consenso que não se pode tolher totalmente um lado quanto aos seus direitos e garantias em benefício de outro, sob pena de ferir o Estado Democrático de Direito. Como compor a solução, então?

Antes de responder a essa indagação, algumas questões precisam ser levantadas, conforme muito bem colocado por BINI (2019, p. 142): des(necessidade) de realização; des(necessidade) da manutenção do sigilo da identidade; valor probatório do testemunho.

O art. 14, incisos II e III, da Lei nº 12.850/13, traz a possibilidade de utilizar o agente infiltrado como testemunha, desde que haja uma decisão fundamentada dispondo da necessidade deste em juízo, além de prever, acertadamente, a preservação da identidade do policial, devendo para tanto manter o sigilo de sua qualificação.

Portanto, há expressa previsão legal permitindo o arrolamento do infiltrado como testemunha durante a fase judicial do procedimento de persecução penal. Isso não se discute. É de se frisar ser extremamente relevante, inclusive, em certos casos, que ele preste o testemunho, apresentando informações fidedignas acerca da organização criminosa, seus membros, *modus operandi* e outras nuances, só percebidas por quem esteve atuando direta e operacionalmente. Ninguém mais, além do infiltrado, seria capaz de enriquecer o conhecimento acerca do caso sob investigação[40].

Considerada a possibilidade do depoimento do agente infiltrado, o debate deverá se delinear no terreno da salvaguarda do principal ativo da ação que participou da atividade investigativa, o agente infiltrado. Muitos afirmam que a atividade policial tem inerente a sujeição a riscos mais elevados que os verificados em outras profissões e que, uma vez policial, o agente não poderia alegar receio de ameaças a partir de sua exposição no processo, sendo mais relevante o amplo acesso à informação com vista ao exercício da ampla defesa e contraditório, direitos constitucionalmente assegurados. Ora, tal entendimento não merece prosperar pelos argumentos que aloca. Quem vive a prática, e não apenas a teoria, com autoridade, pela casuística, conclui que os riscos aos quais se expõe um agente infiltrado são extremamente elevados em relação às demais ações de polícia judiciária.

Nas interações, necessárias ou obrigatórias, com criminosos, havidas em decorrência de operações, cumprimento de mandados de busca e apreensão e de prisões, tomada de depoimentos e interrogatório, o maior cuidado de todos os policiais, e esta orien-

---

40 Nesse mesmo sentido, Mendroni (2016, p. 221-222).

160 Infiltração Policial

tação vem das lições empíricas que a atividade de polícia proporciona e que os mais antigos difundem, é o de nunca pessoalizar relações, ou seja, não considerar a afronta do criminoso às leis postas como uma afronta ao policial, enquanto profissional e cidadão. Não se deve dar margem para trazer os reflexos da indignação e revolta do preso, do indiciado, do investigado para si por meio de atitudes que possam parecer provocativas, vexatórias, ultrajantes, pois, além da responsabilização administrativa, civil e criminal, pode ainda emergir um ingrediente adicional: o ódio e a sede de vingança daquele que se sente injustiçado e tem que encontrar um culpado para o infortúnio.

Contudo, por mais que o infiltrado adote todos os cuidados, agindo dentro dos limites do estrito cumprimento do dever legal, não é possível prever a reação que será experimentada pelos criminosos ao se enxergarem como traídos na relação de confiança estabelecida durante a execução da infiltração. Especialmente na infiltração na modalidade *deep cover*, o infiltrado, não raras vezes, torna-se pessoa de relação próxima do alvo, por vezes participando de jantares para grupos seletos de membros da organização criminosa, de suas confrarias, das práticas de esportes e até mesmo de confidências.

Pense como alguém que aplicou um golpe: coloque-se como sendo algum estelionatário que aplicou um golpe numa família que perderá suas riquezas, benefícios e "honra", e imagine-se circulando tranquilamente em ambientes nos quais os que sofreram a perda possam encontrá-lo. Qual a sensação? Como ficaria sua vida daqui para frente? Agora se coloque no lugar do infiltrado. Ele é o estelionatário, o golpista, o traidor sob os olhos dos integrantes da organização criminosa que ajudou a desbaratar, a descapitalizar, a cercear a liberdade e a honra perante a comunidade em que viviam. Da mesma forma que o Estado muito pouco, ou quase nada, consegue fazer em relação à prevenção de crimes passionais, aqui temos mais uma vertente em que o resultado pode, em razão do íntimo sentimento abalado, redundar em uma ação criminosa indesejada contra o agente, no qual o criminoso personificou o Estado, pessoalizando com ele e nele encontrando o motivo de sua ruína. Parece por demais romantizada a questão posta dessa forma, mas na prática as relações regidas por normas frias recebem sentimentos e por estes são impulsionadas.

Assim, estabelece-se o questionamento sobre qual a necessidade de se enxergar o rosto, a voz ou outros dados capazes de individualizar o agente do Estado, a testemunha da coroa que se infiltrou no âmago da empresa criminosa, se o criminoso se defende dos fatos criminosos que lhes são imputados. A par disso, e para reforçar a desnecessidade de tal identificação e exposição do infiltrado, ganha relevo a feitura de relatórios de atividade de infiltração e de relatório circunstanciado bem elaborados, com riqueza descritiva na narrativa, anexando-se ao máximo imagens, vídeos, gravações, documentos, enfim, uma gama de registros que comprovem a ilicitude dos fatos, atribuindo responsabilidade aos envolvidos. Ademais, outras provas, no bojo da investigação, servirão de complemento ou confirmação do que se colher na infiltração e vice-versa. Ela não é um fim em si mesma!

O preciosismo do entendimento de que a instrução deve exigir o testemunho do infiltrado e sua identificação, sem uma justificativa que encontre a quase unanimidade do senso comum, relega a segundo plano o direito maior à vida e à segurança daquele que pautou seus passos na busca da realização do seu nobre mister e da responsabilização de malfeitores que impactam com suas atitudes criminosas, ainda que de forma indireta, inúmeras vidas, causando prejuízos de grande monta à sociedade.

Não se está a defender a não participação do infiltrado no processo judicial, até mesmo porque, a depender do caso concreto, a riqueza probatória e certos pontos específicos questionados da ação só poderão ser esclarecidos pelo próprio infiltrado, mas que essa atuação venha determinada por decisão que apresente os motivos ensejadores, justificando a imprescindibilidade para a instrução criminal, bem como delimitando os aspectos que deverão ser observados no ato testemunhal com vista a salvaguarda da incolumidade do agente infiltrado.

Há previsão legislativa[41] de mecanismos para preservar a identidade do policial que atuou na infiltração, inclusive no processo crime em seja instado a emprestar o seu testemunho. Convém, nesse ponto, a previsão da Lei das Organizações Criminosas (BRASIL, 2013) no seu artigo 14, inciso III, em ser direito do agente infiltrado "ter seu nome, sua qualificação, sua imagem, sua voz e demais informações pessoais preservadas durante a **investigação** e o **processo criminal**, salvo se houver decisão judicial em contrário".

O tema é polêmico no âmbito da Lei nº 12.850/2013, sendo que uma parcela da doutrina entende que o agente infiltrado poderia ser ouvido como **testemunha anônima**, desde que o advogado do acusado participe da produção dessa prova (LIMA, 2016, p. 589).

Há aqueles que, por outro lado, defendem que sequer a defesa poderá participar da audiência do agente infiltrado (MENDRONI, 2016). Isto, pois, para essa corrente,

---

[41] Lei nº 9.807/1999, Lei de Proteção à testemunhas (BRASIL, 1999b).

na qual nos filiamos, o réu se defende dos fatos e não das pessoas, sendo certo que os princípios do contraditório e da ampla defesa poderão ser observados em uma audiência especial, sem que as características do agente sejam expostas.

O fato de ser ouvido como testemunha anônima traz, além da preservação do infiltrado e de sua família, viabilidade material quanto a sua participação em infiltrações futuras. Do contrário, traria prejuízos aos trabalhos policiais, em razão da escassez de profissionais talhados para esse tipo de trabalho e toda a dificuldade para a preparação de potenciais agentes infiltrados para sua substituição. Substituição essa que chegaria a um momento de saturação e aniquilaria chances de execução deste modal investigativo por inexistência de força de trabalho.

A questão polêmica acerca do depoimento do infiltrado encontra nascedouro, como visto, no conflito de princípios e direitos. De um lado o direito de conhecer todas as provas e as circunstâncias em que foram produzidas para pleno exercício da ampla defesa e do contraditório. De outro lado, o direito do infiltrado em ter preservada sua identidade como garantia de não sofrer, com sua família, ameaças, represálias e ofensas a sua integridade física. Ambos os direitos encontraram guarida na Constituição e, portanto, tendo em vista a unidade da Carta Magna, não são conflitantes. Cabe aqui a aplicação do princípio da harmonização constitucional, pois o conflito em questão é aparente, devendo ambos manter sua coexistência harmônica. A aplicação do citado princípio deve se pautar no caso concreto, sem que haja sacrifício total de um princípio ou direito em detrimento de outro, haja vista a existência de hierarquia entre os princípios[42].

Em se tratando da **infiltração virtual de agentes**, não se visualizam as mesmas razões para se preservar a identidade do agente em relação à defesa, após a conclusão do procedimento, em especial pela natureza do trabalho e até mesmo pela (não) exposição diferenciada, a qual não oportuniza nem a referida pessoalização indesejada das relações entre infiltrado e acusado no pós-operação.

Oportuno, porém, registrar que há posições no sentido de que não há diferença, quanto a riscos, entre um policial que consegue reunir provas e elementos de informações por meio de uma **infiltração virtual** e aquele que investiga de forma tradicional um crime, uma vez que a atividade policial em ambos os casos envolveria riscos inerentes à profissão e, em ambos os casos, a ação policial poderia dar ensejo a retaliações por parte dos criminosos.

---

[42] Nesse sentido leciona Lenza (2013, p. 134).

Com o devido respeito às opiniões contrárias, essa posição supramencionada não prospera, tendo em vista que as diligências da **infiltração virtual** se desenvolvem pela Internet, à distância, de maneira que a identidade física do agente não é revelada, inclusive podendo ser substituído o policial inúmeras vezes no curso da investigação ou até mesmo ocorrer atuação em escala de revezamento. Não há aqui, portanto, necessidade de preservar nome, qualificação, voz e demais informações pessoais durante o processo, uma vez que tais revelações sequer inviabilizariam participação em infiltrações futuras, por exemplo.

3.6. Características intrínsecas para um agente infiltrado

Dentre as inúmeras características que um agente infiltrado deve apresentar constam o perfil físico compatível com as dificuldades da operação, aliado com inteligência aguçada, aptidão específica para determinadas missões, equilíbrio emocional (considerando que poderá ficar distante do âmbito familiar e do círculo de amigos por tempo indeterminado), além de harmonização cultural e étnica com a organização que será infiltrada, pois seu eventual desconhecimento da matéria ou peculiaridades intrínsecas dos alvos poderá acarretar o insucesso da diligência e constituir risco à segurança do agente (PEREIRA, 2009, p. 117).

Não obstante a perfeita síntese apresentada por Pereira (2009), tem-se por oportuno acrescentar importantes características para um agente infiltrado:

Ser flexível e resistente

"Ser flexível e resistente como o bambu" é um ditado chinês que pode ser perfeitamente aplicável ao agente infiltrado. Ele precisa ter capacidade de contornar os desafios do vento (no caso, as múltiplas facetas que deverá adotar e a adaptabilidade à mudança de meio ambiente) e ainda se manter de pé (resistir às pressões psíquicas impostas a cada missão).

O agente infiltrado deve ser capaz de se adaptar rapidamente aos novos desafios e mudanças para ter chance de ser mantido no seio da organização criminosa. A versatilidade deve ser uma marca sua, assim será mutável, volúvel.

O profissional flexível é muito mais estável emocionalmente, assim ele não irá reagir de forma negativa diante das mudanças de rota e adversidades, algo muito comum nas missões de infiltração. Um perfil mais flexível não tende a desistir do projeto ou desanimar, caso algo aconteça de forma inesperada. A flexibilidade também o torna

164 Infiltração Policial

mais criativo, o que é de fundamental importância para sobreviver num ambiente adverso e desafiador.

A resistência aqui colocada tem mais a ver com a capacidade de controle das emoções, de resistir quase incólume às adversidades e aos testes emocionais a que possa ser submetido o agente infiltrado. Resistir bem aos impactos implica sobreviver. O ambiente operacional pode trazer inúmeros desconfortos, sobretudo quando a infiltração estiver ocorrendo em grupo de ação violenta.

Ser flexível é um comportamento que pode ser desenvolvido. Ser resistente emocionalmente dependerá muito do estado emocional do agente e seu histórico, cabendo aos profissionais da área temática, no caso a psicologia, opinar quanto ao perfil. As instituições policiais têm esse suporte à disposição. Cabe também, e principalmente, ao agente alegar qualquer desconforto desse nível.

Ter desenvolvida capacidade de OMD (observação, memorização e descrição)

O agente deve, obrigatoriamente, ter conhecimento das técnicas operacionais de inteligência[43] e, em especial, desenvolver a técnica operacional denominada **observação, memorização e descrição**, mais conhecida como "OMD", consistente na habilidade de lidar com a assimilação e o tratamento de dados e informações exclusivamente pela capacidade da mente humana, o que lhe confere grande valor operacional por suas implicações quanto ao sigilo, à contrainteligência e à veracidade dos conhecimentos que serão produzidos na missão de infiltração, sem precisar dispor de recursos tecnológicos e anotações (vale destacar que o uso desses recursos traz na maioria das vezes elevação do grau de exposição a riscos, por isso o domínio da técnica em comento ganha relevância).

Assim, um bom agente infiltrado deve ser capaz de observar com perfeição, memorizar ao máximo o que viu e descrever com veracidade objetos, pessoas, circunstâncias ambientais e histórias contadas por outros.

O domínio da técnica é uma habilidade que pode ser desenvolvida na Academia de Polícia e em cursos temáticos e treinamentos, em especial os oportunizados pelos órgãos de inteligência.

---

[43] Forma especializada de emprego de pessoal e equipamentos específicos que viabilizam a execução das ações de busca. Vimos mais desta importância no tópico 3.4.3. Necessária integração com a atividade de inteligência.

Ter boa forma e conhecimento técnico de defesa pessoal

Não se trata de ter forma atlética ou musculatura diferenciada, mas desenvolver resistência aeróbica e domínio das reações do corpo, pois pode ser submetido a situações que levem a sua capacidade orgânica ao extremo.

O conhecimento de defesa pessoal é transmitido nas Academias de Polícia quando do ingresso dos policiais, contudo é preciso treinamento e reciclagem para que a memória muscular funcione e as técnicas sejam adequadamente empregadas quando necessário, podendo significar a sobrevivência em uma situação de últimas consequências (não se pode olvidar que todas as possibilidades e adversidades devem ser contabilizadas durante um bom planejamento operacional).

Boa forma e técnica de defesa pessoal podem perfeitamente ser desenvolvidas pelas Academias de Polícia e pelo próprio agente em ambiente externo ao profissional. Aliás, uma preocupação/cuidado que o próprio agente deve ter consigo mesmo.

Ter perspicácia

Perspicácia: capacidade de penetração, de agudeza do espírito, sagacidade (DICIO, 2020). O agente infiltrado tem que ser sutil e ter potencializada acuidade auditiva e visual para que a partir da percepção dos estímulos ambientais seja sagaz em seus movimentos, falas e decisões.

A perspicácia de um agente infiltrado, embora todos tenham que possuir, pode ser maior ou menor a depender do ambiente em que será inserido. O perspicaz é aquele que entende com facilidade o que a maioria tem dificuldade de entender; contudo, uns são mais perspicazes em determinados assuntos, ambientes e desafios, ao passo que outros se saem melhor em situações diversas. Compete ao gestor ter o banco de talentos dos agentes com potencial de infiltração atualizado e compreender bem quais serão os desafios para assim fazer a escolha mais adequada ao caso.

Ser especialista

Obviamente, a depender da missão e/ou do ambiente operacional, algumas características podem ser mitigadas ou desnecessárias, assim como outras podem advir como essenciais. Assim, pode ocorrer que um agente infiltrado não atenda a contento as demais características apresentadas – mas deve ter bom conhecimento e ser submetido ao aprendizado delas –, e mesmo assim seja fundamental para a execução da ação em razão de uma especialidade que domine e que é o diferencial para o caso: como o

166 Infiltração Policial

domínio de alguma língua estrangeira; expertise em área específica do conhecimento (contabilidade, finanças, enologia, química etc.); desempenho de funções anteriores em área profissional de interesse (ex-auditor fiscal, ex-bancário etc.).

Algumas missões podem também exigir um nível cultural diferenciado e conhecimentos extravagantes ou singulares, como uma estória-cobertura que inclua o personagem negociador de obra de artes; o jogador de tênis da equipe seleta do clube; o membro da confraria de charutos e cervejeiros; um especialista em lavagem de dinheiro em paraísos fiscais; ou um exímio conhecedor do mundo dos jogos de azar e cassinos clandestinos aliados à exploração sexual em casas noturnas. Cada caso será um caso e suas peculiaridades e necessidades serão consideradas quando do planejamento estratégico e operacional da missão, incluindo a definição e eleição do agente que detenha as habilidades condizentes para o sucesso do feito. Essa característica ganha especial relevância quando se tratar de infiltração virtual. Para além da habilidade especial no trato das redes sociais virtuais, é importante destacar que o domínio da ciência da computação, o conhecimento de softwares auxiliares da investigação, além de expertise no trato de ferramentas disponíveis na *surface web*[44], na *deep web*[45] e na *dark web*[46] são características desejáveis para a viabilização de infiltração policial virtual eficaz.

Tais características, ou algumas delas, podem ser nativas do policial, contudo, por óbvio, sempre haverá margem para o seu aperfeiçoamento. Podem, também, algumas dessas qualidades terem sido angariadas pelo agente no transcorrer de sua vida, seja por iniciativa própria ou em decorrência da necessidade de outros labores, anteriores à atividade policial. E pode ser que nenhuma das características esteja presente de forma satisfatória no candidato a agente infiltrado, mas o desejo de se tornar um o

---

[44] *Surface web* é a parte da Internet que está disponível para todos os usuários, ou seja, na superfície – a ponta do iceberg. É onde as páginas estão disponíveis aos usuários e são indexadas pelo Google, por exemplo, podendo ser acessadas por qualquer navegador. Ao acessar seu conteúdo, o computador ou dispositivo se conecta a um servidor que identifica o IP do usuário.

[45] *Deep web*, também chamada de *deepnet* ou *undernet*, é uma parte da *web* que não é indexada pelos mecanismos de busca, como o Google e, portanto, fica oculta ao grande público. É um termo geral para classificar diversas redes de sites distintas que não se comunicam. Trata-se de uma parte submersa da Internet que não se consegue acessar sem as ferramentas certas. Lá diversos tipos de pessoas guardam informações que querem esconder ou simplesmente manter longe dos mecanismos tradicionais de busca.

[46] *Dark web* é uma parte da *deep web*. É nessa camada que é possível encontrar atividades ilegais como tráfico de drogas, de armas, de pessoas, pedofilia e muitas outras. São fóruns, páginas e comunidades que estão inseridas na *deep web*, onde a criptografia é mais complexa, feita em camadas e com domínios que misturam números e letras para que somente usuários mais avançados tenham acesso a essa rede, e exigem softwares ou configurações específicas para navegação.

coloca na lista de policiais que merecem ao menos a oportunidade do treinamento adequado, para depois ser avaliado quanto à sua efetivação na "lista de aptos à infiltração". Visualiza-se aqui mais um reforço à defesa de uma Academia de Polícia preparada e atenta às necessidades da investigação qualificada.

É medida que se impõe o investimento em formação e setores especializados em suporte técnico. Voltando ao exemplo do curso de máfia criado pelo FBI para modular o infiltrado e criar o personagem "Jack Falcone", oportuno avançar no debate para o desenvolvimento de política institucional nas polícias judiciárias voltada ao incremento e à modernização no uso da infiltração. Nesse sentido, o de ser necessário construir especialistas e atentar para as especificidades do caso concreto, dois trechos do próprio agente infiltrado:

> [...] Graças ao curso de Máfia, agora eu sabia me comportar como um mafioso e tinha uma boa história para contar. Aprendera também a falar como um mafioso, estava apto a convencer pessoas de que era descendente de italianos. [...] Eles também se beijavam muito no rosto. Demorei um pouco para me acostumar com isso. Por que não se apertam as mãos, simplesmente? [...] Mafiosos conhecem muito bem as coisas mais finas da vida. Conhecem joias. O brilho e a lapidação dos diamantes nos obrigatórios anéis, que usam no dedo mínimo, lhes dão status. [...] os mafiosos podiam olhar para um relógio e saber se era legítimo mais rapidamente do que um perito da Tourneau Corner. Podiam avaliar um diamante mais rapidamente do que um joalheiro da Cartier ou da Tiffany. Tinham tanto conhecimento quanto especialistas, nesses campos. Por essa razão, eu também tinha de me tornar um especialista. Precisava conhecer não apenas as várias marcas e modelos de relógios finos como também saber o que torna um diamante valioso. Precisava saber dizer se uma joia viera da Jacob and Company, da Harry Einston ou de qualquer outra empresa de alto nível. Além disso, tinha de saber avaliar as peças quanto as faixas de preço, a seu valor no varejo, reconhecer se eram roubadas, novas ou usadas. **(As joias eram uma parte importante da estória-cobertura para ingressar o agente no núcleo mafioso – grifo nosso)** (GARCIA, 2009, p. 99-100 e 104)

Apesar dos trechos citados serem referentes à missão que tinha como alvo núcleo próximo aos chefes de família da máfia ítalo-americana, fugindo um pouco da realidade operacional vivenciada na rotina das polícias judiciárias no Brasil, serve para a compreensão do quão preparados devem estar os agentes e atentos a isso os seus gestores, enquanto polícia de Estado, para alçar voos investigatórios contra a criminalidade organizada ligada à corrupção e assim buscar a responsabilização de criminosos de alto quilate, uma vez que estes não se encontram em "biqueiras" de fumo, em prostíbulos, nas funções subalternas de empresas privadas ou em cargos e funções de menor relevância no estado (considerando os infiltrados e os corrompidos).

Tais alvos frequentarão os melhores lugares de suas cidades, clubes e confrarias e usufruirão do que há de melhor neste plano terreno. Ao considerar a infiltração medida eficiente e eficaz na investigação dessa criminalidade, deve-se ter em mente que a exigência em cima do personagem também deve ser diferenciada, em especial no conhecimento das normas de conduta, das pautas que comumente cercam esse mundo singular de luxo e manias que não são verificáveis nos casos que cercam e sobretudo se empilham nas mesas como "prioritários". A preparação para essa mudança de nível demanda estudo, foco e principalmente incentivo.

Enquanto não houver policiais aptos para a tarefa, o procedimento não deve se desenvolver, sob pena de comprometer a produção probatória e, em especial, sujeitar a risco indesejado a integridade física e a vida do infiltrado. Por óbvio, não se está a tratar de um impeditivo absoluto, pois cada situação deve ser analisada à luz do caso concreto e de suas especificidades, podendo ocorrer a contento a missão, com alcance dos objetivos, não obstante a não formação do agente nos termos aqui propostos. O que se está a defender é uma preparação adequada dos policiais para que a infiltração ocorra da melhor forma possível, tanto sob o prisma da busca de elementos de prova para o exercício do *ius puniendi* do Estado, como sob os cuidados de segurança relativos à preservação do infiltrado.

3.7. Direitos do agente infiltrado

O artigo 14 da Lei nº 12.850/2013 dispõe sobre os direitos do agente infiltrado:

> Art. 14. São direitos do agente:
>
> I – recusar ou fazer cessar a atuação infiltrada (BRASIL, 2013).

Trata o inciso I de direito fundamental do agente para sua proteção e determinantes para que aceite missão de tamanha exposição. Destacam-se, portanto, entre os direitos do agente policial, o poder recusar-se a participar da infiltração ou, caso já se encontre infiltrado, poder desistir a qualquer momento, dada a natureza da missão e o grau de periculosidade do caso. Não seria possível imaginar alguém sendo obrigado a se infiltrar e ainda alcançar sucesso na empreitada. A infiltração física, pelos impactos já ilustrados anteriormente, não pode ser imposta ao infiltrado. Não há que se falar em ato ilícito na recusa ou em insubordinação. Seria o próprio **tiro no pé** a execução de infiltração ao arrepio da concordância do agente.

O legislador busca assim trazer uma almejada tranquilidade ao agente. A voluntariedade é ditame de ordem maior e percebe-se como *conditio sine qua non* para que a infiltração, além de se realizar, seja eficiente e eficaz quanto aos seus propósitos.

Repisa-se aqui que a concordância do agente sobre a participação na missão de infiltração deve se dar de maneira formal. Assim, um documento de caráter restrito deve ser elaborado, trazendo, dentre outros elementos, a individualização do inquérito, referência à autorização judicial permissiva para a infiltração, com assinatura do agente e do delegado de polícia responsável pela investigação.

> II – ter sua identidade alterada, aplicando-se, no que couber, o disposto no art. 9º da Lei nº 9.807, de 13 de julho de 1999, bem como usufruir das medidas de proteção a testemunha[47]. (BRASIL, 2013)

Sendo ação encoberta, com aplicação de disfarce e dissimulação, não seria de se esperar outra previsão legal que não a de permitir a alteração da identidade do agente a ser infiltrado. Mais que um direito, a alteração da identidade é providência preliminar

---

[47] Lei nº 9.807/1999. Art. 9º Em casos excepcionais e considerando as características e gravidade da coação ou ameaça, poderá o conselho deliberativo encaminhar requerimento da pessoa protegida ao juiz competente para registros públicos objetivando a alteração de nome completo.

§ 1º A alteração de nome completo poderá estender-se às pessoas mencionadas no § 1º do art. 2º desta Lei, inclusive aos filhos menores, e será precedida das providências necessárias ao resguardo de direitos de terceiros.

§ 2º O requerimento será sempre fundamentado e o juiz ouvirá previamente o Ministério Público, determinando, em seguida, que o procedimento tenha rito sumaríssimo e corra em segredo de justiça.

§ 3º Concedida a alteração pretendida, o juiz determinará na sentença, observando o sigilo indispensável à proteção do interessado:

I – a averbação no registro original de nascimento da menção de que houve alteração de nome completo em conformidade com o estabelecido nesta Lei, com expressa referência à sentença autorizatória e ao juiz que a exarou e sem a aposição do nome alterado;

II – a determinação aos órgãos competentes para o fornecimento dos documentos decorrentes da alteração;

III – a remessa da sentença ao órgão nacional competente para o registro único de identificação civil, cujo procedimento obedecerá às necessárias restrições de sigilo.

§ 4º O conselho deliberativo, resguardado o sigilo das informações, manterá controle sobre a localização do protegido cujo nome tenha sido alterado.

§ 5º Cessada a coação ou ameaça que deu causa à alteração, ficará facultado ao protegido solicitar ao juiz competente o retorno à situação anterior, com a alteração para o nome original, em petição que será encaminhada pelo conselho deliberativo e terá manifestação prévia do Ministério Público.

necessária para que se possa dar início à missão de infiltração. Sempre bom lembrar que se está a lidar com organizações criminosas atentas às modernidades investigativas e com possibilidade sempre presente de acesso, consideradas suas ramificações, aos bancos de dados do Estado e de empresas comerciais que administram cadastros de clientes (SERASA, SPC, financeiras, etc.). Seria amadorismo, ou no mínimo decisão adjetivada como temerária, infiltrar um policial em célula do crime organizado sem tomar os cuidados para neutralizar, ou minimizar ao máximo, as possibilidades de descoberta da verdadeira identificação e qualidades do agente infiltrado.

Ademais, o personagem requer camuflagem na vida social, com a maior abrangência possível de validação da estória-cobertura nas relações a serem estabelecidas, trazendo credibilidade e confiança para os alvos quanto ao *script* apresentado, não sendo bastantes apenas o alcance de um nome falso ou um documento alterado, uma vez que o agente deve se tornar outra pessoa, com todas as implicações adjacentes. A identidade "nova" servirá para a construção das bases de sustento da vida *fake* construída.

Analisando o alcance da aplicação do art. 9º da Lei nº 9.807/1999 (BRASIL, 1999), cumpre concluir e destacar que estão abrangidos na permissão de alteração da identidade os familiares do infiltrado, devendo, no nosso entendimento, valer-se da análise do caso concreto para a definição do núcleo de pessoas cuja proteção se faz necessária.

> III – ter seu nome, sua qualificação, sua imagem, sua voz e demais informações pessoais preservadas durante a investigação e o processo criminal, salvo se houver decisão judicial em contrário. (BRASIL, 2013)

O inciso III prevê garantia à manutenção do sigilo que deve acompanhar toda a operação de infiltração, estendendo-se, inclusive, durante o processo criminal. O "salvo se houver decisão judicial em contrário" entendemos que é aplicável somente para depois de encerrada a infiltração, e com as cautelas analíticas que a situação requer, para não causar danos irreparáveis ao agente. Assim, parece que o dispositivo deixa margem para a identificação do agente infiltrado na fase judicial para fins de exercício do contraditório e ampla defesa e para realização de seu testemunho.

As questões atinentes ao testemunho do agente infiltrado foram enfrentadas no item **3.5. A possibilidade de testemunho do agente infiltrado**.

> IV – não ter sua identidade revelada, nem ser fotografado ou filmado pelos meios de comunicação, sem sua prévia autorização por escrito. (BRASIL, 2013)

Aspectos operacionais relevantes **171**

O último direito relacionado no artigo em comento é claro e não demanda comentários pela obviedade insculpida, atrelada a tudo que já se viu sobre os cuidados com a infiltração. Impende, contudo, destacar que faltou sensibilidade ao legislador, que não prescreveu conduta criminosa específica para aquele que revelar, fotografar ou filmar, divulgando na mídia o infiltrado, trazendo dolosamente, ou até mesmo a título de culpa, vulnerabilidade descabida e perigo à sua segurança, além da exposição familiar decorrente.

A priori, parece que o legislador deu mais guarida para o colaborador – que merece igualmente a proteção – e esqueceu-se do agente policial infiltrado, representante do poder do Estado na repressão à criminalidade e exposto a riscos elevados durante e no pós-infiltração. Deveria ter estipulado responsabilidade penal aos sujeitos que violassem o direito em tela, em termos semelhantes aos dispensados no trato do colaborador:

> Art. 18. Revelar a identidade, fotografar ou filmar o colaborador, sem sua prévia autorização por escrito:
>
> Pena – reclusão, de 1 (um) a 3 (três) anos, e multa. (BRASIL, 2013)

Pode-se defender que caberia a aplicação da prescrição do artigo 20 da LCO para resolver a celeuma, contudo seria forçoso concluir que deverá constar na determinação judicial a proibição da realização das ações atentatórias ao direito do agente previsto no artigo 14, IV[48].

> Art. 20. Descumprir determinação de sigilo das investigações que envolvam a ação controlada e a infiltração de agentes:
>
> Pena – reclusão, de 1 (um) a 4 (quatro) anos, e multa. (BRASIL, 2013)

Pode ser preciosismo exacerbado, mas tendo em vista a matéria envolvida e o perfil de criminosos ligados ao crime organizado, não se apresentam descabidos os apontamentos e a reflexão.

Por fim, surge com a inovação da infiltração virtual a questão da aplicação dos mesmos direitos elencados na Lei nº 12.850/2013 (art. 14) ao agente infiltrado virtual. Num primeiro momento, a partir do silêncio do legislador, nas disposições inseridas pela Lei nº 13.441/2017 no ECA, poderia haver o entendimento de que não estariam

---

[48] Nesse sentido, Pereira; Almeida Ferro; Gazzola (2014, p. 298).

172 Infiltração Policial

alcançados os agentes infiltrados virtuais por direitos semelhantes aos daqueles agentes infiltrados de forma física, reforçada estaria a tese com o fato de que a infiltração virtual não colocaria em risco a integridade física do agente. Sendo assim, a infiltração virtual não possuiria caráter voluntário, não podendo ser recusada a missão pelo agente designado.

A polêmica levantada no parágrafo anterior perde força com a compreensão de que a Lei do Crime Organizado é norma procedimental subsidiária aplicável às demais possibilidades legislativas de emprego da técnica. Assim, no silêncio da Lei nº 13.441/2017, sendo a virtual uma modalidade da infiltração policial, cabível a aplicação do artigo que prevê os direitos do agente infiltrado (art. 14 da LCO). Com o advento da infiltração virtual no bojo da Lei do Crime Organizado, inclusão da Lei Anticrime (BRASIL, 2019) e pela análise da disposição topológica dos artigos incluídos, tem-se por via obrigatória de consequência a aplicabilidade dos direitos do agente a todos os agentes infiltrados, seja qual for a modalidade da infiltração, física ou virtual[49].

Entretanto, entendemos que a abrangência dos direitos elencados no artigo 14, sobretudo o previsto no inciso I, deve considerar os princípios da proporcionalidade e da razoabilidade, haja vista que, em tese, vislumbram-se exposição e riscos em menor grau e intensidade, devendo as negativas de participação em ação de infiltração e a cessação desta fundamentadas. Sendo apresentadas relevantes causas justificadoras da discordância com a inserção ou continuidade na missão, compete ao gestor da investigação providenciar substituto, pois inconcebível imaginar resultados positivos a partir de uma ação imposta contra a vontade do investigador.

Por óbvio, não serão justificativas desconexas ou sem razoabilidade aceitas e, a partir da insistência do agente na discordância, podem ensejar procedimento para verificação de responsabilidade administrativa. A melhor saída é o bom-senso. E o alcance desse objetivo passa pela análise da questão considerando os elementos trazidos pelo agente e o seu cotejo com as peculiaridades do caso concreto. Pode ser que a temática envolvida na infiltração virtual cause sérios desconfortos ao agente ou fatos ocorridos durante a missão o coloquem sob forte impacto psicológico, sendo desaconselhável a continuidade dele na operação.

---

[49] Os artigos referentes à infiltração virtual foram incluídos, pela Lei Anticrime (Lei nº 13.964/2019), como 10-A, 10-B, 10-C e 10-D na Seção III – Da Infiltração de agentes, do Capítulo II – DA INVESTIGAÇÃO E DOS MEIOS DE OBTENÇÃO DA PROVA. A Seção contém o intervalo de artigos numerados de 10 a 14, sendo este último o dispositivo que traz os direitos dos agentes infiltrados, sem fazer distinção de modalidade de infiltração, aplicando-se, portanto, tanto à física como à virtual.

Quanto aos demais incisos do artigo 14, não se vislumbram maiores dilemas quanto à adequação de sua aplicabilidade aos agentes infiltrados virtuais. O fato de não haver uma identidade física entre o agente e o personagem criado não elimina por completo a possibilidade de danos e/ou ameaças ao policial, pois, por exemplo, sempre presente está o risco de vazamento da operação (em quaisquer esferas e poderes), com consequente corrida pela identificação do infiltrado e, quiçá, prática de atos atentatórios à sua segurança ou de sua família. Deve-se, portanto, ter cuidado com exclusões de direitos ou garantias a partir da teoria unicamente, ainda mais com assunto tão recente e envolvendo possibilidades de grandes operações com responsabilização de pessoas antes não atingidas pelo direito penal.

4. Desafios administrativos e estratégicos para as polícias judiciárias

Neste capítulo, em complementação a tudo que já foi visto, objetivamos analisar (a) a necessidade de incremento no uso da técnica de infiltração policial no enfrentamento ao crime organizado, com diversificação de tipos penais; (b) as novas necessidades e peculiaridades com o advento da infiltração virtual; e (c) um novo modelo de contratação de agentes baseado na especialização prévia.

4.1. Incremento no uso da técnica da infiltração no enfrentamento ao crime organizado com diversificação de tipos penais

Quanto ao futuro, a maior ou menor importância da técnica investigativa especial da infiltração policial no contexto do crime organizado dependerá do fomento quanto ao seu uso no seio da instituição policial e do atendimento daquilo que se abordou relativamente ao suporte operacional e administrativo a serem observados no plano estratégico do órgão.

Ao passo em que se sedimente a compreensão de que conhecer as íntimas relações dos grupos criminosos é medida que se impõe às polícias judiciárias para elegerem ações cirúrgicas de impacto positivo e difuso no enfraquecimento das organizações criminosas, ampliar horizontes operacionais é corolário lógico, adequado e esperado, ao menos que o objetivo seja manter a ação de infiltração voltada apenas para prender soldados do crime e realizar apreensões de carregamentos de drogas, ignorando que o efeito é o mesmo daquele ato de cortar grama e mato que circundam as rodovias – tem que ser feito, mas não resolve as condições da estrada.

Ampliar horizontes operacionais passa por vislumbrar uma mudança no eixo de uso da técnica. Muito vinculada ao ambiente criminoso ligado ao tráfico de drogas – onde há risco elevado devido à violência que permeia esse cenário, com máfias, cartéis, facções etc. –, o uso da infiltração recebe aversão e resistência por parte de policiais. A associação ao cenário do tráfico de drogas parece ser quase que automática ao se pronunciar a expressão infiltração policial. Contudo, importante sempre relembrar que tráfico de drogas é apenas uma modalidade dentre as diversas atividades das empresas criminosas.

Dentre os grandes males que assolam e afrontam o Estado, não podemos relegar a patamar que não seja o topo a questão da corrupção incrustada há décadas nos mais diversos níveis institucionais. Assim, considerar os crimes contra a administração pública como espectro de ação de investigações que se valham da infiltração parece obrigação numa gestão que aspire ser eficaz e eficiente, pautada na busca pela moralidade e compromisso com a coisa pública.

Na mesma esteira de pensamento, urge enfrentar com mais especialização os crimes contra o meio ambiente. Os danos nefastos causados por organizações criminosas ao ambiente em que vivemos é um ultraje a todas as gerações, onde se troca a própria garantia de sobrevivência da espécie humana pelo imediatismo do lucro, pela ganância. Esses crimes ambientais não sobrevivem, nem reincidem, sem a corrupção e sem a infiltração de malfeitores no poder público, e o remédio deve conter os ingredientes adequados que alcancem os que lucram com tal afronta. Aqui também parece haver terreno fértil para ações de infiltração policial com vista a compreender e enxergar o cerne do problema, para que a investigação seja capaz de podar, legalmente, não só os galhos e as folhas, mas atacar as raízes dessa verdadeira "erva-daninha" que insiste em sangrar nossas riquezas naturais e o patrimônio comum da humanidade de forma sub-reptícia.

Três aspectos, teoricamente, se sobressaem e devem potencializar o incremento do uso da infiltração no combate aos crimes contra a administração pública, contra o meio ambiente, considerando especialmente o enfrentamento à corrupção, bem como de outros que fogem ao lugar comum vivenciado na rotina das infiltrações realizadas:

1. **Quanto aos riscos ao infiltrado:** a princípio, não se vislumbra o mesmo risco verificado, hipoteticamente, na infiltração tradicional em organizações criminosas que de forma precípua atuem no tráfico de drogas, tráfico de armas, homicídios, roubos de veículos ou de cargas, roubo a bancos, por exemplo. Por óbvio, criminosos envolvidos nos crimes contra a administração pública não são menos perigosos que os demais, contudo a experiência demonstra que o *modus operandi* é diferente, preferindo-se neutralizar ameaças ou minimizar

efeitos das intenções do Estado, enquanto sistema de justiça criminal, com ações mais discretas e menos invasivas quanto ao direito à vida e à integridade física.

2. **Quanto à viabilidade executiva da missão:** considerando o ambiente operacional, que não raras vezes será um órgão da administração direta ou indireta do Estado ou empresas legalmente constituídas e com relação com o poder público por meio de licitações ou contratações, torna-se menos desafiadora, do ponto de vista da resistência, adversidade e rituais impostos por facções, por exemplo, a tarefa inicial de infiltrar o agente no ambiente operacional, não obstante exija estratégia por vezes complexa e com especificidades da área do conhecimento técnico. Enfim, a estória-cobertura traz possibilidades de roupagens mais verdadeiras e já assimiladas no cotidiano do agente a ser infiltrado, que não encontrará campo de ação tão hostil quanto o verificado no meio do tráfico, em todas as suas vertentes.

3. **Quanto à especialidade dos agentes infiltrados:** assunto já enfrentado em tópico anterior (**3.4.2. Suporte técnico administrativo e operacional**), diz respeito a maior especialização de agentes por temáticas verificadas no âmbito da investigação. Por óbvio, a necessidade surgirá do caso concreto e de nada adiantaria ter uma gama infindável de agentes de forma a abarcar todas as áreas possíveis do conhecimento. Mas é aconselhável e de bom tom, para a viabilização de algumas ações, que se possa contar com agentes com formação específica em determinadas áreas, como contabilidade, economia, engenharia, auditoria, ciência da computação, áreas da saúde e educação etc., pois, a depender da missão, a infiltração não ocorrerá por dificuldade em se sustentar a ação encoberta.

Fica facilitada a compreensão do ganho operacional com exemplos. Vejamos:

➢ a infiltração no setor fiscal e contábil de uma prefeitura ou no departamento contábil e de contratos de uma empresa de coleta de lixo que presta serviço ao poder público será uma tarefa mais tranquila, do ponto de vista da estória--cobertura, e mais produtiva, sob o olhar da produção probatória, para um agente formado em contabilidade ou administração;

➢ a infiltração no setor de licitações e contratos de uma entidade estatal, em qualquer das esferas de poder, ou no departamento de compras de medicamentos em secretarias municipais ou estaduais de saúde, ou no setor de compras de merenda escolar suspeito de fraudes (assunto recorrente), ou no posto de saúde com prescrições fraudulentas de medicamentos e/ou venda de laudos para efeitos previdenciários, ou na "seção de contratos públicos" de empresa estranhamente sempre vencedora de disputas públicas será tarefa mais bem executada e com menor possibilidade de levantar suspeitas se forem atribuídas

Desafios administrativos e estratégicos para as polícias judiciárias **177**

a agentes com formações e/ou conhecimento diferenciado e técnico nas áreas e assuntos correlatos.

O incremento do uso da técnica da infiltração no combate ao crime organizado passa, obrigatoriamente, pelo direcionamento que for dado no planejamento estratégico das instituições com atribuição para investigar, ou seja, passa pelas diretrizes, ações e metas estabelecidas pela direção máxima das polícias judiciárias, considerando sobremaneira a destinação de recursos materiais e humanos, não apenas do ponto de vista quantitativo, mas, em especial, considerando suas qualidades.

Considerando o tema da especialidade, tem-se como antecedente, concomitante e posterior personagem na vida profissional dos agentes a figura das Academias de Polícia, como visto, no viés da **doutrina e assessoramento**, bases na modulação dos infiltrados. Entretanto, não se pode esquecer de onde tudo começa: na contratação do policial a partir de concurso público. As instituições policiais devem considerar sua reinvenção quanto a esse ponto crucial, principalmente quando o assunto é a investigação espe-cializada com uso de técnicas e conhecimentos que ultrapassam os usos ordinários.

A contratação de policiais é tratada de forma ainda muito genérica. Houve avanços ao se exigir nível superior para todos os cargos; contudo, ainda pairam deficiências no cumprimento de exigências que a atividade impõe. A questão é enfrentada de forma propositiva no subtópico **4.3 Um novo modelo de contratação de agentes baseado na especialização prévia.**

4.2. As novas necessidades com o advento da infiltração virtual

Velhas necessidades mantêm-se presentes, outras foram agregadas. Esta frase se encaixa no cerne da questão relativa à escassez de recursos e aos minguados investimentos empregados pelo poder público quando o assunto é equipar áreas especializadas no enfrentamento à macro delinquência, ao crime organizado local, regional ou transnacional.

A questão antiga e sempre atual deve ganhar ainda mais destaque e será o **calcanhar de Aquiles**[50] para aquela administração pública descompromissada com a evolução tecnológica, com a modernização de métodos e com planejamento estratégico efi-

---

[50] "A expressão foi criada para designar o ponto fraco de alguém. Segundo a lenda grega, Aquiles, filho do rei Peleu e da deusa Tétis, tornou-se invulnerável quando, ao nascer, foi banhado pela mãe nas águas do rio Estige. Apenas o calcanhar por onde Tétis o segurou não foi molhado e continuou vulnerável" (CALCANHAR DE..., 1996).

caz. Não é diferente a crítica quando se trata do advento da infiltração virtual, que inova as necessidades: é preciso, além de hardwares e softwares modernos, policiais, seres humanos, qualificados e especializados nesse ambiente operacional abstrato de efeitos concretos.

Argumenta-se muito sobre a falta de insumo financeiro, mas esses recursos nada resolvem se a gestão não souber gastar, não estiver programada dentro de um plano coeso, atento às mudanças sociais. Não raros são os casos de compras de softwares, por exemplo, que não foram desenvolvidos considerando especificidades da instituição policial adquirente, despersonalizados quanto ao destinatário, transformando-se, logo cedo, em legado negativo para as gestões futuras, dados os valores de manutenção e atualização impostos. As empresas privadas, e não estão erradas, considerando custos operacionais e a competição do mercado, estruturam seus produtos para que se alcance um público-alvo mais amplo, e assim generalizam soluções. Muitos recursos adquiridos em "pacotes de produtos e serviços" sequer são acessados ao longo do uso das ferramentas adquiridas sob promessa de solucionar deficiências investigatórias. O que é bom para um pode não ser para outro.

A instituição policial deve, pois, estruturar setor voltado ao desenvolvimento de soluções *web* e à criação de aplicações tecnológicas moldadas por quem conhece o uso, a utilidade e as necessidades da investigação.

Para gastar bem, tem-se que primeiro saber aonde se quer chegar. As polícias judiciárias devem buscar discutir os rumos das investigações sobretudo no cenário cibernético crescente. O volume de dados criados nos últimos dois anos é maior do que a quantidade produzida em toda a história da humanidade (MARR, 2015). Ao mesmo tempo em que se verifica esse incremento vultuoso nas relações do mundo virtual, aumentam os interesses ilícitos, pois as novas tendências e oportunidades de negócios são também consideradas pelos criminosos.

A infiltração policial virtual é medida salutar e inovadora, necessitando, entretanto, de meios para realização a bom termo, sob risco de restar sempre executada de forma superficial, paliativa e para fins de indevida exploração midiática como sendo uma novidade da modernidade nas polícias. Tem-se que compreender que ela, a infiltração virtual, veio para ficar, e o grau de importância será constantemente elevado dentre as ferramentas especiais de investigação. O tempo para a entrega de resultados satisfatórios e relevantes dependerá da sua posição no palco das prioridades da instituição.

É preciso ser pragmático e buscar soluções "dentro de casa". Mas como? Valorizando os talentos existentes e dotando-os de recursos para o desenvolvimento das suas habilidades. Assim, deve-se selecionar policiais especializados nas áreas tecnológicas e lapidar seus conhecimentos de forma a empregá-los na busca de soluções inteligentes, práticas, úteis e aplicáveis no dia a dia policial no trato de assuntos do mundo criminal virtual. De forma ampla, as investigações policiais serão favorecidas com a existência de núcleo especializado nesses termos, pois o nível de informações e possibilidades a serem criadas é quase inimaginável.

Nessa esteira, parcerias com universidades, públicas e privadas, *startups*[51] e outras instituições tecnológicas, consideradas as áreas de interesse, são válidas e devem ser angariadas, sendo ambiente criativo e atento à inovação.

Há tempo vislumbra-se a oportunidade para as polícias criarem, com o objetivo de subsidiar ações de inteligência e investigação para elucidação de crimes no meio virtual, "laboratórios cibernéticos" (*cyber labs*) – onde serão utilizadas tecnologias e técnicas de busca, coleta e análise de dados para a produção de informações, visando o aumento da resolução de casos e buscando uma efetiva repressão aos crimes cibernéticos. Cabe salientar que tal proposta vem ao encontro da Lei nº 12.735/2012, que prevê em seu art. 4º que "os órgãos da polícia judiciária estruturarão, nos termos de regulamento, setores e equipes especializadas no combate à ação delituosa em rede de computadores, dispositivo de comunicação ou sistema informatizado".

Da inteligência da disposição legal retro e como consectário lógico esperado na gestão das ferramentas investigativas, é de se considerar a criação de laboratórios para desenvolvimento de soluções para viabilizar outras ações no meio virtual – e nesse norte tem-se a infiltração virtual como campo de aproveitamento para investigar organizações criminosas em todas as suas vertentes. Assim, a criação de "Escritórios de Operações Cibernéticas" parece ser uma boa estratégia para a massiva utilização da técnica de infiltração virtual com efeitos práticos satisfatórios, a exemplo do que se constatou com os Laboratórios de Tecnologia para o Combate ao Crime de Lavagem de Dinheiro, os LAB-LDs.

Impende destacar que não são apenas necessidades materiais, portanto, que o advento da infiltração virtual impõe. Os recursos humanos passam a ter que apresentar especiais características curriculares para que se viabilize a execução da medida.

---

[51] Uma *startup* é uma empresa nova, até mesmo embrionária ou ainda em fase de constituição, que conta com projetos promissores, ligados a pesquisa, investigação e desenvolvimento de ideias inovadoras.

180 Infiltração Policial

A criação de setor específico com finalidade de assessoramento e execução para infiltração virtual, dentre outros objetivos – como o desenvolvimento próprio de aplicações *web* –, pede mão de obra diferenciada e isso resta cristalino. Um exemplo de profissional com habilidades digitais, com expertise para trabalhar com códigos e linguagens complexas, é o *web developer*[52]. Mas como contar com tal recurso na equipe se não é exigida expertise na temática quando da realização de concursos públicos – via adequada para a contratação de policiais? A solução parece estar na readequação dos moldes, ao menos parcialmente, de contratação de servidores para a área. A questão será enfrentada no próximo subtópico.

4.3. Um novo modelo de contratação de agentes baseado na especialização prévia

A evolução social impõe adaptações em todas as áreas profissionais. Não pode ser diferente quando se trata da segurança pública. Sobretudo no delimitado tema das especiais técnicas investigativas, para fins de combater os avanços e novidades do crime organizado, tem-se que buscar respostas adequadas aos desafios existentes e, antecipadamente, aos vindouros.

Não há dúvidas quanto ao ganho advindo com a exigência de concurso público para contratação de policiais. Com a concorrência pública, atendidas as exigências legais, para além de igualar chances e oportunidades, selecionam-se os melhores candidatos. No decorrer dos anos e com alterações nas legislações passou-se a exigir formação em ensino superior, dadas as necessidades que a atividade policial pediu. As provas, de uma forma geral, envolvem prova objetiva, em alguns casos também subjetiva, com posteriores testes médicos, físicos, psicotécnicos e informações de vida pregressa para que então um candidato, classificado entre as vagas, possa frequentar curso de formação policial.

Atualmente, a quase totalidade das polícias exige formação superior apenas, não delimitando áreas do conhecimento. Ocorre que, não obstante haja uma formação

---

[52] Basicamente, o *web developer* é um tipo de programador especializado em desenvolvimento de sistemas para a Internet, ou seja, é a pessoa responsável por manter site ou aplicativo em perfeito funcionamento. Cuida do planejamento da estrutura do portal, constrói e se responsabiliza pela manutenção de seus códigos. O *web developer* precisa compreender diversas linguagens de programação, estando sempre atento aos aspectos de *back-end* – como servidores e segurança de dados – e *front-end* – aspectos que englobam a experiência dos usuários. Há também o desenvolvedor *full stack*, que atua de maneira híbrida, tanto no campo do *front-end*, com HTML, CSS e JavaScript, quanto nas linguagens do *back-end*. Um profissional com esse conhecimento impactaria positivamente o ambiente profissional que se propõe frente aos desafios impostos pelo mundo virtual às polícias judiciárias, promovendo soluções inovadoras.

especial nas Academias de Polícia para o preparo dos agentes, que os habilita para atividades da rotina investigativa, incluindo aulas sobre técnicas operacionais, tiro policial, defesa pessoal e investigação especializada, dentre outras temáticas próprias dos currículos policiais, não há espaço para formação profissional em algumas áreas do conhecimento como TI (Tecnologia da Informação) e Ciências da Computação, por exemplo. Por óbvio, sendo seleção geral, encontram-se alunos com formação prévia nessas áreas, no entanto, argumentam que escolheram a atividade policial porque não desejam mais contato com aquela área do conhecimento (e isso tem que ser respeitado, pois as "regras do jogo" como postas não deixam margem para outro entendimento por parte do gestor, sendo inclusive contraproducente insistir com a alocação do agente em atividade que demande aplicação daquele conhecimento que não o realizou enquanto atividade laboral).

Considerando esse cenário e os ditames da modernidade já exaustivamente referidos, cabe um novo passo no rumo da evolução das instituições de polícia judiciária no Brasil no que diz respeito ao processo de seleção de profissionais para integrar seus quadros efetivos. Para fazer frente à especialização dos palcos operacionais e almejar resultados investigativos mais eficazes e eficientes, considerada ainda a disponibilidade finita de recursos contra uma infinidade de necessidades, devem ser elegidas e implementadas inovações nas contratações, trazendo mais inteligência ao processo de forma a atender às reais necessidades da investigação criminal qualificada, produto principal e essencial da polícia judiciária entregue à sociedade e justificador de sua existência.

Uma proposta seria o estabelecimento de vagas específicas para algumas áreas do conhecimento, com delimitação das funções a serem exercidas, como medida de especialização e vinculação laboral. Assim, seriam atraídos profissionais interessados no concurso, nessas áreas, sabedores que estarão sendo contratados para tal desiderato. A partir de planejamentos estratégicos que considerem e implementem os setores desenvolvedores de soluções de tecnologia, um novo horizonte é possível dentro da complexidade do mundo criminal moderno.

Esperar que policiais migrantes do mundo analógico, ou até mesmo avessos à tecnologia por opção ou por desconhecimento para além da navegação em redes sociais, venham a desenvolver infiltração virtual profunda e apresentem resultados almejados em planos – teóricos – operacionais é desconsiderar a própria realidade social. E, com esse entendimento mantido, a próxima pauta será a formação dos gestores para entregar planejamento exequível e que atenda aos anseios não só da instituição, mas daqueles que dela dependem para a paz social, a população vítima de crimes, em especial atingida pelos impactos nefastos da criminalidade organizada. Para as inovações propostas, necessária a vontade política e a administrativa, as quais devem enfrentar ainda a burocracia estatal para que sejam implementadas antes de se tornarem obsoletas as ideias e inadequadas para os seus fins. Duas vantagens são visualizadas: ganho operacional com a especialização e economia com treinamento e capacitação.

Não se está diminuindo a relevância da infiltração policial virtual, pelo contrário, ela deve ser comemorada, apesar da tardia previsão legal. É tardia apenas em relação ao passado, devendo ser considerada sua gama de possibilidades perante o futuro da investigação criminal. Para produzir os efeitos que potencialmente se visualizam, o Estado deve prover as polícias judiciárias com as peças fundamentais dessa engrenagem complexa, seja por meio de propostas legislativas que viabilizem contratações específicas e especializadas, seja por meio de alocação de recursos financeiros robustos no tocante às tecnologias e aos treinamentos necessários para a capacitação dos agentes e desenvolvimento de setores que produzam aplicações tecnológicas, contando com a expertise de quem é seu usuário.

5. Considerações finais

O crime é a régua de medição da saúde de uma sociedade. Um grupo social que desconsidera uma emergência a partir dos indicadores preocupantes não estará cumprindo com o seu dever de/perante o cidadão. Se este grupo é a Polícia Judiciária e o medidor já se apresenta acima dos 40° – **febre** – na paleta que constata a infiltração do crime nas células de decisão política, econômica e financeira, e também a utilização de novas mutações procedimentais, a partir das mutações sociais, forçoso concluir que é passada a hora da ruptura com padrões repetitivos de tratamento, por inadequados ou insuficientes que se apresentaram.

Deixando de lado o uso dos trocadilhos, o que se está a instigar é a conclusão de que é preciso inovar no trato investigativo para alcançar as novas ameaças e as velhas, mal resolvidas, decorrentes das ações da criminalidade organizada, *lato sensu*. É preciso vencer as incertezas, as instabilidades, as vulnerabilidades, enfim, as dificuldades no trato da segurança pública, e aqui sob o viés da investigação. A inovação pode se dar com um novo olhar sobre o velho. É até medida de economia. E aqui se encaixa a infiltração de agentes para fins de investigação.

Para se combater com eficiência a criminalidade, deve-se compreender que primeiro é preciso uma entrega de melhor prestação em termos de persecução penal, a partir de uma melhor reunião de provas e uma melhor compreensão do fenômeno da criminalidade organizada que permeia nossa sociedade, alcançando também a macrocriminalidade. As polícias judiciárias, sobretudo nos crimes ditos passionais e nos de menor potencial ofensivo, entregam uma prestação adequada e sem maiores dificuldades operacionais, pois não são maiores as dificuldades probatórias para esclarecimento dos fatos e atribuição de autoria. Outra realidade é percebida quanto aos delitos que envolvem complexa estrutura criminosa, silenciosa, mas de atuação

184 Infiltração Policial

proativa, abastada bélica e economicamente, acostumada com a arte de embaraçar ou impedir investigações e processos.

O crime estruturado, organizado e até mesmo institucionalizado, o <u>crime.org ou o crime.gov</u>[53], trouxe especialização e alta lucratividade para a empresa criminosa. Sua atuação em rede faz com que o enfrentamento do Estado mal esfole suas paredes e raramente alcance o telhado ou a cobertura. O tráfico de drogas, o tráfico de armas, de pessoas, a exploração sexual e a corrupção não estão formatados isoladamente, mas conectados em um sistema que desafia os limites da imaginação, quanto mais os da investigação. Tudo isso alcançado com estratégia, mas especialmente potencializado com infiltração e cooptação de criminosos dentro do Estado.

Para esse tipo de criminalidade, não se pode ingenuamente esperar que a investigação preliminar no local de crime, que provas periciais coletadas em locais de homicídio, que depoimentos de testemunhas – que sofrerão ameaças durante quase uma década até a instrução judicial do processo ocorrer –, possam fazer frente aos seus tentáculos de forma efetiva, eficaz e contundente.

Não há fórmula mágica ou solução fácil e única para a questão, mas sejam quais forem as possibilidades a serem consideradas na mesa da reação estatal, com certeza a informação qualificada advinda dos núcleos gerenciais do esquema criminoso estará presente como necessária para o planejamento estratégico com vista ao adequado combate ao crime organizado. E nesse contexto encaixa-se, como uma luva, o uso da infiltração de agentes. O receio no uso da técnica parte muito de uma visão desfocada, ou talvez seja mais adequado dizer focada demais, pois ao se falar de infiltração logo vem o tráfico de drogas na mente, e sendo crime que se desenvolve em ambiente de violência por vezes extrema, tem-se que a infiltração é medida por demais arriscada e quase inexequível. Contudo, cumpre um **aparte** para relembrar que os crimes de organização criminosa e de lavagem de dinheiro, por exemplo, ocorrem em repartições públicas, em empresas e escritórios de luxo, acima de quaisquer suspeitas, em ambiente operacional, se não isento, com diminutos riscos.

Verificada a relevância da infiltração, buscou-se neste trabalho trazer o contexto da infiltração policial com o fito de destacar a importância dessa diferenciada técnica especial e sua adequação para o alcance de uma investigação criminal eficiente, eficaz e sobretudo cirúrgica. Foram apresentados inicialmente assuntos contemporâneos e

---

[53] Crime.gov é uma expressão utilizada por Pontes e Anselmo (2019).

questões históricas relacionados à evolução da criminalidade, sobretudo a organizada, bem como sobre a arte do disfarce e o disfarce na arte.

A evolução dos permissivos legais no Brasil quanto à infiltração foi desenvolvida considerando as normas procedimentais gerais e as especificidades trazidas pelas mais novas previsões legislativas. No transcorrer da obra, procurou-se fazer uma abordagem crítica acerca de aspectos ligados não somente ao conteúdo normativo, mas também relacionados às questões relevantes da operacionalização da infiltração, com enfoque especial nas particularidades atinentes à valorização e ao fomento da técnica nas Academias de Polícia e pela Direção-Geral das instituições de polícia judiciária; à seleção e ao preparo dos agentes; e ao aporte de estrutura adequada para viabilizar o uso seguro e o alcance dos objetivos da investigação.

Em pontos específicos foram abordados os direitos do agente infiltrado, as características intrínsecas para um agente infiltrado e suas responsabilidades.

Não escaparam do debate proposto nesta obra os desafios administrativos e estratégicos para os gestores das polícias judiciárias, em especial no trato do planejamento institucional para atender às necessidades emergentes ligadas ao incremento do uso da infiltração em ambas as modalidades, física e virtual. A pauta inclui a modernização metodológica e o aporte de recursos para atender às novas necessidades advindas com a infiltração virtual. Também apresentou-se proposta de um novo modelo de contratação de agentes com base na especialização que a matéria requer.

Ao longo do livro, intentou-se apresentar percepções realísticas a partir da manifestação de agentes que realizaram operações de infiltração, de forma a oportunizar o enfoque analítico e crítico com base na expertise daqueles que perceberam os efeitos, as dificuldades e as vantagens do uso dessa ferramenta investigativa.

Considerações especiais sobre a espécie infiltração virtual insculpida no ECA (BRASIL, 2017) e a recentemente autorizada para investigações baseadas na Lei do Crime Organizado (BRASIL, 2013), além de apresentação de proposta interpretativa extensiva quanto ao uso para outros crimes, são pontos que justificam o ressurgimento do interesse sobre a temática.

Objetivou-se, também, discorrer sobre a Lei nº 13.441/2017, que permite a figura do agente infiltrado nos crimes contra a dignidade sexual da criança e adolescente. Sendo norma nova, poucos doutrinadores dissecaram e explanaram os conceitos e interpretações de cada artigo, o que motivou também a exploração mais aguçada do tema, especialmente porque, com o desenvolvimento tecnológico contínuo e rápido, o ordenamento jurídico não consegue acompanhar com sucesso e amparar direitos que surgem, bem como doutrinar sobre os novos crimes advindos e aqueles atualizados com novas técnicas.

Portanto, cada avanço procedimental normativo se torna uma ferramenta muito importante, principalmente a possibilidade de infiltração em meio virtual, protegendo crianças e adolescentes, sujeitos de direitos vulneráveis, além, é claro, da inserção de tal modalidade de infiltração cibernética para investigações amarradas na Lei do Crime Organizado.

No entanto, verifica-se que é permitido esse método apenas em determinados crimes analisados, e depende de requisitos legais e psicológicos, por violar o direito à privacidade dos indivíduos – vale ressaltar principalmente a cautela e as proporcionalidades. A maior amplitude normativa permissiva está na Lei do Crime Organizado, por não discriminar os tipos penais (BRASIL, 2013).

Conclui-se ainda que a lei brasileira deu um importante passo para amparar os crimes que a tecnologia trouxe, mas ainda há muito que discutir, pois estamos longe de acompanhar os avanços desse novo século em que a rede de informações reina, para o bem ou para o mal.

A infiltração ainda é subutilizada em nosso país, por causa do regramento ainda deficitário, mas principalmente pela falta de investimento, de incentivo no treinamento e de compreensão do gestor de que o perfil do policial também precisa ser inovado.

No entanto, fica a esperança de que o debate e as atenções ora voltados para a infiltração sejam convertidos em medidas concretas de viabilidade técnica, metodológica, estrutural e humana para a execução da importante tarefa de investigar e responsabilizar criminosos.

Referências

ADORNO, Luís. Com chefes vindo a SP, máfia italiana usa ardis e aliado PCC para traficar. **UOL**, 18 jul. 2019. Disponível em: <https://noticias.uol.com.br/cotidiano/ultimas-noticias/2019/07/18/com-chefes-em-sp-mafia-italiana-usa-elo-com-pcc-e-artimanhas-para-traficar.htm>. Acesso em: 10 fev. 2021.

AGUIAR, Walter de Lacerda. A utilização do agente infiltrado de polícia no combate ao crime organizado. **Revista Internacional da Associação Brasileira de Criminologia**, vol. 1, n. 1, 2017. Disponível em: <http://abcriminologia.com.br/revistaoc/arquivos/artigos/BRASIL-A-UTILIZACAO-DO-AGENTE-INFILTRADO-DE-POLICIA-NO-COMBATE-AO-CRIME-ORGANIZADO.pdf>. Acesso em: 10 fev. 2021.

ALBANESE, Jay S.; DAS, Dilip K.; VERMA, Arvind. **Organized Crime:** world perspectives. Upper Saddle River, NJ: Prentice Hall, 2003.

AMIN, Andréa Rodrigues; CONDACK, Cláudia Canto. **Curso de Direito da Criança e do Adolescente**. 11.ed. São Paulo: Saraiva, 2018.

ANDREUCCI, Ricardo Antônio. **Legislação penal especial**. 12.ed. São Paulo: Saraiva, 2017.

ANSELMO, Márcio Adriano. Infiltração policial no combate à corrupção. *In*: HOFFMANN, Henrique; FONTES, Eduardo. (orgs.). **Temas Avançados de Polícia Judiciária**. 4.ed. rev., atual. e ampl. Salvador: Juspodivm, 2020.

ARAÚJO, Jonas Duarte de. SISBIN e DNISP. *In*: CASTRO, Clarindo Alves de; FILHO, Edson Benedito Rondon (coords.). **Inteligência de segurança pública:** um xeque-mate na criminalidade. Curitiba: Juruá, 2009, p. 87-110.

BARRETO, Alesandro Gonçalves; WENDT, Emerson. **Inteligência e Investigação Criminal em Fontes Abertas**. Rio de Janeiro: Brasport, 2020.

188 Infiltração Policial

BAUDRILLARD, Jean. **Simulacros e simulação**. Lisboa: Relógio D'Água, 1991.

BECK, Ulrich. **Sociedade de risco**: rumo a uma outra modernidade. Trad. Sebastião Nascimento. 2.ed. São Paulo: 34, 2011.

BINI, Adriano Krul. **O agente infiltrado**: perspectivas para a investigação criminal na contemporaneidade. Rio de Janeiro: Lumen Juris, 2019.

BOCAYUVA, Izabela. Matrix--Uma Interpretação Filosófica. **Ítaca**, n. 25, p. 86-97, 2014.

BONFIM, Márcia Monassi Mougenot. A infiltração de policiais do direito espanhol. **Revista direito e sociedade**, Curitiba, vol. 3, n. 1, jan./jun. 2004. Disponível em: <https://bdjur.stj.jus.br/jspui/handle/2011/18213>. Acesso em: 10 fev. 2021.

BRASIL. **Constituição da República Federativa do Brasil de 1988**. Disponível em: <http://www.planalto.gov.br/ccivil_03/constituicao/constituicao.htm>. Acesso em: 10 fev. 2021.

BRASIL. **Decreto nº 154, de 26 de junho de 1991**. Promulga a Convenção Contra o Tráfico Ilícito de Entorpecentes e Substâncias Psicotrópicas. Disponível em: <http://www.planalto.gov.br/ccivil_03/decreto/1990-1994/d0154.htm>. Acesso em: 10 fev. 2021.

BRASIL. **Decreto nº 3.695, de 21 de dezembro de 2000**. Cria o Subsistema de Inteligência de Segurança Pública, no âmbito do Sistema Brasileiro de Inteligência, e dá outras providências. Disponível em: <http://www.planalto.gov.br/ccivil_03/decreto/d3695.htm>. Acesso em: 10 fev. 2021.

BRASIL. **Decreto nº 5.007, de 8 de março de 2004**. Promulga o Protocolo Facultativo à Convenção sobre os Direitos da Criança referente à venda de crianças, à prostituição infantil e à pornografia infantil. 2004a. Disponível em: <http://www. planalto.gov.br/ccivil_03/_ato2004-2006/2004/decreto/d5007.htm>. Acesso em: 10 fev. 2021.

BRASIL. **Decreto nº 5.015, de 12 de março de 2004**. Promulga a Convenção das Nações Unidas contra o Crime Organizado Transnacional. 2004b. Disponível em: <http://www.planalto.gov.br/ccivil_03/_ato2004-2006/2004/decreto/d5015. htm>. Acesso em: 13 out. 2020.

BRASIL. **Decreto nº 5.017, de 12 de março de 2004**. Promulga o Protocolo Adicional à Convenção das Nações Unidas contra o Crime Organizado Transnacional Relativo à Prevenção, Repressão e Punição do Tráfico de Pessoas, em Especial Mulheres e Crianças. 2004c. Disponível em: <http://www.planalto.gov.br/ccivil_03/_ato2004-2006/2004/decreto/d5017.htm>. Acesso em: 10 fev. 2021.

BRASIL. **Decreto-Lei nº 3.689, de 3 de outubro de 1941**. Código de Processo Penal. Disponível em: <http://www.planalto.gov.br/ccivil_03/Decreto-Lei/Del3689.htm>. Acesso em: 10 fev. 2021.

BRASIL. **Diário da República Federativa do Brasil**. Congresso Nacional. Disponível em: <https://legis.senado.leg.br/diarios/PublicacoesOficiais>. Acesso em: 10 fev. 2021.

BRASIL. **Lei nº 10.217, de 11 de abril de 2001**. Altera os arts. 1º e 2º da Lei nº 9.034, de 3 de maio de 1995, que dispõe sobre a utilização de meios operacionais para a prevenção e repressão de ações praticadas por organizações criminosas. Disponível em: <http://www.planalto.gov.br/ccivil_03/leis/leis_2001/l10217.htm>. Acesso em: 10 fev. 2021.

BRASIL. **Lei nº 11.343, de 23 de agosto 2006**. Institui o Sistema Nacional de Políticas Públicas sobre Drogas – Sisnad; prescreve medidas para prevenção do uso indevido, atenção e reinserção social de usuários e dependentes de drogas; estabelece normas para repressão à produção não autorizada e ao tráfico ilícito de drogas; define crimes e dá outras providências. Disponível em: <http://www.planalto.gov.br/ccivil_03/_ato2004-2006/2006/lei/l11343.htm>. Acesso em: 10 fev. 2021.

BRASIL. **Lei nº 11.829, de 25 de novembro de 2008**. Altera a Lei nº 8.069, de 13 de julho de 1990 – Estatuto da Criança e do Adolescente, para aprimorar o combate à produção, venda e distribuição de pornografia infantil, bem como criminalizar a aquisição e a posse de tal material e outras condutas relacionadas à pedofilia na internet. Disponível em: <http://www.planalto.gov.br/ccivil_03/_ato2007-2010/2008/lei/l11829.htm>. Acesso em: 10 fev. 2021.

BRASIL. **Lei nº 12.015, de 7 agosto de 2009**. Altera o Título VI da Parte Especial do Decreto-Lei nº 2.848, de 7 de dezembro de 1940 – Código Penal, e o art. 1º da Lei nº 8.072, de 25 de julho de 1990, que dispõe sobre os crimes hediondos, nos termos do inciso XLIII do art. 5º da Constituição Federal e revoga a Lei nº 2.252, de 1º de julho de 1954, que trata de corrupção de menores. Disponível em: <http://www.planalto.gov.br/ccivil_03/_ato2007-2010/2009/lei/l12015.htm>. Acesso em: 10 fev. 2021.

BRASIL. **Lei nº 12.694, de 24 de julho de 2012**. Dispõe sobre o processo e o julgamento colegiado em primeiro grau de jurisdição de crimes praticados por organizações criminosas; altera o Decreto-Lei nº 2.848, de 7 de dezembro de 1940 – Código Penal, o Decreto-Lei nº 3.689, de 3 de outubro de 1941 – Código de Processo Penal, e as Leis nºs 9.503, de 23 de setembro de 1997 – Código de Trânsito Brasileiro, e 10.826, de 22 de dezembro de 2003; e dá outras providências. Disponível em: <http://www.planalto.gov.br/ccivil_03/_ato2011-2014/2012/lei/l12694.htm>. Acesso em: 10 fev. 2021.

BRASIL. **Lei nº 12.735, de 30 de novembro de 2012**. Altera o Decreto-Lei nº 2.848, de 7 de dezembro de 1940 – Código Penal, o Decreto-Lei nº 1.001, de 21 de outubro de 1969 – Código Penal Militar, e a Lei nº 7.716, de 5 de janeiro de 1989, para tipificar condutas realizadas mediante uso de sistema eletrônico, digital ou similares, que sejam praticadas contra sistemas informatizados e similares; e dá outras providências. Disponível em: <http://www.planalto.gov.br/ccivil_03/_ato2011-2014/2012/lei/l12735.htm>. Acesso em: 10 fev. 2021.

BRASIL. **Lei nº 12.737, de 30 de novembro de 2012**. Dispõe sobre a tipificação criminal de delitos informáticos; altera o Decreto-Lei nº 2.848, de 7 de dezembro de 1940 – Código Penal; e dá outras providências. Disponível em: <http://www.planalto.gov.br/ccivil_03/_ato2011-2014/2012/lei/l12737.htm>. Acesso em: 10 fev. 2021.

BRASIL. **Lei nº 12.850, de 2 agosto de 2013**. Define organização criminosa e dispõe sobre a investigação criminal, os meios de obtenção da prova, infrações penais correlatas e o procedimento criminal; altera o Decreto-Lei nº 2.848, de 7 de dezembro de 1940 (Código Penal); revoga a Lei nº 9.034, de 3 de maio de 1995; e dá outras providências. Disponível em: <http://www.planalto.gov.br/ccivil_03/_ato2011-2014/2013/lei/l12850.htm>. Acesso em: 10 fev. 2021.

BRASIL. **Lei nº 12.965, de 23 abril de 2014**. Estabelece princípios, garantias, direitos e deveres para o uso da Internet no Brasil. Disponível em: <http://www.planalto.gov.br/ccivil_03/_ato2011-2014/2014/lei/l12965.htm>. Acesso em: 10 fev. 2021.

BRASIL. **Lei nº 13.260, de 16 março de 2016**. Regulamenta o disposto no inciso XLIII do art. 5º da Constituição Federal, disciplinando o terrorismo, tratando de disposições investigatórias e processuais e reformulando o conceito de organização terrorista; e altera as Leis nº 7.960, de 21 de dezembro de 1989, e 12.850, de 2 de agosto de 2013. Disponível em: <http://www.planalto.gov.br/ccivil_03/_ato2015-2018/2016/lei/l13260.htm>. Acesso em: 10 fev. 2021.

BRASIL. **Lei nº 13.344, de 6 outubro de 2016**. Dispõe sobre prevenção e repressão ao tráfico interno e internacional de pessoas e sobre medidas de atenção às vítimas; altera a Lei nº 6.815, de 19 de agosto de 1980, o Decreto-Lei nº 3.689, de 3 de outubro de 1941 (Código de Processo Penal), e o Decreto-Lei nº 2.848, de 7 de dezembro de 1940 (Código Penal); e revoga dispositivos do Decreto-Lei nº 2.848, de 7 de dezembro de 1940 (Código Penal). Disponível em: <http://www.planalto.gov.br/ccivil_03/_ato2015-2018/2016/lei/l13344.htm>. Acesso em: 10 fev. 2021.

BRASIL. **Lei nº 13.441, de 8 maio de 2017**. Altera a Lei nº 8.069, de 13 de julho de 1990 (Estatuto da Criança e do Adolescente), para prever a infiltração de agentes de polícia na internet com o fim de investigar crimes contra a dignidade sexual de criança e de adolescente. Disponível em: <http://www.planalto.gov.br/ccivil_03/_ato2015-2018/2017/lei/L13441.htm>. Acesso em: 10 fev. 2021.

BRASIL. **Lei nº 13.964, de 24 dezembro de 2019**. Aperfeiçoa a legislação penal e processual penal. Disponível em: <http://www.planalto.gov.br/ccivil_03/_ato2019-2022/2019/lei/L13964.htm>. Acesso em: 10 fev. 2021.

BRASIL. **Lei nº 8.069, de 13 julho de 1990**. Dispõe sobre o Estatuto da Criança e do Adolescente e dá outras providências. Disponível em: <http://www.planalto.gov.br/ccivil_03/leis/l8069.htm>. Acesso em: 10 fev. 2021.

BRASIL. **Lei nº 9.034, de 03 maio de 1995**. Dispõe sobre a utilização de meios operacionais para a prevenção e repressão de ações praticadas por organizações criminosas. Disponível em: <http://www.planalto.gov.br/ccivil_03/leis/l9034.htm>. Acesso em: 10 fev. 2021.

BRASIL. **Lei nº 9.613, de 3 de março de 1998**. Dispõe sobre os crimes de "lavagem" ou ocultação de bens, direitos e valores; a prevenção da utilização do sistema financeiro para os ilícitos previstos nesta Lei; cria o Conselho de Controle de Atividades Financeiras – COAF, e dá outras providências. Disponível em: <http://www.planalto.gov.br/ccivil_03/LEIS/L9613.htm>. Acesso em: 10 fev. 2021.

BRASIL. **Lei nº 9.807, de 13 de julho de 1999**. Estabelece normas para a organização e a manutenção de programas especiais de proteção a vítimas e a testemunhas ameaçadas, institui o Programa Federal de Assistência a Vítimas e a Testemunhas Ameaçadas e dispõe sobre a proteção de acusados ou condenados que tenham voluntariamente prestado efetiva colaboração à investigação policial e ao processo criminal. 1999a. Disponível em: <http://www.planalto.gov.br/ccivil_03/leis/l9807.htm>. Acesso em: 10 fev. 2021.

BRASIL. **Lei nº 9.883, de 7 de dezembro de 1999**. Institui o Sistema Brasileiro de Inteligência, cria a Agência Brasileira de Inteligência – ABIN, e dá outras providências. 1999b. Disponível em: <http://www.planalto.gov.br/ccivil_03/LEIS/L9883.htm>. Acesso em: 10 fev. 2021.

BRASIL. **Relatório final da Comissão Parlamentar de Inquérito**. Criada por meio do Requerimento nº 2, de 2005-CN, "com o objetivo de investigar e apurar a utilização da Internet para a prática de crimes de 'pedofilia', bem como a relação desses crimes com o crime organizado". Brasília, 2010. Disponível em: <http://www.senado.gov.br/noticias/agencia/pdfs/RELATORIOFinalCPIPEDOFILIA.pdf>. Acesso em: 10 fev. 2021.

192 Infiltração Policial

CABETTE, Eduardo Luiz Santos. **Interceptação Telefônica**. 3.ed. São Paulo: Saraiva, 2015.

CALCANHAR DE AQUILES: lenda grega explica origem do ponto fraco. **Superinteressante**, 30 out. 2016. Disponível em: <https://super.abril.com.br/comportamento/calcanhar-de-aquiles-lenda-grega-explica-origem-do-ponto-fraco/>. Acesso em: 10 fev. 2021.

CALLEGARI, André Luis. **Imputação objetiva.** Porto Alegre: Livraria do Advogado, 2002.

CÂMARA DOS DEPUTADOS. **Decreto Legislativo nº 230, de 2003**. Aprova os textos dos Protocolos Facultativos à Convenção sobre os Direitos da Criança, relativos ao envolvimento de crianças em conflitos armados e à venda de crianças, à prostituição infantil e à pornografia infantil, assinados em Nova York, em 6 de setembro de 2000. Disponível em: <https://www2.camara.leg.br/legin/fed/decleg/2003/decretolegislativo-230-29-maio-2003-496862-norma-pl.html>. Acesso em: 10 fev. 2021.

CÂMARA DOS DEPUTADOS. **Estatuto da Criança e do Adolescente**. Registo das Sessões (25 anos do ECA). 2015. Disponível em: <https://www2.camara.leg.br/atividade-legislativa/plenario/discursos/escrevendohistoria/destaque-de-materias/25-anos-do-estatuto-da-crianca-e-do-adolescente>. Acesso em: 10 fev. 2021.

CÂMARA DOS DEPUTADOS. **Projeto de Lei nº 1.404 de 2011**. Altera a Lei nº 8.069, de 13 de julho de 1990 (Estatuto da Criança e do Adolescente), para prever a infiltração de agentes da polícia na internet com o fim de investigar crimes contra a liberdade sexual de criança ou adolescente. Disponível em: <https://www.camara.leg.br/proposicoesWeb/fichadetramitacao?idProposicao=503024>. Acesso em: 10 fev. 2021.

CÂMARA DOS DEPUTADOS. **Projeto de Lei nº 3.516 de 1989**. Dispõe sobre a utilização de meios operacionais para a prevenção e repressão do crime organizado. Disponível em: <https://www.camara.leg.br/proposicoesWeb/fichadetramitacao?idProposicao=213441>. Acesso em: 10 fev. 2021.

CAPEZ, Fernando. **Curso de Direito Penal**. 12.ed. São Paulo: Saraiva, 2017.

CARIBE, Roman; CEA, Robert. **Confidencial Source Ninety Six**. Ciudad de México: Ediciones B, 2018.

CARLOS, André; FRIEDE, Reis. **Aspectos Jurídico-Operacionais do Agente Infiltrado**. Rio de Janeiro: Freitas Bastos, 2014.

CASTRO, Claudia Rabello. **Fogueira de Vaidades:** a retórica na assistência à criança e ao adolescente. Curitiba: Appris, 2014.

CASTRO, Henrique Hoffmann Monteiro de. Lei 13.441/17 instituiu a infiltração policial virtual. **Conjur**, 16 maio 2017. Disponível em: <https://www.conjur.com.br/2017-mai-16/academia-policia-lei-1344117-instituiu-infiltracao-policial-virtual>.

CHILDHOOD BRASIL. **Guia de referência:** construindo uma cultura de prevenção à violência sexual. 4.ed. 2020. Disponível em: <https://www.childhood.org.br/childhood/publicacao/Guia_de_Refere%CC%82ncia_4_Edic%CC%A7a%CC%83o_2020_PAG_DUPLA.pdf>. Acesso em: 10 fev. 2021.

CHILDHOOD. **Navegar com segurança:** por uma infância conectada e livre da violência sexual. 3.ed. São Paulo: CENPEC, 2012. Disponível em: <https://www.childhood.org.br/publicacao/Navegar_com_Seguranca.pdf>. Acesso em: 10 fev. 2021.

CITAÇÕES E FRASES FAMOSAS. **Benjamim Franklin**. Disponível em: <https://citacoes.in/citacoes/567627-benjamin-franklin-tres-pessoas-sao-capazes-de-guardar-um-segredo-se/>. Acesso em: 10 fev. 2021.

COUTINHO, Mateus. Delegado da PF vira técnico do Inmetro para desmontar quadrilha de fiscais. **Época**, 20 out. 2017. Disponível em: <https://epoca.globo.com/politica/noticia/2017/10/delegado-da-pf-vira-tecnico-do-inmetro-para-desmontar-quadrilha-de-fiscais.html>. Acesso em: 10 fev. 2021.

CRUET, Jean. **A Vida do Direito e a Inutilidade das Leis**. Trad. Francisco Carlos Desideri. 3.ed. Leme: Edijur, 2008.

CUNHA, Rogério Sanches. **Manual de Direito Penal:** parte especial. 9.ed. Salvador: JusPodivm, 2017.

CUNHA, Rogério Sanches; PINTO, Ronaldo Batista. **Crime Organizado:** comentários à nova lei sobre o Crime Organizado – Lei nº 12.850/2013. 2.ed. Salvador: Juspodivm, 2014.

D'ANDREA, Giuliano. **Noções de direito da criança e do adolescente**. Florianópolis: OAB-SC, 2005.

DIAS, Daison Nelson Ferreira. Pornografia infantojuvenil: o espaço cibernético e a capacidade penal do pedófilo. *In*: SILVA, Angelo Roberto Ilha da. (org.). **Crimes cibernéticos**. 2.ed. Porto Alegre: Livraria do Advogado, 2018.

DICIO. **Circunstanciado**. Disponível em: <https://www.dicio.com.br/circunstanciado/>. Acesso em: 10 fev. 2021.

DINO, Alessandra; MAIEROVITCH, Wálter Fanganiello. **Novas tendências da criminalidade transnacional mafiosa**. São Paulo: UNESP, 2010.

FERNANDEZ, Alexandre Agabiti. O mestre dos disfarces. **Superinteressante**, 13 nov. 2016. Disponível em: <https://super.abril.com.br/historia/o-mestre-dos-disfarces/>. Acesso em: 10 fev. 2021.

GARCIA, Joaquin. **Infiltrado:** o FBI e a Máfia. Trad. Vera Martin. São Paulo: Larousse, 2009.

GOMES, Luiz Flávio. O que se entende por testemunha da coroa? **Jusbrasil**, 18 jan. 2012. Disponível em: <https://professorlfg.jusbrasil.com.br/artigos/121927600/o-que-se-entende-por-testemunha-da-coroa>. Acesso em: 10 fev. 2021.

GOMES, Luiz Flávio; SILVA, Marcelo Rodrigues da. **Organizações criminosas e técnicas especiais de investigação**. Salvador: Juspodivm, 2015.

GONÇALVES, Victor Eduardo Rios; JUNIOR, José Paulo Baltazar. **Legislação penal esquematizada**. 2.ed. São Paulo: Saraiva, 2016.

GRECO FILHO, Vicente. **Comentários à lei de organização criminosa**: Lei n. 12.850/2013. São Paulo: Saraiva, 2017b.

GRECO, Rogério. **Curso de Direito Penal**: parte especial. Vol. 2. 14.ed. Niterói: Impetus, 2017a.

GUERRA, Aline Ferreira. **Agente infiltrado em organizações criminosas**: punibilidade da conduta do agente infiltrado. Trabalho de conclusão de curso apresentado como requisito parcial à obtenção do grau de Bacharel em Direito, do Curso de Direito da Faculdade do Norte Novo de Apucarana – FACNOPAR. Turma do ano de 2011. Disponível em: <http://www.facnopar.com.br/conteudo-arquivos/arquivo-2017-06-14-14974734779136.pdf>. Acesso em: 10 fev. 2021.

HILL, Napoleon. **As 16 Leis do Sucesso:** o livro que mais influenciou líderes e empreendedores em todo o mundo. Comentado e adaptado por Jacob Petry. Barueri: Faro Editorial, 2017.

HOFFMANN, Henrique. **Infiltração policial virtual.** *In*: HOFFMANN, Henrique; FONTES, Eduardo. (orgs.). Temas Avançados de Polícia Judiciária. 4.ed. rev., atual. e ampl. Salvador: Juspodivm, 2020.

JUSTO, Marcelo. As cinco atividades do crime organizado que rendem mais dinheiro no mundo. **BBC News Brasil**, 1º abr. 2016. Disponível em: <https://www.bbc.com/portuguese/noticias/2016/04/160331_atividades_crime_organizado_fn>. Acesso em: 10 fev. 2021.

LEITÃO, Joaquim Júnior. A infiltração policial na internet na repressão de crimes contra a dignidade sexual de criança e adolescente e a possibilidade de se estender o instituto de infiltração virtual a outras investigações de crimes diversos. **Revista Jus Navigandi**, ISSN 1518-4862, Teresina, ano 22, n. 5063, 12 maio 2017. Disponível em: <https://jus.com.br/artigos/57640>. Acesso em: 10 fev. 2021.

LENZA, Pedro. **Direito Constitucional Esquematizado**. 17.ed. São Paulo: Saraiva, 2013.

LIMA, Renato Brasileiro de. **Legislação Criminal Especial Comentada**. 4.ed. Salvador: Juspodivm, 2016.

LISBOA, Vinícius. População carcerária feminina no Brasil é uma das maiores do mundo. **Agência Brasil**, 07 nov. 2018. Disponível em: <https://agenciabrasil.ebc.com.br/geral/noticia/2018-11/populacao-carceraria-feminina-no-brasil-e-uma-das-maiores-do-mundo>. Acesso em: 10 fev. 2021.

LOPES JR., Aury. **Direito Processual Penal**. 13.ed. São Paulo: Saraiva, 2016.

MACIEL, Nahima. Autor do livro O infiltrado revela ao Correio o poderoso negócio das drogas. **Correio Braziliense**, 17 mar. 2014. Disponível em: <https://www.correiobraziliense.com.br/app/noticia/diversao-e-arte/2014/03/17/interna_diversao_arte,417751/autor-do-livro-o-infiltrado-revela-ao-correio-o-poderoso-negocio-das-drogas.shtml>. Acesso em: 10 fev. 2021.

MANSO, Bruno Paes; DIAS, Camila Nunes. **A Guerra: a ascensão do PCC e o mundo do crime no Brasil**. São Paulo: Todavia, 2018.

MARR, Bernanrd. 20 fatos sobre a internet que você (provavelmente) não sabe. **Forbes**, 1º out. 2015. Disponível em: <https://forbes.com.br/fotos/2015/10/20-fatos-sobre-a-internet-que-voce-provavelmente-nao-sabe/>. Acesso em: 10 fev. 2021.

MARTINHO, Tiago Vinicius. A superlotação do sistema carcerário e a pandemia do coronavírus. **Justificando**, 25 maio 2020. Disponível em: <http://www.justificando.com/2020/05/25/a-superlotacao-do-sistema-carcerario-e-a-pandemia-do-coronavirus/>. Acesso em: 10 fev. 2021.

MASSON, Cleber; MARÇAL, Vinicius. **Crime organizado**. São Paulo: Método, 2015.

MAZUR, Robert. **O Infiltrado: minha vida secreta nos bastidores da lavagem de dinheiro no cartel de Medelín**. Trad. Christian Schwartz e Liliana Negrello. Curitiba: Nossa Cultura, 2010.

MENDRONI, Marcelo Batlouni. **Crime organizado: aspectos gerais e mecanismos legais**. 3.ed. São Paulo: Atlas, 2009.

MENDRONI, Marcelo Batlouni. **Crime organizado:** aspectos gerais e mecanismos legais. 6.ed. rev., atual. e ampl. São Paulo: Atlas, 2016.

MOREIRA, Fernando. Cartéis de drogas mexicanos investem em mulheres bonitas em suas fileiras. **Extra,** 16 jan. 2020. Disponível em: <https://extra.globo.com/noticias/page-not-found/carteis-de-drogas-mexicanos-investem-em-mulheres-bonitas-em-suas-fileiras-24194018.html>. Acesso em: 10 fev. 2021.

MPF. Manual – Infiltração de Agentes – jan. 14. **ENCCLA,** Brasília, jan. 2014. Disponível em: <http://www.mpf.mp.br/atuacao-tematica/sci/dados-da-atuacao/eventos-2/eventos-internacionais/conteudo-banners-1/enccla/restrito/manual-infiltracao-de-agentes-jan14.pdf/view>. Acesso em: 10 fev. 2021.

NÁJAR, Alberto. Os cartéis de drogas mexicanos que funcionam como multinacionais. **BBC News Brasil,** 26 fev. 2017. Disponível em: <https://www.bbc.com/portuguese/internacional-39085442>. Acesso em: 10 fev. 2021.

NASCIMENTO, Laura Pereira do. SILVA, Rosane Leal da. Crianças e adolescentes internautas como alvo da criminalidade online: pedofilia e pornografia na internet. 2014. **XI Seminário Internacional de Demandas Sociais e Políticas Públicas na Sociedade Contemporânea,** UNISC, 2014. Disponível em: <http://online.unisc.br/acadnet/anais/index.php/sidspp/article/view/11741/154>. Acesso em: 10 fev. 2021.

NEJM, Rodrigo. Minha privacidade, nossas regras: aspectos comportamentais e sociais do compartilhamento de informações privadas entre adolescentes. *In*: SILVA, Angelo Roberto Ilha da. (org.). **Crimes cibernéticos**. 2.ed. Porto Alegre: Livraria do Advogado, 2018.

NUCCI, Guilherme de Souza. **Código Penal Comentado**. 14.ed. Rio de Janeiro: Forense, 2014.

NUCCI, Guilherme de Souza. **Leis Penais e Processuais Comentadas**. Vol. 2. 9.ed. Rio de Janeiro: Forense, 2016.

NUCCI, Guilherme de Souza. **Organização criminosa**. 2.ed. Rio de Janeiro: Forense, 2015.

NUCCI, Guilherme de Souza. **Estatuto da Criança e do Adolescente**. 4.ed. Rio de Janeiro: Forense, 2018.

ODILLA, Fernanda; ALEGRETTI, Laís. PIB 2019: Por que o tráfico de drogas entra no cálculo do indicador europeu e como essa conta poderia inflar o indicador brasileiro. **BBC News Brasil,** 26 maio 2019. Disponível em: <https://www.bbc.com/portuguese/brasil-48340243>. Acesso em: 10 fev. 2021.

Referências **197**

OLIVEIRA, Thalissa Corrêa de. Evolução histórica dos direitos da criança e do adolescente com ênfase no ordenamento jurídico brasileiro. **Revista Interdisciplinar de Direito**, Valença, vol. 10, n. 2, 2013. Disponível em: <https://revistas.faa.edu.br/index.php/FDV/article/view/173>. Acesso em: 10 fev. 2021.

OLIVEIRA, Neide M. C. Cardoso de; MORGADO, Marcia. Projeto "Ministério Público pela Educação Digital nas Escolas". *In*: SILVA, Angelo Roberto Ilha da. (org.). **Crimes cibernéticos**. 2.ed. Porto Alegre: Livraria do Advogado, 2018.

ONETO, Isabel. **O agente infiltrado**: contributo para a compreensão do regime jurídico das acções encobertas. Coimbra: Coimbra Editora, 2005.

PACHECO, Denilson Feitoza. Atividade de inteligência e processo penal. **IV JORNADA JURÍDICA DA JUSTIÇA MILITAR DA UNIÃO** – AUDITORIA DA 4ª CJM, 30 set. 2005, Juiz de Fora/MG. Disponível em: <http://pointinteligencia.blogspot.com/2012/05/atividades-de-inteligencia-e-processo.html#!/2012/05/atividades-de-inteligencia-e-processo.html>. Acesso em: 10 fev. 2021.

PACHECO, Denilson Feitoza. **Direito processual penal**: teoria, crítica e práxis. 6.ed. rev., ampl. e atual. Niterói: Impetus, 2009.

PAUL LIR: o traficante brasileiro que enganou todo mundo. **NSC Total**, 24 maio 2014. Disponível em: <https://www.nsctotal.com.br/noticias/paul-lir-o-traficante-brasileiro-que-enganou-todo-mundo?> Acesso em: 10 fev. 2021.

PEREIRA, Flávio Cardoso. **A Moderna Investigação Criminal**: infiltrações policiais, entregas controladas e vigiadas, equipes conjuntas de investigação e provas periciais de inteligência. *In*: CUNHA, Rogério Sanches; GOMES, Luiz Flávio; TAQUES, Pedro. Limites Constitucionais da Investigação. São Paulo: Revista dos Tribunais, 2009.

PEREIRA, Flávio Cardoso. Agente infiltrado virtual (Lei n. 13.441/17): primeiras impressões. **Revista do Ministério Público do Estado de Goiás**, nº 33, jan./jun.2017. Goiânia, ESMP-GO, p. 97-116. Disponível em: <http://www.mpgo.mp.br/portal/arquivos/2018/01/10/16_42_09_810_Revista33_final.pdf>. Acesso em: 10 fev. 2021.

PEREIRA, Flávio Cardoso; ALMEIDA FERRO, Ana Luiza; GAZZOLA, Gustavo dos Reis. **Criminalidade organizada**: comentários à Lei 12.850, de 02 de agosto de 2013. Curitiba: Juruá, 2014.

PISTONE, Joseph D. **Donnie Brasco**: minha vida clandestina na Máfia. Rio de Janeiro: Record, 1997.

PONTES, Jorge; ANSELMO, Márcio Adriano. **CRIME.GOV**: quando corrupção e governo se misturam. Rio de Janeiro: Objetiva, 2019.

POTTER, Gary W. **Criminal Organizations**: vice, racketeering and politics in an American city. Prospect Heights, IL: Waveland Press, 1994.

RIBEIRO, Ariadne Ariadne et al. Uma análise da escolaridade da população carcerária do Brasil: um estudo a partir dos dados do INFOPEN 2017. **Anais do EVINCI-UniBrasil**, vol. 5, n. 1, 2019, p. 52-52.

RODRIGUES, Jessé Odilon. A importância do sigilo. **Inteligêmcia**, 24 ago. 2015. Disponível em: <https://www.inteligemcia.com.br/a-importancia-do-sigilo/>. Acesso em: 11 fev. 2021.

ROQUE, Fábio; TÁVORA, Nestor; ALENCAR, Rosmar Rodrigues. **Legislação Criminal para concursos**. Salvador: Juspodivm, 2016.

ROSSATO, Luciano Alves; LÉPORE, Paulo Eduardo; CUNHA, Rogério Sanches. **Estatuto da Criança e do Adolescente**. 10.ed. São Paulo: Saraiva, 2018.

SALES, Marciel Antônio de. Aspectos procedimentais da infiltração virtual do ECA. **Anais CONIDIF...** Campina Grande: Realize Editora, 2017. Disponível em: <http://www.editorarealize.com.br/artigo/visualizar/30866>. Acesso em: 11 fev. 2021.

SAN MARTÍN, Javier. José Ortega y Gasset (1883-1955). *In*: SEPP, Hans Rainer; EMBREE, Lester E. (eds.). **Handbook of Phenomenological Aesthetics**. Dordrecht; London: Springer, 2010, p. 245-248.

SANNINI NETO, Francisco. Infiltração virtual de agentes é um avanço nas técnicas especiais de investigação criminal. **Canal Ciências Criminais**, 11 maio 2017. Disponível em: <https://canalcienciascriminais.com.br/infiltracao-virtual-agentes>. Acesso em: 11 fev. 2021.

SANTOS, Luciano Garcia; AQUINO, Cristiane do Nascimento. A infiltração policial em organizações criminosas como meio de prova. **Conteúdo Jurídico**, 07 maio 2019. Disponível em: <https://conteudojuridico.com.br/consulta/Artigos/52710/a-infiltracao-policial-em-organizacoes-criminosas-como-meio-de-prova>. Acesso em: 11 fev. 2021.

SAVIANO, Roberto. **Zero zero zero**. Trad. Federico Carotti... [et al.]. São Paulo: Companhia das Letras, 2014.

SCHABBACH, Letícia Maria. O crime organizado em perspectiva mundial. **Sociologias**, Porto Alegre, vol. 15, n. 34, set./dez. 2013. p. 278-293. Disponível em: <http://www.scielo.br/scielo.php?script=sci_arttext&pid=S1517-45222013000300012&lng=en&nrm=iso>. Acesso em: 11 fev. 2021.

SENADO FEDERAL. **Projeto de Lei do Senado nº 193, de 1989**. Dispõe sobre o Estatuto da Criança e do Adolescente, e dá outras providências. Disponível em: <https://www25.senado.leg.br/web/atividade/materias/-/materia/29333>. Acesso em: 11 fev. 2021.

SGARIONI, Mariana. Chefes em baixa – Negócios em alta. **Superinteressante**, 31 out. 2016. Disponível em: <https://super.abril.com.br/historia/chefes-em-baixa-negocios-em-alta/>. Acesso em: 11 fev. 2021.

SILVA, Luciano André da Silveira e. **O agente infiltrado**: estudo comparado da legislação da Alemanha, Brasil e Portugal. Dissertação de Mestrado em Direito, Faculdade de Direito da Universidade de Coimbra, Coimbra, Portugal, 2015. Disponível em: <https://estudogeral.sib.uc.pt/handle/10316/34845>. Acesso em: 11 fev. 2021.

SILVA, Eduardo Araújo da. **Crime Organizado:** procedimento probatório. São Paulo: Atlas, 2003.

SILVA, Lillian Ponchio; ROSSATO, Luciano Alves; LÉPORE, Paulo Eduardo; CUNHA, Rogério Sanches. **Pedofilia e abuso sexual de crianças e adolescentes**. São Paulo: Saraiva, 2013.

SOARES, André. **Operações de Inteligência**: aspectos do emprego das operações sigilosas no estado democrático de direito. S.d.

UNODC. **Drogas:** marco legal. Disponível em: <https://www.unodc.org/lpo-brazil/pt/drogas/marco-legal.html>. Acesso em: 10 fev. 2021.

UNODC. **Prevenção ao Crime e Justiça Criminal**: campanhas. Disponível em: <https://www.unodc.org/lpo-brazil/pt/crime/campanhas.html>. Acesso em: 22 fev. 2021.

UNODC. **Prevenção ao Crime e Justiça Criminal**: marco legal. Disponível em: <https://www.unodc.org/lpo-brazil/pt/crime/marco-legal.html>. Aceso em: 10 fev. 2021.

WENDT, Emerson. Inteligência de Segurança Pública e DNISP: aspectos iniciais. **Inteligência Policial**, vol. 15, 2010.

WENDT, Emerson. **Internet & Direito Penal:** risco e cultura do medo. Porto Alegre: Livraria do Advogado, 2017.

WISNIEWSKI, Renato Mendes; SILVA FILHO, Edson Vieira da. Crime organizado na sociedade do risco: uma perspectiva garantista. **Revista Justiça do Direito**, vol. 30, n. 3, 2017, p. 442-459. Disponível em: <https://doi.org/10.5335/rjd.v30i3.6287>. Acesso em: 11 fev. 2021.

WITTMAN, Robert; SHIFFMAN, John. **Infiltrado:** a história real de um agente do FBI à caça de obras de arte roubadas. Trad. Alexandre Martins. Rio de Janeiro: Zahar, 2011.

WOLFF, Rafael. Infiltração de agentes por meio virtual. *In*: SILVA, Angelo Roberto Ilha da. (org.). **Crimes cibernéticos**. 2.ed. Porto Alegre: Livraria do Advogado, 2018.

ZANELLA, Everton Luiz. **Infiltração de agentes e o combate ao crime organizado**: análise do mecanismo probatório sob o enfoque da eficiência e do garantismo. Curitiba: Juruá, 2016, p. 190.

ZANLUCA, Pietro Carlo Stringari. **A infiltração policial nas organizações criminosas sob a ótica do Princípio da Proporcionalidade**. Trabalho de Conclusão de Curso de Direito – Universidade Federal de Santa Catarina, Centro de Ciências Jurídicas, Florianópolis, 2016. Disponível em: <https://repositorio.ufsc.br/handle/123456789/168895>. Acesso em: 11 fev. 2021.

ZIEGLER, Jean. **Os senhores do crime:** as novas máfias contra a democracia. Rio de Janeiro: Record, 2003.

ZUBA, Fernando. PF cumpre 600 mandados em operação contra facção criminosa; Justiça bloqueia até R$ 252 milhões. **G1**, 31 ago. 2020. Disponível em: <https://g1.globo.com/mg/minas-gerais/noticia/2020/08/31/operacao-da-pf-cumpre-mandados-contra-faccao-criminosa-em-19-estados-e-no-df.ghtml>. Acesso em: 11 fev. 2021.

Acompanhe a BRASPORT nas redes sociais e receba regularmente informações sobre atualizações, promoções e lançamentos.

 @Brasport

 /brasporteditora

 /editorabrasport

 /editoraBrasport

Sua sugestão será bem-vinda!

Envie uma mensagem para **marketing@brasport.com.br** informando se deseja receber nossas newsletters através do seu e-mail.